「日米合同委員会」の研究

吉田敏浩

戦後再発見双書

謎の権力構造の正体に迫る

創元社

はじめに

この本を手にとってくださった読者のみなさんは、日本という国の根幹がすでに憲法にもとづかない、いかにおかしな状態になっているかを知り、きっと驚かれることでしょう。

日米合同委員会という、名前だけは知られていても、その実態は謎につつまれた、日本のエリート官僚と在日米軍の高級軍人からなる組織（日本側代表は外務省北米局長、アメリカ側代表は在日米軍司令部副司令官）。その組織が、何十年にもわたって隔週の木曜日ごとに都心の米軍施設や外務省の密室で、**日米地位協定の解釈や運用について人知れず協議を重ね、米軍の特権を維持するために数知れぬ秘密の合意＝密約を生みだしている。しかもそれらの密約は、日本国憲法にもとづく日本の国内法（憲法体系）を無視して、米軍に治外法権に等しい特権をあたえている。**

たとえば「横田空域」という、首都圏を中心に一都九県の上空をすっぽりとおおう広大な空域があります。そこは日本の領空なのに、日本の飛行機が自由に飛べず、米軍が戦闘機の訓練飛行や輸送機の発着などに独占的に使用しています。

この米軍の巨大な特権に、実は国内法上の法的根拠がまったく存在せず、日米地位協定にも法的根拠が明記されていないという衝撃の事実を、はたしてみなさんはご存じでしょうか。おそらく、ご存じないはずです。私もこの本を書く過程ではじめてそのことを知り、心の底から驚いてしまいました。

日本の空なのに、航空交通管制権を横田基地の米軍が握っていて、日本側のコントロールがまったく及ばない。つまり事実上、日本の空の主権が米軍によって奪われている。しかもそのことに国内法上の根拠がない。日米地位協定にも法的根拠が明記されていない。そのような独立国としてあるまじき状態が、独立回復後、六〇年以上も続いているのです。

そして、その背後にあるのが、日米合同委員会で結ばれた「密約（航空管制委任密約）」なのです。くわしくは本書のＰＡＲＴ２で述べますが、国内法上の法的根拠もなく、日米地位協定にも法的根拠が明記されていない、「横田空域」での航空交通管制を、日米合同委員会の合意によって米軍に「事実上、委任する」というのが、その密約の内容です。つまり、**日米合同委員会で合意さえすれば、このような巨大な特権を米軍にあたえることができるという裏の仕組みがつくられているのです。もちろんその密約文書（合意文書）は非公開とされています。**

このような驚くべき日米合同委員会での密約は、ほかにもあります。たとえば、米軍関係者（軍人・軍属・それらの家族）の犯罪で、「日本にとっていちじるしく重要な事件以外は裁判権を行使しない」という「裁判権放棄密約」や、米軍人・軍属の被疑者の身柄をできるかぎり日本側で拘束せず、米軍側に引き渡すという「身柄引き渡し密約」などです。

本書のPART1で解説しますが、これらの密約は米軍関係者を特別扱いする甘い事件処理を生みだし、米軍関係者の犯罪の起訴率がきわめて低いという現実をもたらしています。そして、この程度なら罪に問われることはないという意識を米軍関係者の間にはびこらせ、後を絶たない米兵犯罪の温床になっています。

このように米軍関係者を特別扱いし、特権的立場におくことで、刑事裁判権という主権の行使が秘密裏に侵害されているわけです。独立国としてあってはならない事態が、長年にわたって放置されているのです。

こうした日米合同委員会の合意文書や議事録はすべて原則として非公開です。国民の代表である国会議員に対しても秘密にされ、主権者である国民・市民の目からも隠されています。**ごく限られた高級官僚たちが在日米軍高官らと密室で取り決めた秘密の合意（密約）が、日本の国内法（憲法体系）を侵食し、日本の主権を侵害しているのです。合意がいったいいくつあるのかさえわかりません。日米合同委員会の文書・記録として処理すれば、すべては闇の中に封印できる仕掛けになっているのです。**

そのため、日米合同委員会の隠された実態に迫るには、合同委員会に関連する日本政府の部外秘資料や、最高裁判所の部外秘資料、アメリカ政府の解禁秘密文書、在日米軍の内部文書などを通じて探ってゆくしかありません。

本書では、私が入手できたそれらの資料を通じて、日米合同委員会とは何か、どのような密約がいかなる仕組みによって生みだされているのか、外務省や法務省や最高裁の部外秘資料、すなわち裏マニュアルには何が書かれているのか、情報隠蔽はどのようにおこなわれているのかなどを、可能なかぎり明らかにしたつもりです。

日米合同委員会の研究を通じて見えてくるのは、この国が真の主権国家、独立国とはいえないという、否定できない悲しい現実です。なぜなら日米合同委員会では、協議といってもアメリカ側の米軍人が強硬に主張したことは、日本側の官僚たちによって、ほぼすべて受け入れられているのが実態だからです。

その要求は在日米軍の上部組織である米太平洋軍司令部と、米軍トップの統合参謀本部の方針にもとづいています。**米軍上層部から見れば、日米合同委員会は日本における米軍の特権を維持するためのリモコン装置のようなもの**といっていいでしょう。占領時代からのフリーハンドの基地使用・軍事活動の特権を維持するとともに、変化する時代状況に応じて新たな特権を確保してゆくためのリモコン装置です。そのような政治上の装置が、日本政府の機構の中枢に埋め込まれているのです。

そのようにして日米合同委員会は、日本という国の内部に憲法が通用しない闇の世界をつくりだしています。このような状態を放置したままで、自民党・安倍政権が唱えるところの改憲論議などそもそも成立するはずがありません。日米合同委員会の問題に何ひとつ手をつけないで、どうして「日本を取りもどす」などと言えるでしょう。

しかし、だれが考えても、このままでいいはずはありません。まずは**日米合同委員会の全面的な情報公開が必要です。たとえば国会に「日米地位協定委員会」を設置し、国政調査権を用いるなどして、日米合同委員会の合意文書や議事録の全容を公開させるべきです。米軍の特権を認める密約なども廃棄すべきです。**

そして協議内容を逐次報告させ、国会がチェックできる態勢にすべきです。日米地位協定の解釈と運用を日米合同委員会の官僚グループに独占させず、秘密の合意など結べないようにしなければなりません。地位協定の解釈と運用を国権の最高機関たる国会の管理下におく必要があります。それが憲法にもとづく本来の主権在民のあり方です。さらには圧倒的に米軍に有利な地位協定の抜本的改定とともに、不透明な日米合同委員会の廃止へと進むべきでしょう。

日米安保など日米関係については、さまざまな意見があって当然です。ただ、それについて主権者である国民・市民が考え、意見を交わし、判断するためには、日米合同委員会の合意文書や議事録をはじめ関連する公文書の全面的な情報公開が欠かせません。

真の主権回復と主権在民の実現。この国が戦後七〇年あまりにわたってかかえる課題の解決に向けて、これからみなさんといっしょに、日米合同委員会の正体に迫ってみることにしましょう。

日米密約研究のパイオニア、新原《にいはら》昭治《しょうじ》氏から貴重な資料をご提供いただき、ご教示いただきました。

心より感謝申し上げます。

日米合同委員会の研究　目次

PART3　日本占領管理はどのようにして継続したのか

PART4　最高裁にもあった裏マニュアル　219

凡例　引用文中の〔　〕内は著者または編集部が補った言葉。太字も編集部によるものです。
引用文中で、読みやすいように漢字をひらがなに換えたり、句読点を補ったりしたところもあります。

PART 1
日米合同委員会とは何か

日本のエリート官僚とアメリカの高級軍人が集う日米合同委員会。
その密室協議の場で、米軍の特権を認め、
日本の主権を侵害する数々の密約が結ばれています。
日米両政府の秘密文書を通じて、その謎の組織の姿に迫ります。

日米合同委員会が開かれるニューサンノー米軍センター（ニュー山王ホテル）。入り口には銃を携えた警備員が立ち、「ホテル」という名の「米軍基地」のひとつである。（須田慎太郎）

■銃を持った日本人警備員のいる都心の米軍基地

図1　ニューサンノー米軍センターなどの略図。

東京、都心の一等地、高級住宅やマンションが並ぶ港区南麻布四丁目。車が行き交う明治通り天現寺橋交差点近くに、その「施設」はあります。「ニューサンノー米軍センター」、通称ニュー山王《サンノー》ホテル。米軍関係者専用の高級宿泊施設で、会議場も備わっています。

駐日アメリカ大使館関係者も利用できますが、それら関係者以外は原則として立ち入り禁止です。日本人だけでなくアメリカ人でも米軍と関係がなければ入れません。ただし米軍か大使館の関係者の付き添いがあれば、日本人でも身分証を提示して施設内に入れます。館内の雰囲気は純アメリカ風で、会話は英語、支払いにはドル紙幣が使われています。

壁面がレンガ色、七階建ての外観は確かにホテルです。しかし、入口に立っているのはドアボーイではありません。黒ずくめの制服とベルトに警棒を装着し、

ニューサンノー米軍センター。周囲の高い塀の上部には先の尖った鉄柵が連なり、まぎれもなく米軍基地のひとつであることを示している。

身をかためた屈強な警備員がいて、出入りする人と車両の証明書などをチェックしています。そして、よく見ると、ベルトの右腰の位置に黒革の拳銃のホルスターを帯びているではありませんか。それだけで、ここがまぎれもない米軍基地、事実上の治外法権ゾーンだと認識させられます。そういえば、ホテルの周囲の高い塀の上部には先の尖った鉄柵が連なっています。

警備員は制服の右腕に星条旗のワッペンを付けてはいますが、軍服を着た米軍兵士ではありません。日本人の顔立ちをしています。在日米軍基地では、入口などの警備に銃を携帯した日本人の基地従業員が就くことは、沖縄など各地で見られますが、おそらくここでも同様の態勢をとっているのでしょう。

その光景は異様です。日本の首都の真ん中に、通称や外観はホテルでも、武装した警備員がいて、日米地位協定による米軍の「排他的管理権」、つまり日本国による規制が及ばない事実上の治外法権の基地がそびえ立っている――。

しかし、ここで疑問が湧いてきます。日本では銃刀法（銃砲刀剣類所持等取締法）により、銃砲の所持は警察や自衛隊など法令にもとづく職務以外では禁止されています。狩猟・競技などに必要な場合は都道府県公安委員会の許可が必要です。警備員という仕事ではもちろん銃の携帯はできません。とにかく厳しい銃規制が設けてあるのです。

それなのに、なぜ米軍基地では日本人警備員が銃を携帯できるのでしょう。日本における米軍の法的地位を定めた日米地位協定に何か規定があるのでしょうか。

いいえ、決して地位協定に規定があるわけではありません。ただ、その背後には思いもよらぬ裏の仕組み、日米両政府の秘密の合意が存在しているのです。詳しくは後述（⇩51ページ）しますが、それはまさに本書のテーマ、日米合同委員会の正体と深いつながりがあります。

そして、関係者以外は立ち入り禁止の厳重な警備がしかれるここニューサンノー米軍センターの密室で、毎月開かれている秘密の会合こそ、問題の日米合同委員会なのです。

■日本のエリート官僚とアメリカの高級軍人が集う日米合同委員会

日米合同委員会とは、日本における米軍の基地使用・軍事活動の特権などを定めた日米地位協定の具体的な運用について協議するための機関です。それは左の条文のとおり地位協定第二五条にもとづいています。

「この協定〔＝日米地位協定〕の実施に関して相互間の協議を必要とするすべての事項に関す

る日本国政府と合衆国政府との間の協議機関として、合同委員会を設置する」

「協議を必要とするすべての事項」ですから、協議する内容は広範囲に及びます。たとえば次のようなことに関してです。

①提供される米軍基地・演習場の場所の決定。
②基地にするための私有地の強制収用。
③滑走路や兵舎など各種施設の新設や移設の実施計画。
④米軍機に関する航空交通管制。
⑤オスプレイなど米軍機の訓練飛行や騒音問題。
⑥墜落事故などの調査や被害者への補償。
⑦米軍が使用する電波の周波数の調整。
⑧米軍関係者の犯罪の捜査や裁判権の問題。
⑨基地の環境汚染。
⑩基地の日本人従業員の雇用・労働条件。

一九五二年（昭和二七年）四月二八日に対日講和条約、日米安保条約、日米行政協定（現地位協定）が発効したのにともない、日米合同委員会も発足しました。（英語名は、U.S.–Japan Joint

Committee または Japan −U.S.Joint Committee）

図2にあるように、日本政府中央官庁の高級官僚と在日米軍の高級軍人とアメリカ大使館の高級外交官、これら日本のエリート官僚とアメリカのエリート軍人・外交官計一三名で構成されている

各分科委員会の名称と、その主な協議の対象

気象分科委員会　気象庁による米軍への気象情報の提供。

基本労務契約・船員契約紛争処理小委員会　米軍基地の日本人従業員の雇用契約上の紛争などの処理。

刑事裁判管轄権分科委員会　米軍関係者（米軍人・軍属・それらの家族）の犯罪の捜査や裁判権などの問題。

契約調停委員会　米軍による日本での資材や備品などの調達の契約をめぐる紛争の調停。

財務分科委員会　在日米軍の財産や米軍関係者の所得などに対する課税の問題。

施設分科委員会　基地・演習場の提供、使用条件、返還、各種施設の建設や移設。

周波数分科委員会　米軍による無線通信の電波周波数の使用・調整・管理。

出入国分科委員会　米軍関係者の出入国手続き。

調達調整分科委員会　米軍による日本での資材や備品などの調達に関する問題。

通信分科委員会　電気通信や電波使用における周波数以外の問題。

民間航空分科委員会　米軍機に関わる航空交通管制。

民事裁判管轄権分科委員会　米軍関係の事故・事件の損害賠償や補償など民事裁判権に関する問題。

労務分科委員会　米軍基地の日本人従業員の労働条件や待遇など労働問題。

航空機騒音対策分科委員会　米軍基地周辺での米軍機の騒音問題。

事故分科委員会　米軍機墜落事故の原因調査など米軍関係の事故。

電波障害問題に関する特別分科委員会　米軍基地周辺などで米軍が影響を受ける電波障害に関する問題。

車両通行分科委員会　米軍車両の日本国内での移動。

環境分科委員会　米軍基地・演習場の環境汚染など環境問題。

環境問題に係る協力に関する特別分科委員会　米軍基地・演習場の環境汚染などの問題で、連絡態勢や立ち入り調査などに関する日米間の協力。

日米合同委員会合意の見直しに関する特別分科委員会　日米合同委員会で合意された事項の見直し。

刑事裁判手続に関する特別専門家委員会　米軍関係者の犯罪の刑事裁判の手続きに関する問題。

訓練移転分科委員会　米軍の訓練場所を沖縄の基地・演習場から県外の基地・演習場に移転すること。

事件・事故通報手続に関する特別作業部会　米軍関係の事件・事故が起きたときの通報手続きの整備。

事故現場における協力に関する特別分科委員会　米軍機墜落事故などの現場での警備などに関する米軍側と日本側の協力。

在日米軍再編統括部会　在日米軍基地や部隊配備などの再編に関する問題。

図２　日米合同委員会組織図

2016年10月現在

（　）は〔日米地位協定のもとでの〕設置年月日

＊以下「代表」及び「議長」は、日本側代表・議長を示す。

日米合同委員会

●日本側代表
外務省北米局長
　森　健良氏
●代表代理
法務省大臣官房長
　辻　裕教氏
農林水産省経営局長
　大澤　誠氏
防衛省地方協力局長
　深山延暁氏
外務省北米局参事官
　小野啓一氏
財務省大臣官房審議官
　三宅俊光氏

●米側代表
在日米軍司令部副司令官
●代表代理
在日米大使館公使
在日米軍司令部第五部長
在日米陸軍司令部参謀長
在日米空軍司令部副司令官
在日米海軍司令部参謀長
在日米兵隊隊基地司令部参謀長

- 気象分科委員会（昭35.6.23）
  代表　気象庁長官
- 基本労務契約・船員契約紛争処理小委員会（昭35.6.23）
  代表　法務省大臣官房審議官
- 刑事裁判管轄権分科委員会（昭35.6.23）
  代表　法務省刑事局公安課長
- 契約調停委員会（昭35.6.23）
  代表　防衛省地方協力局調達官
- 財務分科委員会（昭35.6.23）
  代表　財務省大臣官房審議官
- 施設分科委員会（昭35.6.23）
  代表　防衛省地方協力局次長
  - 海上演習場部会
    議長　水産庁漁政部長
  - 建設部会
    議長　防衛省地方協力局地方協力企画課長
  - 港湾部会
    議長　国土交通省港湾局長
  - 道路橋梁部会
    議長　国土交通省道路局長
  - 陸上演習場部会
    議長　農林水産省経営局長
  - 施設調整部会
    議長　防衛省地方協力局地方調整課長
    議長　防衛省地方協力局沖縄調整官
  - 施設整備・移設部会
    議長　防衛省地方協力局提供施設課長
  - 沖縄自動車道建設調整特別作業班
    議長　防衛省地方協力局沖縄調整官
  - SACO実施部会
    議長　防衛省地方協力局沖縄調整官
- 周波数分科委員会（昭35.6.23）
  代表　総務省総合通信基盤局長
- 出入国分科委員会（昭35.6.23）
  代表　法務省大臣官房審議官
  - 検疫部会
    議長　外務省北米局日米地位協定室補佐
- 調達調整分科委員会（昭35.6.23）
  代表　経済産業省貿易経済協力局長
- 通信分科委員会（昭35.6.23）
  代表　総務省総合通信基盤局長
- 民間航空分科委員会（昭35.6.23）
  代表　国土交通省航空局管制保安部長
- 民事裁判管轄権分科委員会（昭35.6.23）
  代表　法務省大臣官房審議官
- 労務分科委員会（昭35.6.23）
  代表　防衛省地方協力局労務管理課長
- 航空機騒音対策分科委員会（昭38.9.19）
  代表　防衛省地方協力局地方協力企画課長
- 事故分科委員会（昭38.1.24）
  代表　防衛省地方協力局補償課長
- 電波障害問題に関する特別分科委員会（昭41.9.1）
  代表　防衛省地方協力局地方協力企画課長
- 車両通行分科委員会（昭47.10.18）
  代表　国土交通省道路局長
- 環境分科委員会（昭51.11.4）
  代表　環境省水・大気環境局総務課長
- 環境問題に係る協力に関する特別分科委員会（平14.11.27）
  代表　外務省北米局参事官
- 日米合同委員会合意の見直しに関する特別分科委員会（昭53.6.29）
  代表　外務省北米局日米地位協定室長
- 刑事裁判手続に関する特別専門家委員会（平7.9.25）
  代表　外務省北米局参事官
- 訓練移転分科委員会（平8.4.1）
  代表　防衛省地方協力局地方調整課長
- 事件・事故通報手続に関する特別作業部会（平9.3.20）
  代表　外務省北米局日米地位協定室長
- 事故現場における協力に関する特別分科委員会（平16.9.14）
  代表　外務省北米局参事官
- 在日米軍再編統括部会（平18.6.29）
  代表　外務省北米局日米安全保障条約課長
  　　　防衛省防衛政策局日米防衛協力課長

（外務省ホームページをもとに作成）
＊日本側代表・代表代理の氏名は
2016年10月時点でのもの。

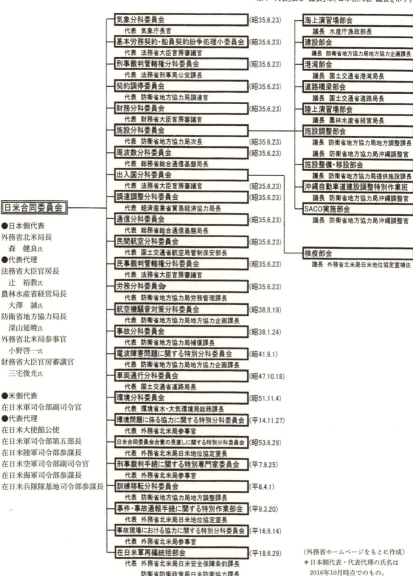

わけです。その一三名からなる日米合同委員会が、いわゆる本会議として位置づけられています。

地位協定第二五条で、日米合同委員会は「必要な補助機関及び事務機関を設ける」とされています。本会議の下に補助機関として各種分科委員会や各種部会などが下部組織として置かれているのです。二〇一六年一〇月の時点で分科委員会が一六、特別分科委員会が四、委員会が一、小委員会が一、特別専門家委員会が一、部会が一〇、特別作業部会が一、特別作業班が一です。各分科委員会での協議の主な対象を20ページにまとめてみました。

分科委員会など下部組織は、各分野の実務的・技術的な問題を協議します。ほとんどの分科委員会が、一九五二年四月二八日の日米合同委員会の発足とともに設置され、常設の組織になっています。一方、特別分科委員会、特別作業班、特別作業部会はある問題について一定期間協議するために設置され、課題が解決したら活動停止や廃止になります。

分科委員会のなかでも、施設分科委員会だけは数多くの部会をもっていますが、それは同分科委員会が基地・演習場の提供、返還、施設の新設や移設など扱う範囲が広く、実務作業の量も多いからで、各部門ごとに部会が設置されています。

これら本会議と分科委員会や部会などを含めた全体が、日米合同委員会と総称されるものです。

在日米軍司令部の内部文書、「合同委員会と分科委員会」(「JOINT COMMITTEE AND SUBCOMMITTEES」二〇〇二年七月三一日付け)によると、日米合同委員会の事務機関として、アメリカ側は代表である在日米軍司令部副司令官のもとに合同委員会事務局が置かれています。日本側は代表である外務省北米局長のもと、北米局日米地位協定室が事務機関の役割を担っています。

BY ORDER OF THE COMMANDER

HEADQUARTERS, UNITED STATES FORCES, JAPAN
USFJ INSTRUCTION 90-203

31 July 2002

Command Policy

JOINT COMMITTEE AND SUBCOMMITTEES

COMPLIANCE WITH THIS PUBLICATION IS MANADATORY

OPR: J03 (Mr. G. Teitel) — Certified by: USFJ/J03
Supersedes USFJPL 20-1, 25 October 1994 — Pages: 10
Distribution: A

This instruction prescribes procedures and responsibilities governing United States (US) participation in the Japan-US Joint Committee, Subcommittees, and Auxiliary Organs.

SUMMARY OF REVISIONS
Deletes the requirement for monthly reporting by the subcommittees and adds the list of subcommittees and auxiliary organs.

1. Reference: Article XXV of the Japan-United States Status of Forces Agreement.

2. Composition of the Joint Committee:

2.1. The Joint Committee is composed of one representative of the US Government and one representative of the Japanese Government. Each representative has deputies and a staff. Currently, the US Representative has six (6) deputies and a staff. The staff of the US Representative is the Office of the US Joint Committee Secretary. The staff of the Representative of Japan is the Japan-US Status of US Forces Agreement Division of the North American Affairs Bureau of the Ministry of Foreign Affairs.

2.2. The Joint Committee from time to time establishes subcommittees and other auxiliary organizations for the purpose of giving advice and making recommendations to the Joint Committee on technical matters referred to them by the Joint Committee. See Attachments 1 and 2 for their procedures and responsibilities and Attachment 3 for the list of subcommittees and auxiliary organs.

2.3. The US membership of the subcommittees will be furnished by the various commands in accordance with Headquarters, US Forces, Japan (HQ, USFJ) Special Order.

3. Procedures:

3.1. In accordance with Article XXV of the Status of Forces Agreement, the Joint Committee determines its own procedures.

在日米軍司令部の内部文書、「合同委員会と分科委員会」。

■米軍の軍事的要求を最優先にして協議

分科委員会や部会などには、日本側からは各分野・部門を管轄する日本政府各省庁のエリート官僚たち（長官・審議官・参事官・局長・部長・室長・課長クラスの官僚たちとその部下）が、アメリカ側からも同じく各分野を管轄する佐官《さかん》・尉官《いかん》クラスの軍人たちが、協議に参加しています。分科委員会や部会などで合意された事項は、「覚書」や「勧告」として日米合同委員会の本会議に文書が提出され、承認を受けることになっています。

日本政府は、日米合同委員会のメンバーの数を公表していませんが、『安保・沖縄問題用語事典』（田沼肇編　労働旬報社　一九六九年）によると、日本側メンバーである各省庁の担当官は、一九六九年当時で一四七人だったようです。現在も同程度かそれ以上の人員態勢を組んでいると考えられます。

外務省ホームページの日米合同委員会組織図（⇩21ページ）には、各分科委員会・部会などの日本側代表である官僚の所属省庁と役職は公表されていますが、アメリカ側代表については記載がありません。

しかし左ページ、沖縄市役所企画部平和文化振興課発行の『基地対策』No.5（一九九二年三月）掲載の日米合同委員会組織図には、一九九二年当時の本会議・各分科委員会・部会などの日米双方の代表が記されています。

ご覧のようにアメリカ側代表は在日米大使館参事官をのぞいてすべて軍人です。各分科委員会・

図３　1992年当時の日米合同委員会組織図

日米合同委員会

代表　外務省北米局長
代理代表
- 防衛施設庁長官
- 防衛庁国際関係担当参事官
- 法務省大臣官房長
- 外務省北米局審議官
- 大蔵省大臣官房審議官
- 農林水産省構造改善局長

代表　在日米軍司令部参謀長
代理代表
在日米大使館参事官
在日米軍より計４名

- **気象分科委員会**　代表　気象庁長官、在日米海軍司令部気象課部員
- **基本労務契約・船員契約紛争処理小委員会**　代表 法務大臣官房審議官、在日米海軍司令部法務官
- **刑事裁判管轄権分科委員会**　代表　法務省刑事局総務課長、在日米軍司令部法務官
- **契約調停委員会**　代表　防衛施設庁総務部調停官、在日米軍司令部第4部部員
- **航空機騒音対策分科委員会**　代表　防衛施設庁施設部連絡調整官、在日米軍司令部第3部部員
- **財務分科委員会**　代表　大蔵省大臣官房審議官、在日米軍司令部会計検査官
- **事故分科委員会**　代表　防衛施設庁次長、在日米軍司令部第３部部長
- **施設特別委員会**　代表　防衛施設庁長官、在日米軍司令部第４部部長
  - **FAC6027読谷村補助飛行場落下傘降下訓練場代替地検討特別作業班**
    代表　防衛施設庁施設部連絡調整官、
    在日米軍司令部第３部副部長
  - **沖縄自動車道建設調整特別作業班**
    代表　防衛施設庁連絡調整官、
    在日米軍司令部第4部副部長
  - **海上演習場部会**
    代表　農林水産省漁政部長、
    在日米軍司令部第３部部員
  - **港湾部会**
    代表　運輸省港湾局長、
    在日米軍司令部第4部部員
  - **施設整備移設部会**
    代表　防衛施設庁総務部施設調査官、
    在日米軍司令部第4部部員
  - **施設調整部会**
    代表　防衛施設庁施設部首席連絡調整官、
    在日米軍司令部第4部部員
  - **建設部会**
    代表　防衛施設庁施設部首席連絡調整官、
    在日米軍司令部第4部部員
  - **道路橋梁部会**
    代表　建設省道路局長、
    在日米軍司令部第4部部員
  - **陸上演習場部会**
    代表　農林水産省構造改善局長、
    在日米軍司令部第4部部員
- **周波数分科委員会**　代表　郵政省電気通信局長、在日米軍司令部第6部部長
- **出入国分科委員会**
  代表　法務大臣官房審議官、
  在日米軍司令部第5部部員
- **調達調整分科委員会**
  代表　通商産業省貿易局長、
  在日米軍司令部第4部部長
- **通信分科委員会**
  代表　郵政省電気通信局長、
  在日米軍司令部第６部部長
- **電波障害問題に関する特別分科委員会**
  代表　防衛施設庁施設部首席連絡調整官、
  在日米軍司令部第６部部長
- **民間航空分科委員会**
  代表　運輸省航空局首席安全監察官、
  在日米軍司令部第３部部長
- **民事裁判管轄権分科委員会**
  代表　法務大臣官房審議官、
  在日米軍司令部法務官
- **労務分科委員会**
  代表　防衛施設庁労務部長、
  在日米軍司令部第１部労務課長
- **車両通行分科委員会**
  代表　建設省道路局長、
  在日米軍司令部第4部部長
- **環境分科委員会**
  代表　環境庁水質保全局企画課長、
  在日米軍司令部第4部副部長
- **伊江島補助飛行場特別作業班**
  代表　防衛施設庁施設部連絡調整官、
  在日米軍司令部第4部部員
- **日米合同委員会合意の見直しに関する特別分科委員会**
  代表　外務省北米局安全保障課長、
  在日米軍司令部第３部部長

＊日米合同委員会の1992年当時と現在（図２）では、日米の代表や代表代理の役職が一部異なっている。

（沖縄市役所企画部平和文化振興課、『基地政策』№5、1992年3月発行　をもとに作成）

部会などのアメリカ側代表は、在日米海軍司令部法務官以外、すべて在日米軍司令部所属です。在日米軍司令部の気象課部員、法務官、会計検査官、第1部（人事管理）労務課長、第3部（作戦計画）部長・副部長・部員、第4部（兵站《へいたん》）部長・副部長・部員、第5部（政策）部員、第6部（通信・統制）部長が、それぞれの専門分野の分科委員会や部会などの代表になっています。なお、第2部（諜報《ちょうほう》）からの担当官の参加はありません。

おそらく現在も同様の態勢がとられ、メンバーの数についても日本側と同じような規模だと考えられます。なお、日米合同委員会の発足当初の一九五三年、アメリカ側メンバーは七〇人だったといわれています（『軍事基地の実態と分析』基地問題調査委員会編　三一書房　一九五四年）。

注目すべき点は、このように日米合同委員会のアメリカ側代表・代表代理・委員が、在日アメリカ大使館公使ひとりをのぞいて、すべて米軍人で占められていることです。日本側は各省庁の官僚すなわち文官ですから、通常の国際協議ならば相手国側も文官であるはずです。

ところが**日米合同委員会の場合は、本来は立場が違うはずの文官と軍人の組み合わせになっており、それは一九五二年の発足時からずっと続いています。そのため、アメリカ側は常に軍事的観点から協議にのぞみ、軍事的必要性にもとづく要求を出してきます。米軍基地の運営や訓練をはじめ、ありとあらゆる軍事活動を円滑におこなうことを最優先にしているわけです。**

そして、米軍に非常に大きな特権を認める日米地位協定の、徹底した米軍優位の規定がある以上、地位協定の具体的な運用について協議する日米合同委員会では、ほとんどのケースでアメリカ側の要求が通っているのが実態です。

■日米合同委員会について大使館の口出しを許さない米軍部

しかし、日米合同委員会の文官と軍人の組み合わせを問題視する意見が、駐日アメリカ大使館とアメリカ国務省（日本の外務省にあたる）の関係者から発せられたこともあります。ジャーナリストの末浪《すえなみ》靖司《やすし》氏がアメリカ国立公文書館で発見したアメリカ政府解禁秘密文書に、そうした事例が出てきます。

たとえば一九七二年四月、当時の駐日アメリカ大使館のスナイダー一等書記官がインガソル大使に、日米合同委員会でのアメリカ側の軍事司令官と日本政府の関係は「きわめて異常なもの」で、日本と同じ協定を結んだ台湾や韓国を除いては、世界中どこにも見られないし、

「日本では、もともとまだアメリカ大使館が存在さえしていなかった占領中に任命された、米軍部と〔日本〕政府を代表する文民〔官僚〕との間の、異常な直接の関係が存在している」

と問題点を指摘しました（『機密解禁文書にみる日米同盟』末浪靖司著　高文研　二〇一五年）。

インガソル駐日アメリカ大使
（共同通信社）

それを受けてインガソル大使が翌月、ジョンソン国務次官やグリーン国務次官補に対し、日米合同委員会のアメリカ側代表を軍事司令官から駐日アメリカ公使に交代させるべきだ

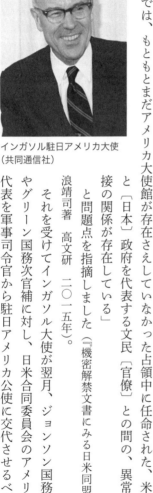

と進言したところ、その提案が支持されたのでした。

しかし、米軍部はただちに抵抗の姿勢を見せ、その提案を拒否する米太平洋軍司令官の見解を大使館側に送りつけてきました。それは次のように、現行のやり方で何の問題もなく、改める必要はないと強調するものでした。なお、米太平洋軍は在日米軍の上部組織です。

「合同委員会は、こまごまとした、たくさんの作業に深く関わっているが、その詳細は軍事部門のルートでうまく処理されている」

「合同委員会は、うまく組織されており、日本政府がその変更を求めている形跡はない。アメリカ政府は、合同委員会の構造をより公式的なものにするような動きにおちいるべきではない」（前掲書）

要するに、米軍部のこれまでのやり方でうまく行っており、日本側から変えてほしいという声が上がってもいないので、大使館も国務省もよけいな口出しはしないでくれ、というわけです。

こうして、通常の国際協議にふさわしい「公式的な」かたち、つまり文官対文官の協議方式に改めようとする、アメリカの外交官たちの試みはつぶされてしまったのです。

その結果、アメリカの外交官から見ても「きわめて異常」な日米合同委員会の構成と協議方式が固定してしまいました。そして、米軍部が日本の官僚機構と密接な関係を築き、その軍事的要求を実現させていく回路が揺るぎないものになったわけです。

■現在までに一六〇〇回以上開かれている日米合同委員会

日米合同委員会の本会議の会合は、一九五二年の発足当初は毎週木曜日に開かれていました。しかし、五〇年代半ばからは二週間おき、または一週間おきの木曜日に開かれるようになりました。第一回会合が開かれたのは一九五二年五月七日で、六〇年六月九日の第二三三回まで回を重ねました。

一九六〇年の日米安保改定で、日米合同委員会の法的根拠である行政協定が地位協定に変わったのを境に、新たに会合の回数を数えなおすことになり、その第一回は六〇年六月二三日に開かれました。それを機に会合は隔週の木曜日午前一一時からの開催となりました。前述の内部文書「合同委員会と分科委員会」（在日米軍司令部）にも、隔週の木曜日午前一一時から開催とあります。

つまりひと月に二回または三回で、一年間に二五回～二六回ということになります。ただ、日米のいずれか一方の代表者が要請したときは、すぐに臨時の会合を開けることになっています。

日本政府は日米合同委員会の会合の回数を公表していません。しかし、毎月隔週の木曜日に開催されているので、一年に二五回～二六回として、一九六〇年からの地位協定下でも、一四〇〇回以上は開かれており、合計で一六〇〇回以上という計算になります。臨時の会合もあったとすると、さらにその数は増えるでしょう。

日米合同委員会の会合の議長役は、日本側代表（外務省北米局長）とアメリカ側代表（在日米軍司令部副司令官）が交互につとめ、双方の代表のほかに代表代理らが出席します。日米それぞれの

㊤山王ホテル士官宿舎（旧山王ホテル）。（共同通信社）
㊥米極東軍司令部（共同通信社）
㊦外務省：東京霞が関（著者撮影）

これらの場所で、日米合同委員会の会合が定期的に開かれてきた。

代表は単に日米合同委員会委員の代表としてだけではなく、日米双方の政府を代表する立場にあり、合同委員会での合意は日米両政府を拘束するとされています（「合同委員会と分科委員会」）。

会合は、日本側代表が議長役の回は外務省で、アメリカ側代表が議長役の回はニューサンノー米軍センターの在日米軍司令部専用の会議室で開かれています。一九八三年にニューサンノー米軍センターができる前は、アメリカ側が議長役のときは、戦後、米軍が接収して宿泊・会議施設としていた山王ホテル士官宿舎（旧山王ホテル）、新宿区市ヶ谷の現在は防衛省がある場所にあった米極東軍司令部、在日米陸軍司令部があるキャンプ座間（神奈川県）などで開かれていました。

なお、分科委員会や部会などは、上記の米軍の施設や外務省、各分科委員会・部会などの関連分野を管轄する日本の各省庁などで、必要に応じて開かれてきています。

■密室での協議方式、議題はどのように決まるのか

日米合同委員会の協議は、メンバー以外は入れない密室でおこなわれます。具体的な協議の様子は明らかにされませんが、過去の新聞記事のなかに珍しく、関係者への取材などを通じてその一端にふれたものがありました。一九五七年四月九日の『読売新聞』朝刊、「日米安保条約、改廃をめぐる諸問題、合同委員会の実情」という記事で、次のように書かれています。

「合同委員会の出発〔＝発足〕当時は毎週木曜日にひらかれたものだが、最近では二週間おき

日米合同委員会における協議の一端を報じる1957年4月9日の『読売新聞』。

に市ヶ谷の米軍司令部と外務省で順番にひらく。最近の情景を取上げると——長い机の一方は日本政府代表千葉外務省アメリカ局長、今井調達庁長官、西原大蔵省財務官ら関係官がズラリとならぶ。これとむかい合って在日米軍参謀次長ハバード海軍少将以下、陸海空三軍からの代表代理、オブザーバーの大使館員らが座る。まずその時々の問題をメモランダム（覚書）として相手方に渡す。これを一読したところで協議がはじまり、メモランダム（略）を出した方の『お説』を拝聴ということになる」

このように日本のエリート官僚と米軍の高級軍人らが対面し、日米双方から会合の議題とすべき内容を記したメモランダム（MEMORANDUM）を提出、それを読んでから協議に移るという方式は、日米合同委員会の発足当初から現在まで続いているものです。

記事には、当時、議題に上ったメモランダムの例があげられています。基地の拡張や米兵犯罪など、国民の生活に影響を及ぼす問題が出てきます。

「『立川飛行場の滑走路拡張を求める件』というメモランダムから、町ぐるみの闘争〝砂川事件〟[註1]が生まれ、今の基地反対闘争の類は全部このメモランダムからはじまる。その内容は時に相馬ヶ原農婦射殺事件[註2]のこともあれば、ＧＩ相手の夜の女問題であることもある。『演習行軍中のアメリカ軍が列車をとめるのは困る』『天然記念物指定の白鳥を射撃した』……等々、問題はピンからキリまである」

「最近では一回平均十件ぐらい〔の議題がある〕。二、三年前は一回で五十件くらいが、そのつど俎上《そじょう》にのったものだ。何気ない覚書のやりとり。笑声も余りないが、激論の余りの怒声がとぶこともない事務的な委員会の運び――そこから基地問題をはじめ日本の国民にとっては〝よそごと〟ではない『結果』が続々と作られて行く」

註1　**砂川事件**　この記事で言及している砂川事件とは、一九五五年秋と五六年秋に、当時東京都砂川町（現立川市）にあった米軍立川基地の滑走路拡張のため、日本政府が地元農民の土地を強制収用しようと、警官隊を投入して強制測量をおこなった際、これに反対する運動の過程で起きた事件をいう。農民を中心に町ぐるみで反対運動が巻き起こり、スクラムを組んで強制測量を阻止しようとする農民と支援の労働者・学生に対し、警官隊が流血の弾圧をおこない、負傷者が続出した。

註2　**相馬ヶ原農婦射殺事件**　一九五七年一月三〇日、群馬県相馬ヶ原の米軍演習場で使用済みの空の薬莢を拾っていた農婦を米陸軍兵士ウィリアム・S・ジラードが小銃で射殺した事件。ジラードは空の薬莢をばらまき、「ママサン、ダイジョーブ」と主婦をおびき寄せ、発砲した。「ジラード事件」とも呼ばれる。米軍は公務中の事件なので裁判権はアメリカ側にあると主張したが、日本の世論は反発し、怒りが広がった。そのため日本の検察当局は、ジラードの行為は公務とは無関係として、日本側の裁判権行使を求めた。
　日米両政府間の折衝の結果、反米感情の高まりを避けたいアメリカ側が、裁判権の不行使を決め、検察はジラードを傷害致死罪で起訴。しかし、その裏では、傷害致死罪より重い罪では起訴しないこと、日本側当局は裁判所にできる限り刑を軽くするよう勧告することを条件に、アメリカ側は裁判権を行使しないという密約が、日米合同委員会で合意されていた。それはのちに、末浪靖司氏の発見したアメリカ政府解禁秘密文書で明らかになった。ジラードは五七年一一月一九日、前橋地裁で懲役三年・執行猶予四年を言い渡されたが、その直後に帰国。除隊となり、何のとがめもなく自由の身になった。

■アメリカ側が議題のメモランダムを作成する手順

在日米軍司令部の内部文書「合同委員会と分科委員会」にも、日米合同委員会ではこのメモランダム方式がとられていることが書かれています。そして、アメリカ側はどのようにして議題のメモランダムを作成するのかも次のように説明されています。

アメリカ側が議題として取り上げたい各事項について、それらを担当する在日米軍司令部の各部局や、在日米軍（陸軍・海軍・空軍・海兵隊）の各司令部が前もって検討したうえで、メモランダムを起案する。それを在日米軍司令部副司令官のもとに置かれた日米合同委員会事務局に提出し、正式なメモランダムとしてまとめる。

つまり、メモランダムには在日米軍司令部の各部局、在日米軍（陸軍・海軍・空軍・海兵隊）の各司令部の意向、すなわち軍事的観点からの要求が確実に反映されるようになっているのです。

そして、「合同委員会と分科委員会」では、日米合同委員会の本会議、分科委員会、部会などに出席したアメリカ側代表代理や米軍の各担当官は、会合の要旨を毎回、在日米軍司令部の各部局、在日米陸軍・海軍・空軍・海兵隊の各司令部に報告しなければならないと、説明されています。その報告がまた次のメモランダムの作成に活かされるわけです。

このメモランダムに加え、各分科委員会で協議のうえ合意された内容をまとめた「覚書」や「勧告」も、必要に応じて日米合同委員会の本会議に提出され、承認を受けるという方式がとられています。メモランダム、勧告、分科委員会や本会議の議事録、合意文書などは、すべて英語で記述され、保管されています。

アメリカ側の日米合同委員会事務局スタッフが、各会合の議事録や承認事項を取りまとめて文書にし、必要な部数を日本側に渡します。日本側の事務局スタッフ（外務省北米局日米地位協定室）

は合同委員会の活動のインデックス（目録）と合意事項を編集して文書にし、必要な部数をアメリカ側に渡します（「合同委員会と分科委員会」）。

■非公開の日米合同委員会文書

しかし、それら議事録や合意文書といった日米合同委員会の内部文書は、原則として公開されません。ごく一部の当たりさわりのない合意の要旨だけが、左ページの外務省ホームページにあるように、「日米地位協定各条及び環境補足協定に関する日米合同委員会合意」として、日本語の仮訳《かりやく》で載っているだけです。また各合意のうち、基地・演習場などの提供や返還に関するものは、「日米合同委員会合意事案概要」として防衛省のホームページに掲載されます。

日本政府は日米合同委員会で合意された事項の総数を公表していません。この密室の協議で結ばれた合意はいったいこれまで何件あるのか。それを知るために、私は情報公開法にもとづき外務省に対し、日米合同委員会の合意数を記した文書の開示請求をしてみました。すると、該当する文書は存在しないとの通知が届きました。

しかし、日米合同委員会の日本側代表は外務省北米局長で、日米地位協定の解釈や運用を統括する官庁も外務省です。それなのに、日米合同委員会での合意数を記した文書が存在しないというのは、信じがたい話です。事実、過去に国会で、外務省北米局長が日米合同委員会の合意の概数を一部明らかにしたことがあります。一九九五年一〇月二四日、参議院外務委員会、折田正樹北米局長（当時）の以下の答弁です。

外務省
Ministry of Foreign Affairs of Japan

本文へ | 御意見・御感想 | サイトマップ | リンク集　English　Other Languages

検索　文字サイズ変更 小 中 大

トップページ > 国・地域 > 北米 > アメリカ合衆国 > 在日米軍関連 > 日米地位協定各条及び環境補足協定に関する日米合同委員会合意

アメリカ合衆国

日米地位協定各条及び環境補足協定に関する日米合同委員会合意

平成28年3月3日

ツイート　いいね！ 313　メール

第二条に関連する日米合同委員会合意

施設及び区域の提供（1952年7月）（PDF）
沖縄の施設・区域（5・15メモ等）（仮訳（PDF）・英語版（PDF））（1972年5月）
訓練空域使用の通報（1972年12月）（PDF）
施設・区域の使用条件等に関する事項（1978年5月）（PDF）
NLPに関する硫黄島の使用（1997年2月）（PDF）
キャンプ・ハンセンの104号線越え訓練の移転（1997年6月）（PDF）
読谷飛行場から伊江島飛行場へのパラシュート降下訓練の移転（1999年10月）（PDF）
米軍再編に係る訓練移転の拡充（平成23年1月20日）
米軍再編に係る訓練移転の拡充（平成23年10月4日）

第三条に関連する日米合同委員会合意

航行保安（1952年6月）（PDF）
周波数の分配及び妨害除去（1952年6月）（PDF）
米軍の電気通信施設使用（1952年7月）（PDF）
演習場の立入に関する事項（1952年12月）（PDF）
厚木飛行場の騒音軽減措置（1963年9月（PDF）、1969年11月（改正））（PDF）
横田飛行場の騒音軽減措置（1964年4月（PDF）、1993年11月（改正））（PDF）
環境問題に関する協力について（仮訳（PDF）・英語版（PDF））（1973年11月）
米軍鶴見貯油施設に係る公共の安全に関する事項（1976年12月）（PDF）
嘉手納飛行場及び普天間飛行場における航空機騒音規制措置（仮訳（PDF）・英語版（PDF））（1996年3月）
合衆国の施設及び区域への立入許可手続について（1996年12月）（PDF）
在日米軍に係る事件・事故発生時における通報手続（1997年3月）（PDF）
日本の団体による在日米軍施設・区域への立入について（1999年7月）（PDF）
災害準備及び災害対応のための在日米軍施設・区域への立入りについて（平成19年4月）

第五条に関連する日米合同委員会合意

港湾施設使用（1953年3月）（PDF）
修理保全のための第三国機の入国手続（1960年9月）（PDF）

第六条に関連する日米合同委員会合意

航空交通管制（1952年6月、1959年6月（PDF）、1975年5月（改正））（PDF）
沖縄における航空交通管制（1972年5月）（PDF）

第九条に関連する日米合同委員会合意

米軍の構成員、軍属、家族の出入国（1952年5月（PDF）、1961年3月（追加）（PDF）、1961年8月（改正））（PDF）
人、動物及び植物の検疫（1996年3月）（PDF）
在日米軍と日本国の衛生当局間における情報交換（2013年1月）（PDF）、2013年9月（修正）（PDF）、2015年9月（修正）、2016年3月（修正）（PDF）

外務省ホームページに掲載されている「日米地位協定各条及び環境補足協定に関する日米合同委員会合意」。

日米合同委員会合意事案概要

件名	ＦＡＣ３０６７横浜ノース・ドックの一部土地等の返還について
承認年月日	平．２１．３．５．
施設・区域名称	ＦＡＣ３０６７横浜ノース・ドック
合意対象所在地	神奈川県横浜市神奈川区
合意対象面積等	土　　地：約２７，０００㎡
	水　　域：約　２，５００㎡
	建　　物：　－
	工 作 物：橋梁等
	附帯施設：　－

【事案内容】

本件は、横浜市及び民間企業等と共同使用している標記施設・区域について、米側が使用する必要がなくなったことに伴い、下記土地等を一部返還することについて、日米合同委員会の承認を得たものである。

記

土　地：約２７，０００㎡
水　域：約　２，５００㎡
工作物：橋梁、囲障、舗床、照明装置、諸標、雑工作物

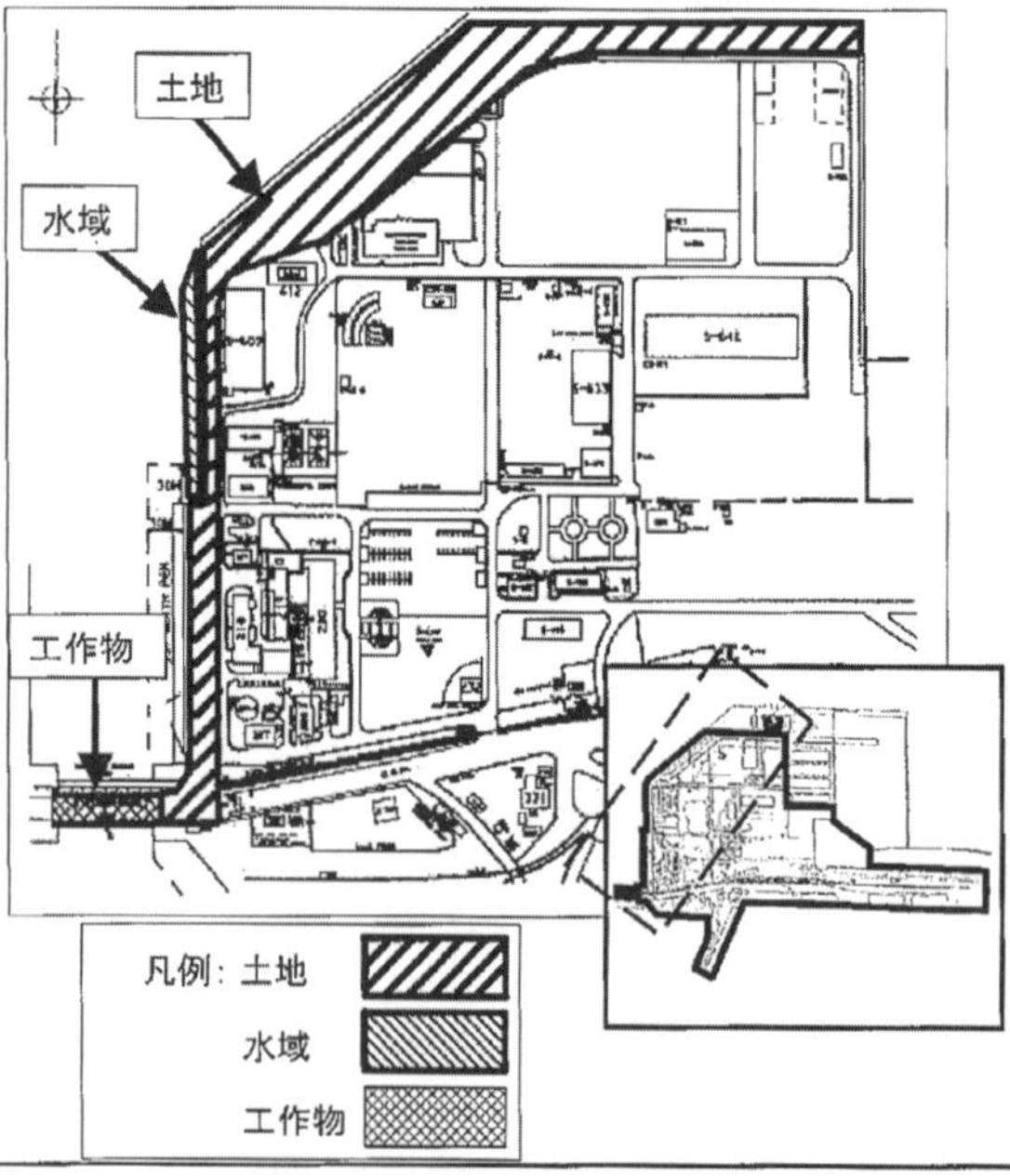

防衛省ホームページに掲載されている「日米合同委員会合意事案概要」の例。

「全体で何件あるのか集計はしていないが、施設・区域の提供に関しては約三五〇〇件の合意がなされている」

「施設・区域」とは米軍に提供している基地や演習場のことです。この問題に関する合意は、日本政府が法令・予算・官庁人事などを公告する日刊の『官報』（財務省印刷局）に、名称、所在地、面積、提供か返還か共同使用かの区別、使用目的などの概要だけが告示されます。

それは右ページにあるように、「日米合同委員会　合意事案概要」として防衛省のホームページにも掲載されます。しかし、概要はあくまでもごく簡単な説明にすぎず、日米合同委員会で合意してそれぞれの基地や演習場の使用条件などを取り決める、個別の協定の内容を公表しているわけではありません。

一九九五年当時で「約三五〇〇件の合意」ですから、その後もさらに増えているはずです。そして、基地や演習場の提供に関するもの以外の、さまざまな分野の合意がいったい何件あるのかは依然として謎のままです。

情報公開法にもとづき外務省など政府省庁に、日米合同委員会の議事録や合意文書の開示請求をしても、ことごとく不開示になります。

たとえば、私が外務省に開示請求をした「日米合同委員会議事録インデックス」は、表紙二枚だけが部分開示されました。平成九年と平成一三年に外務省北米局・日米安全保障条約課が作成した文書で、「秘、無期限」というものものしいスタンプが押されています。肝心のインデックス（目録）自体は全面不開示なので、議事録の中身は見当がつきません。日本のエリート官僚とアメリカの高級軍人たちが密室で何を話し合って、どのように合意しているのか、まったく闇の中なのです。

　議事録や合意文書の不開示理由は、判で押したようにいつも同じ内容です。その主旨を個条書きにすると次のとおりです。

①それらは「日米双方の合意がない限り公表されない」ことを前提にした記録だから。

②公表すると、日米間の信頼関係が損なわれるおそれがあるから。

③公表すると、アメリカ側との忌憚《きたん》のない協議・意見交換を阻害し、米軍基地問題への日米両政府の対処能力を低下させるおそれがあるから。

④米軍の安定的駐留と円滑な活動が阻害され、国の安全が害されるおそれがあるから。

⑤したがって、情報公開法第五条第三号の規定により非公開にできる「国の安全・外交に関する情報」に該当し、不開示。

秘密指定解除
外交記録・情報公開室

秘
無期限

日米合同委員会議事録
インデクス

[redacted]

INDEX

MINUTES OF THE JOINT COMMITTEE
UNDER
THE STATUS OF FORCES AGREEMENT

[redacted]

平成13年6月（June 2001）

外務省北米局日米安全保障条約課

Japan-U.S. Security Treaty Division
Ministry of Foreign Affairs

一部黒塗りで表紙だけ開示された「日米合同委員会議事録インデックス」。

コラム①　情報公開請求の方法について

情報公開法（一九九九年公布、二〇〇一年施行）は、行政機関の保有する公文書の開示を請求する権利を定め、政府や独立行政法人等の保有する情報（文書、図画、電磁的記録）の開示請求を、国籍を問わず誰でもおこなえるようになっています。

開示請求用紙は各政府機関、各独立行政法人等のホームページの情報公開関連コーナーからダウンロードできます。用紙には氏名、住所、連絡先、文書などの名称や内容を記入し、情報公開の担当部署に郵送します。開示請求一件につき三〇〇円の手数料がかかります。請求方法などの詳しい説明はそれぞれの情報公開関連コーナーに載っています。

開示請求したい文書の名称は、政府がインターネット上で運営している「電子政府の総合窓口」の「行政文書ファイル管理簿」や、各政府機関・各独立行政法人等のホームページサイト内で検索して特定できる場合もあります。しかし、すべての行政文書名がインターネット上に公表されているわけではありません。公表されていない文書のほうが多いのです。そこで、自分が開示請求をしたい内容を具体的に請求用紙の記入欄に書いたうえで、その文末に「……について記した関連文書のすべて」と、大きく網をかけるような書き方をしなければなりません。

開示請求をしても、常に文書が開示されるわけではありません。「該当する文書が存在しない」、「国の安全・外交に関する情報に該当し、非公開にできる」などの理由で、全面不開示や一部黒塗りの部分開示になることも多々あります。

しかし、開示請求をしてみることで、開示された場合は公文書に明記された内容を知るとともに、事実の確認や裏づけがとれることもあります。不開示になった場合でも、開示請求をした文書が存在するのかしないのかが確認できたり、政府が何を秘密にして隠したいのかなどを浮き彫りにできます（例：153～154ページ「嘉手納ラプコン移管」に関する日米合同委員会の合意文書）。

■非公開の根拠となる文書も秘密

日米合同委員会の議事録や合意文書について、「日米双方の合意がない限り公表されない」という規定が地位協定に明記されているわけではありません。ただ、日米合同委員会でそう取り決めているだけです。しかし、それではいったい、いつそのように決められたのでしょうか。

私は外務省に対し、日米合同委員会の議事録や合意文書が「日米双方の合意がない限り公表されない」と決められた、その合意そのものを記した文書の開示請求をしてみました。すると、44ページにあるように、外務大臣名義で朱色の大臣印も押された「行政文書不開示決定通知書」が届きました。不開示の理由は前述の①～⑤とまったく同じです。

これでは話になりません。「日米双方の合意がない限り公表されない」とした根拠となる公文書をも秘密にするというのです。[註] 国民・市民は何も知らなくていいと言わんばかりです。そもそも行政文書＝公文書とは、政府や官僚機構の所有物ではなく、主権者である国民の共有物、共有財産なのです。現に公文書管理法（二〇〇九年公布、二〇一一年施行）の第一条で公文書は、「健全な民主主義の根幹を支える国民共有の知的資源として、主権者である国民が主体的に利用し得るもの」

と定義されています。そして情報公開法第一条でも、公文書の公開の重要性が次のように強調されています。

「国民主権の理念」にもとづき、公文書すなわち「行政機関の保有する情報」の公開は重要である。なぜなら情報公開を通じて、政府の活動を「国民に説明する責務」が果たされ、「国民の的確な理解と批判の下にある公正で民主的な行政」が推進されるからだ。

日米合同委員会では、日本の領土・領海・領空を米軍の基地や演習場として提供するという、国の主権に関わる重大な問題が協議され、決定されています。その提供が妥当なものなのか、どんな使用条件なのか、住民にどんな影響が及ぶのかなど、主権者である国民・市民が主体的に詳しく知るべき情報であり、当然、公開されるべきです。

註　日米合同委員会の議事録などを「日米双方の合意がない限り公表されない」としている問題については、最近、注目すべき動きが見られる。NPO法人「情報公開クリアリングハウス」は二〇一五年、外務省に対し、この非公開の根拠となる合意そのものを記した文書（一九六〇年六月の日米地位協定発効後の第一回日米合同委員会議事録など）の開示請求をして、不開示とされたことから、不開示決定の取消を求めて東京地裁に提訴した。現在、係争中で、「情報公開クリアリングハウス」は、日米合同委員会の議事録などを非公開にすることの不当性を訴えている。

一方、国（日本政府）は二〇一五年、沖縄での米軍による県道の共同使用に関する日米合同委員会の議事録などを含む文書を、沖縄県が情報公開条例にもとづく住民の開示請求に応じて公開したことに対し、開示決定の取消を求めて那覇地裁に提訴した。その裁判で国側は、日米合同委員会の議事録などは「日米双方の合意が

情報公開第00634号
平成 28年03月24日

吉田敏浩様

外務大臣 外務大臣印

行政文書の開示請求に係る決定について（通知）

下記の開示請求に関し，開示請求対象行政文書一覧表（別紙）のとおり決定しましたので，行政機関の保有する情報の公開に関する法律第９条の規定に基づき，通知します。

記

１．開示を求められた行政文書の名称等

日米地位協定の運用に関して，日米合同委員会の議事録や合意事項の文書が，日米双方の合意がない限り公表されないことを日米間で取り決めた事実が記されている文書（その取り決め文書，合意文書，申し合わせ文書など）など関連文書のすべて。

２．開示請求番号　2015-00674

３．開示請求受付日　平成 28年02月23日

※　この決定に不服があるときは，行政不服審査法（昭和３７年法律第１６０号）第６条に基づき，この決定があったことを知った日の翌日から起算して６０日以内に外務大臣に対して異議申し立てをすることができます。
また，この決定の取消しを求める訴訟を提起する場合は，行政事件訴訟法（昭和３７年法律第１３９号）第３条第２項の規定により，この決定があったことを知った日から６か月以内に，国を被告として（訴訟において国を代表する者は法務大臣となります。）以下の裁判所に処分の取消しの訴えを提起することができます（なお，決定があったことを知った日から６か月以内であっても，決定の日から１年を経過した場合には処分の取消しの訴えを提起することができなくなります。）。
東京地方裁判所

［備考］

開示請求番号：2015-00674　　開示請求対象行政文書一覧表　【1頁】　（別紙）

1	行政文書の名称等：　日米地位協定の運用に関して，日米合同委員会の議事録や合意事項の文書が，日米双方の合意がない限り公表されないことを日米間で取り決めた事実が記されている文書（その取り決め文書，合意文書，申し合わせ文書など）など関連文書のすべて。
	決定区分：　不開示
	決定に係る該当条項：　5条3号
	決定理由：　理由１のとおり

外務省から届いた「行政文書不開示決定通知書」。

ない限り公表されない」と主張し、その根拠となる合意を記した一九六〇年六月の日米地位協定発効後の第一回日米合同委員会議事録の一部を証拠として提出した。つまり、日本政府は自らが提訴した裁判では自説に有利になるように、非公開としてきた日米合同委員会の議事録を一部公開したのである。まさにご都合主義のダブルスタンダードにほかならない。〔本書320ページに関連の記述あり〕

■日米合同委員会の秘密主義は密約の温床

地位協定に定められた日米合同委員会の役割は、米軍の基地使用や訓練など軍事活動をおこなううえでの特権を定めた日米地位協定の具体的な運用について協議することです。その運用の影響は国民・市民の生命・生活・人権など広範囲に及びます。

基地や演習場のための私有地の強制収用・使用、米軍機による騒音公害や墜落事故、米軍車両の交通事故などの被害、米軍機優先の航空交通管制による民間航空への悪影響、米軍関係者の犯罪による被害、基地の環境汚染など、どれをとっても生命・生活・人権の問題に直結しています。

このように**重大な地位協定の具体的な運用に関して、どのような協議がおこなわれ、どのような合意がなされているのかも、主権者である国民・市民が詳しく知るべき情報であり、当然、公開されるべきです。日米合同委員会での協議や合意の詳細を通じて地位協定の運用の実態を知ることは、国民・市民が日米関係はどうあるべきかを考え、議論し、判断するためにも必要なのです。**

情報公開法の趣旨にもあるように、国民の的確な理解と批判の下で公正かつ民主的な行政が推進されるためにも、日本政府は日米合同委員会に関する情報をオープンにして、説明責任を果たさなければなりません。十分な情報が公開されなければ、「的確な理解と批判」もできないからです。

それらの情報が公開されることで、いったいどうして、「日米間の信頼関係」が損なわれ、「アメリカ側と忌憚のない協議や意見交換」が阻害され、そして米軍の「安定的駐留と円滑な活動」が阻害され、「国の安全」が害されるといったおそれがあるというのでしょうか。こうした抽象的かつ一方的な不開示理由にはまったく説得力がありません。

日米合同委員会の議事録や合意文書は、左ページの新聞報道にあるように、これまで野党からの再三の要求にもかかわらず、同様の理由で国会にも提出されていません。主権者国民の代表である国会議員で構成され、憲法で国権の最高機関と位置づけられる国会に対しても、日米合同委員会は秘密主義を押し通しているのです。

このような日米合同委員会の不透明な閉鎖性が、日米の秘密合意すなわち密約を生む温床、ブラックボックスになっています。

■その隠された姿に、政府の秘密資料を通じて迫る

日米合同委員会の議事録や合意文書には公開義務がないとされているため、同委員会に関する公開資料は非常に限られ、きわめて不十分です。そのため、日米地位協定に関する本や新聞・雑誌記事などでも断片的に言及されているだけで、詳しい解説書も見当たりません。

毎日新聞（夕刊）（日刊）　昭和35年(1960年) 3月4日（金曜日）

毎日新聞　夕刊

冒頭から一波乱

参院予算委・総括質問

日米合意書を出せ

極東範囲明示の地図も

政府拒否、質疑遅れる

実力者会談で

修正権・極東・

大幸薬品　正露丸　下痢・腹痛

1960年3月4日の『毎日新聞』夕刊。安保改定について審議する国会で、野党による日米合同委員会の合意文書の提出要求を政府が拒否したことを報じる記事。

そこで、その隠された姿に迫るには非公開の資料、すなわち日米合同委員会に関係する省庁内部の秘密資料、日米行政協定（現地位協定）に関連した最高裁判所の秘密資料、アメリカで情報自由法により秘密指定解除された国務省や統合参謀本部の解禁秘密文書、私が独自に信頼できるルートで入手した日米合同委員会の秘密文書などを通じて、探ってゆくしかありません。

それらのうちで、私が調査できたものは次のとおりです。日米の資料に分けて発行年順に並べます。

①『部外秘　日米行政協定に伴う民事及び刑事特別法関係資料』（「民事裁判資料」第二九号・「刑事裁判資料」第七〇号）最高裁判所事務総局編集・発行　一九五二年九月

部外秘

昭和二十七年九月
民事裁判資料第二九号
刑事裁判資料第七〇号

日米行政協定に伴う民事及び刑事特別法関係資料

最高裁判所事務総局

最高裁、高裁、地裁などの裁判官が、民事裁判や刑事裁判に臨むための参考資料集「民事裁判資料」「刑事裁判資料」シリーズのひとつで、米軍人・軍属・それらの家族による事故や犯罪などに関係した民事や刑事の裁判を担当する際に参考にします。

目次には、当時の日米安保条約（旧安保条約）条文、日米行政協定条文、民事特別法と刑事特別法の条文などが並んでいます。この二つの特別法は米軍関連の民事裁判権や刑事裁判権に関する行政協定の規定を円滑に実施するための国内法です。

この資料が重要なのは、PART４で詳述しますが、一九五二年六月の日米合同委員会の裁判権分科委員会・民事部会（現民事裁判管轄権分科委員会）による、日米合同委員会本会議への勧告が含まれていることです。これは米軍関係者による事件・事故の被害者からの損害賠償請求の裁判に関する日米の合意文書で、同部会委員の法務府（現法務省）官僚と米軍の法務官が協議・署名したものです。同年七月に合同委員会本会議で承認されました。

合意の内容は、米軍関係者による事件・事故の被害者からの損害賠償請求の裁判に、米軍側はアメリカの利益を害するような情報は証拠として提供しなくてもいいし、また、そうした情報が公になりそうな場合は米軍人・軍属を証人として出頭させなくてもいい、というものです。そのため、裁判における事件・事故の真相解明と責任追及を阻む壁となっています。しかも、この米軍に有利な合意は、秘密合意すなわち密約とされているのです。

②『部外秘　日米行政協定第十七条の改正および国連軍に対する刑事裁判権の行使に関する協定関係資料』（「刑事裁判資料」第八七号）最高裁判所事務総局編集・発行　一九五四年二月

①と同じような裁判官向けの参考資料集です。一九五三年九月に日米行政協定第一七条の刑事裁判権条項が改定され、米軍人・軍属による公務外の犯罪の裁判権（第一次裁判権[註]）が日本側に認められたことを受けて、その改定の内容を解説しています。

このなかに、米軍関係者による犯罪の刑事裁判管轄権、捜査、起訴などの手続きや定義などに関する、日米合同委員会の裁判権分科委員会刑事部会（現刑事裁判管轄権分科委員会）の合意文書が含まれています。

それは「日米合同委員会裁判権分科委員会刑事部会において合意された事項」（「日米合同委員会刑事裁判

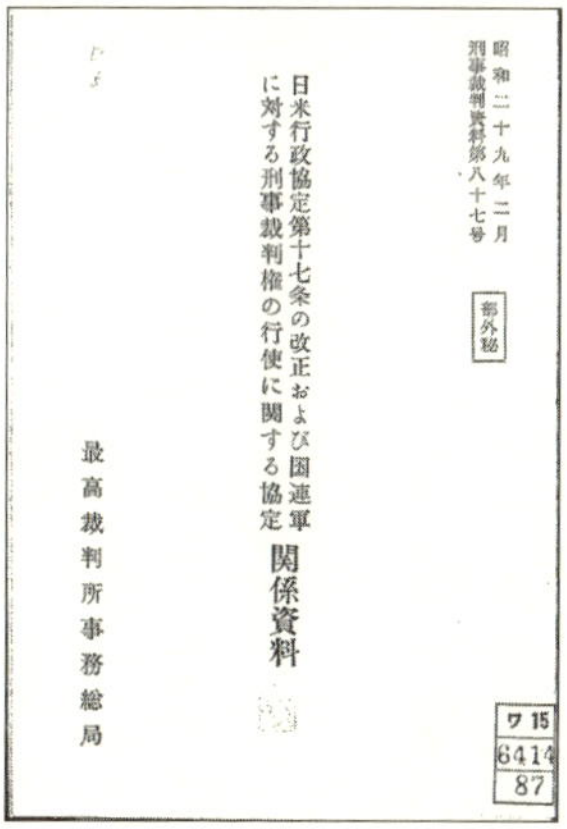
昭和二十九年二月
刑事裁判資料第八十七号
部外秘
日米行政協定第十七条の改正および国連軍に対する刑事裁判権の行使に関する協定　関係資料
最高裁判所事務総局

管轄権分科委員会において合意された事項」ともいう）です。以下、「刑事部会合意事項」という略称を用いることにします。

同文書は、裁判権分科委員会刑事部会の委員である法務省官僚と米軍の法務官が協議・署名したものです。一九五三年一〇月から一一月にかけての会合で合意され、その直後に日米合同委員会の本会議で承認されました。

「刑事部会合意事項」のなかには、公務中かどうかはっきりしない場合でも米軍人・軍属被疑者の身柄を米軍側に引き渡す合意（そのため日本側の捜査・取り調べが困難になる）など、米軍に有利な取り決めが多く含まれています。

註　第一次裁判権　優先的に裁判をおこなう権利をいう。日米地位協定でも、公務中の犯罪についてはアメリカ側にこの優先的裁判権があり、公務外の犯罪については日本側に優先的裁判権があるとされている。日本側がこの第一次裁判権を放棄したら、アメリカ側が第二次裁判権を行使するという規定になっている。

③『部外秘　改訂・日米行政協定と刑事特別法』（「刑事警察資料」第二七巻）国家地方警察本部刑事部捜査課編集・発行　一九五四年三月

日米行政協定第一七条と刑事特別法の規定をふまえ、米軍人・軍属・それらの家族による犯罪の刑事裁判管轄権、捜査・逮捕・身柄の拘束・取り調べなど警察権の行使、米軍側との協力など、一連の事件処理に関する警察の実務の解説資料集です。国家地方警察本部は警察庁の前身にあたる機関です。

このなかには、「刑事部会合意事項」とその解説、それにもとづく事件処理を全国の警察に指示する通達、一九五二年一一月に日米合同委員会裁判権分科委員会刑事部会で合意され、同年一二月に合同委員会本会議で承認された、米軍基地での日本人を含む武装警備員の使用を認める合意文書が含まれています。その合意文書は次のとおりです。

「合衆国の施設及び区域内における日本人を含む武装警備員の使用について

一九五二年一一月二五日　裁判管轄小委員会〔裁判権分科委員会刑事部会〕合意

一九五二年一二月三〇日　第三十四回合同委員会承認

合衆国軍隊は、その使用する施設、区域内において、必要最少限度の日本人を含む武装警備員を使用し得る。但し、その武器使用は、日本国刑法第三十六条第一項及び第三十七条第一項の範囲内に限り、且つ責任当局が、武器取扱に関する十分な規律と訓練とを与えることを条件とする」

文中の「刑法第三十六条第一項」は正当防衛、「第三十七条第一項」は緊急避難の規定で、武器使用はこれら二つのケースに限られるというわけです。本来なら日本人警備員には銃刀法上、銃の携帯は認められていないが、米軍基地での場合は銃刀法の適用除外にする特例として扱うということで、米軍の特権を認める措置です。

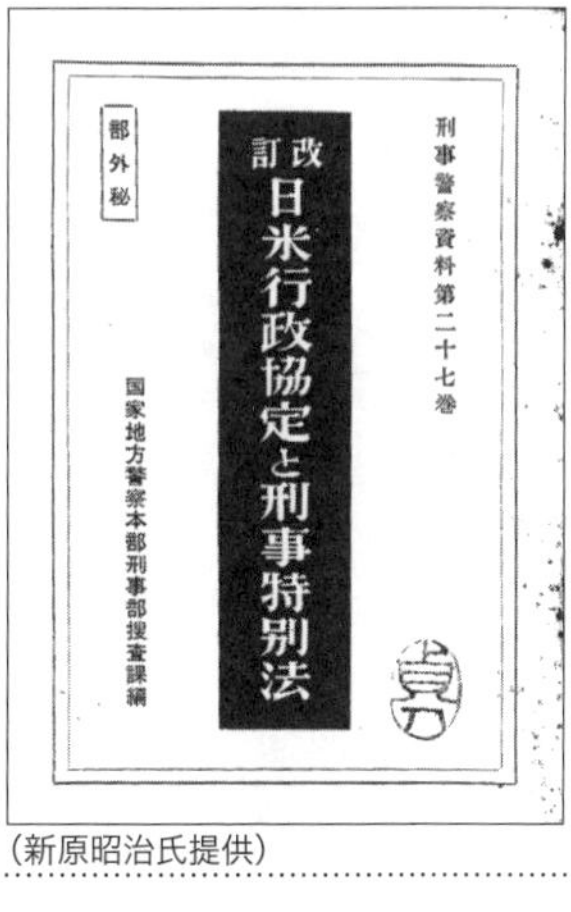

（新原昭治氏提供）

この合意の内容は、国会の政府答弁で明らかにされていますが、合意文書は非公開なので、日米合同委員会の密約すなわち「日本人武装警備員密約」といえます。

④『部外秘　外国軍隊に対する刑事裁判権の解説及び資料』（「検察資料」六六）法務省刑事局編集・発行　一九五四年一〇月

日米行政協定第一七条と刑事特別法の規定をふまえ、米軍人・軍属・それらの家族による犯罪の刑事裁判管轄権、捜査・身柄の拘束・逮捕・取り調べなど警察権の行使、起訴手続、公判、刑の執行など、一連の事件処理に関する検察の実務の解説資料集です。「刑事部会合意事項」とその解説、それにもとづく事件処理を全国の検察に指示する通達が含まれています。

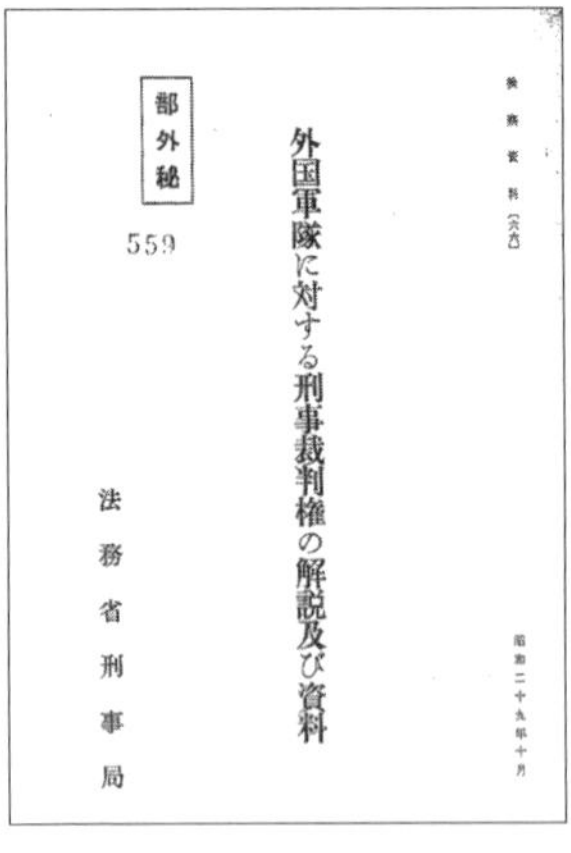
検察資料（六六）

昭和二十九年十月

外国軍隊に対する刑事裁判権の解説及び資料

部外秘

559

法務省刑事局

⑤『行政協定・国連軍協定第18条ニ基ク　補償関係法規・通達集（第3集）』調達庁総務部補償課編・発行　一九五六年

日米行政協定第一八条（請求権・民事裁判権）と民事特別法の規定をふまえ、米軍関連の事件・事故の被害者に対する補償の措置・手続きなどに関する、調達庁（後の防衛施設庁。現防衛省地方協力局）の実務の解説資料集。

このなかに、一九五四年から五六年にかけての日米合同委員会の民事裁判管轄権分科委員会の議事概要と合意文書が含まれています。その内容はいずれも米軍関連の事件・事故の被害者に対する補償をめぐる行政協定第一八条の解釈に関するものです。また、五六年に日米合同委員会に提出された、米軍機墜落事故現場における措置に関する日米双方の覚書も含まれています。

⑥『部外秘　外国軍隊に対する刑事裁判権関係　通達・質疑回答・資料集』（「検察資料」一三四）法務省刑事局編集・発行　一九六五年八月

日米地位協定第一七条と刑事特別法の規定をふまえ、米軍人・軍属・それらの家族による犯罪の刑事裁判管轄権、捜査・身柄の拘束・逮捕・取り調べなど警察権の行使、起訴手続、公判、刑の執行など、一連の事件処理に関する検察内部の通達、それに関して全国の検察官から寄せられた質問と法務省刑事局の回答を収録した、検察の実務の解説資料集です。

「刑事部会合意事項」、米軍人・軍属の公務の範囲に関する一九五六年の日米合同委員会刑事裁判管轄権分科委員会の議事録と合意文書、米軍機墜落事故現場における措置に関する五八年の日米合同委員会の合意文

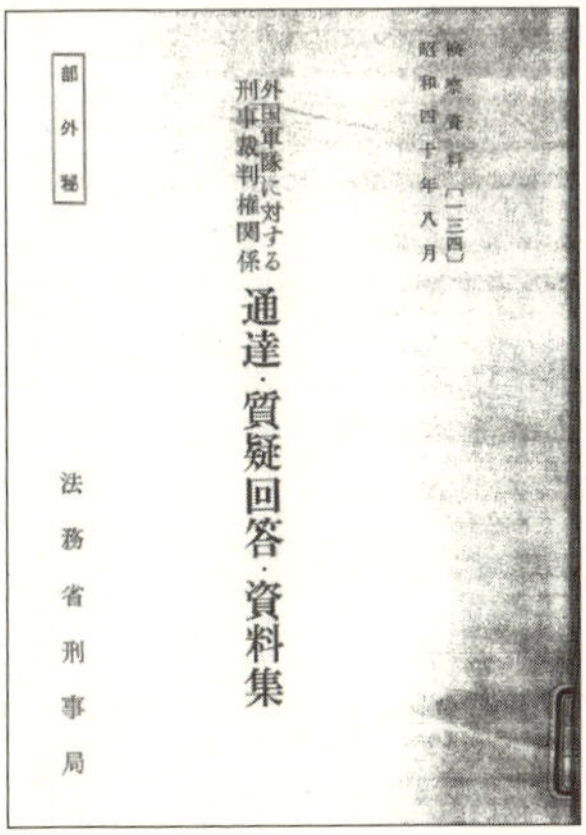

（新原昭治氏提供）

書、それらにもとづく事件処理と措置を全国の検察に指示する通達が含まれています。

⑦『部外秘　地位協定と刑事特別法』（「刑事警察資料」第一四一号）警察庁刑事局編集・発行　一九六八年八月

③と同様の米軍人・軍属・それらの家族による犯罪の事件処理に関する警察の実務の解説資料集。日米合同委員会関連では、③に収録された合意文書とその解説に加えて、米軍機墜落事故現場における措置に関する一九五八年の日米合同委員会の合意文書と、それらにもとづく事件処理と措置を全国の警察に指示する通達が含まれています。

⑧『秘　合衆国軍隊構成員等に対する刑事裁判権関係実務資料』（「検察資料」一五八）法務省刑事局編集・発行　一九七二年三月

④と同様の米軍人・軍属・それらの家族による犯罪の事件処理に関する検察の実務の解説資料集です。日米合同委員会関連では、「刑事部会合意事項」、⑥に収録されたものと同じ議事録、合意文書、通達が含まれています。

以上、①～⑧は一部の大学図書館や国会図書館に所蔵されています。米軍関係の裁判や事件を担当したこ

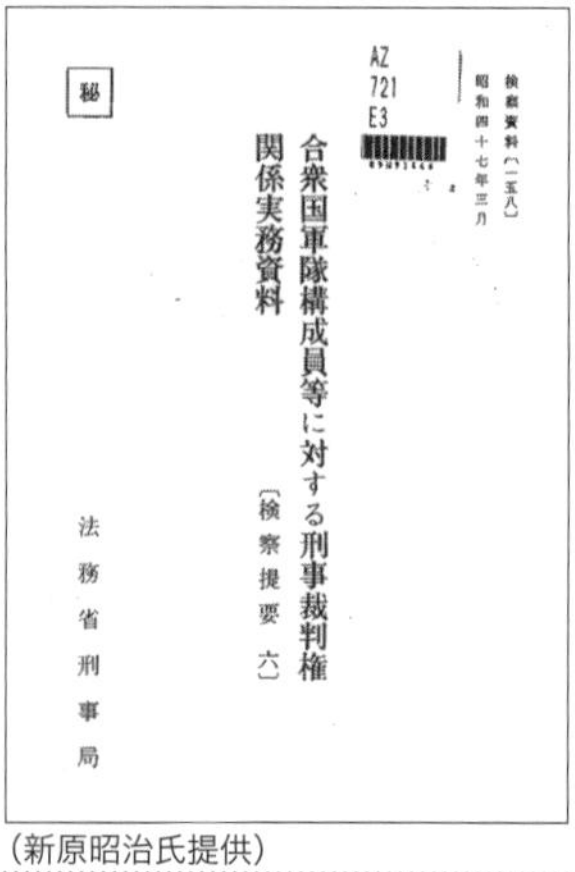
検察資料〔一五八〕
昭和四十七年三月
AZ
721
E3
秘
合衆国軍隊構成員等に対する刑事裁判権
関係実務資料
〔検察提要　六〕
法務省刑事局

（新原昭治氏提供）

とがある元裁判官、元検察官、元警察官が所持していたものを、本人の死後、遺族が蔵書処分したとき古書店に売り、大学図書館や国会図書館が研究資料として古書市場で購入したと考えられます。

⑨『秘　無期限　日米地位協定の考え方』外務省編・発行　一九七三年四月

⑩『無期限　秘　日米地位協定の考え方・増補版』外務省編・発行　一九八三年一二月

どちらも日米地位協定の具体的な運用のための、協定条文や関係法令や日米合同委員会の合意などの解釈、政府見解、国会答弁、運用上の問題点などの逐条解説書です。外務官僚たちが国会答弁の作成や政治家への説明などに用いています。沖縄返還の翌年の一九七三年四月、外務省条約局条約課とアメリカ局（現北米局）安全保障課によって作成され、八三年一二月に増補版も作成されました。琉球新報社が独自に入手し、二〇〇四年にスクープ報道をしたことでその内容が知られました。同年、『日米地位協定の考え方・増補版』（琉球新報社編　高文研）として刊行されました。

日米合同委員会の合意文書はそのままでは収録されていませんが、地位協定の各条文に関連して、随所で合意文書の内容に言及した解説が述べられています。

⑪『秘　無期限　改訂　合衆国軍隊構成員等に対する刑事裁判権関係実務資料』（「検察資料」二六〇）法務省刑事局編集・発行　二〇〇二年三月

⑧の改訂版で、同じような内容です。情報公開法にもとづく法務省への文書開示請求で、多くのページが黒塗りにされたうえで部分開示されます。

以上、①～⑪は日米地位協定（旧行政協定）と日米合同委員会の合意にもとづく条項の解釈と運用、行政措置、事件処理など具体的な実務に関する、外務・法務・検察・警察・防衛といった官僚機構と、そして最高裁の、いわば裏マニュアルと呼べるものです。

日本政府省庁の秘密文書を一部収録している公刊書籍

⑫『日米安保条約全書』渡辺洋三・吉岡吉典編　労働旬報社　一九六八年

日米安保条約、行政協定、地位協定、地位協定の実施に伴う特別法・特例法など安保関連の条約・協定・法令の条文集です。そのなかに、編者が独自に入手した「刑事部会合意事項」、日米合同委員会の民間航空分科委員会で合意された一九五二年と五九年の「航空交通管制に関する合意」の合意文書が収録されています。

アメリカ政府・軍の秘密指定解除された解禁秘密文書

⑬『Confidential U.S.State Department Special Files,JAPAN,1947-1956』Gregory Murphy 編　UNIVERSITY PUBLICATIONS OF AMERICA 発行　一九九〇年

一九四七年～五六年のアメリカ国務省の対日政策、主に対日講和条約や日米安保条約や行政協定に関連する秘密文書を収録したマイクロフィルムの資料集です。アメリカの情報自由法により秘密指定解除され、アメリカ国立公文書館で公開されたものを集めています。日本では国会図書館の憲政資料室に所蔵されています。一九五二年～五六年の、日米合同委員会の議事録の一部、行政協定の各条項に関する合同委員会の合意文書の一部が含まれています。

A Guide to the Microfilm Edition of

Confidential
U.S. State Department
Special Files

JAPAN,
1947–1956

LOT FILES
54-D-423: Japanese Peace Treaty (Files of John Foster Dulles), 1947–1952
57-D-149: Records of the Bureau of Far Eastern Affairs, Office of Northeast Asian Affairs (Japan), 1952–1954
58-D-118 and 58-D-637: Office of Northeast Asian Affairs, Japan Subject Files, 1947–1956

Edited by
Gregory Murphy

Guide compiled by
Blair D. Hydrick

A microfilm project of
UNIVERSITY PUBLICATIONS OF AMERICA
An Imprint of CIS
4520 East-West Highway • Bethesda, MD 20814-3389

⑭『アメリカ合衆国対日政策文書集成　Ⅰ　1959-1960年』全九巻　石井修監修・解題　柏書房　一九九六年

⑮『アメリカ合衆国対日政策文書集成　Ⅵ　1955年』全九巻　石井修・小野直樹監修　柏書房　一九九九年

⑯『アメリカ合衆国対日政策文書集成　Ⅶ　1956年』全一〇巻　石井修・小野直樹監修　柏書房　一九九九年

⑰『アメリカ合衆国対日政策文書集成　アメリカ統合参謀本部資料　1948-1953年』全一六巻　石井修・植村秀樹監修　柏書房　二〇〇〇年

⑱『アメリカ合衆国対日政策文書集成　アメリカ統合参謀本部資料　1953-1961年』全一五巻　石井修・小野直樹監修　柏書房　二〇〇〇年

⑭〜⑱は一九四八年から六一年にかけての、アメリカの対日政策に関する国務省や米軍統合参謀本部の秘密文書を収録した資料集です。やはり秘密指定解除されてアメリカ国立公文書館で公開されたものを集めています。一連のシリーズが柏書房から刊行されています。
一九五二年〜六一年の、日米合同委員会の協議の概要、合意文書の一部が含まれています。

アメリカ政府・軍の解禁秘密文書を引用している公刊書籍

⑲**『日米「密約」外交と人民のたたかい』新原昭治著　新日本出版社　二〇一一年**

日米密約研究のパイオニアである新原氏がアメリカ国立公文書館などで調査・入手した、国務省などの解禁秘密文書が引用されています。日米合同委員会関連では、裁判権分科委員会刑事部会の米軍関係者の犯罪の裁判権に関する一九五二年の合意文書（非公開議事録）などです。

⑳**『機密解禁文書にみる日米同盟』末浪靖司著　高文研　二〇一五年**

同じように末浪氏が調査・入手した、国務省などの解禁秘密文書が引用されています。日米合同委員会関連では、合同委員会のアメリカ側代表の構成、米軍機の騒音、北富士演習場での民有地の強制収用・使用などの問題に関する文書です。

私（吉田）が独自のルートで入手した日米合同委員会の秘密文書

㉑一九七五年の日米合同委員会の「航空交通管制に関する合意」の一部
㉒二〇一〇年の日米合同委員会の「嘉手納ラプコン（進入管制区）移管に関する合意」

いずれも私が独自に信頼できるルートを通じて入手したもので、航空交通管制において米軍機に対する優先的な取り扱いを認めた、日米合同委員会の合意文書です。

㉑と㉒を除いて、これらの秘密資料・文書に書かれている内容のすべてが、日米合同委員会に関係しているわけではありません。ただ、それぞれのなかに部分的に、日米合同委員会の議事録、協議の要旨報告、合意文書（分科委員会などで合意して本会議に提出された覚書や勧告を承認したもの）、合意事項の解説、合意事項にもとづく通達など関連資料が含まれており、それらを丹念に読み解いていくことで、日米合同委員会という謎の組織の実態が少しずつ明らかになってくるのです。

■米軍関係者の犯罪については「裁判権放棄密約」が結ばれている

一連の秘密資料、秘密文書から明らかになったのは、日米合同委員会の密室で、米軍に有利な特権を認める秘密の合意、すなわち密約がいくつも結ばれていることです。それらはまさに驚くべき内容のものといえますが、詳しくは本書のなかで順次ふれていくことにして、まずその代表的な例として、「裁判権放棄密約」を検証してみましょう。いかに日米合同委員会の秘密合意が、後を絶たない米軍関係者（米軍人・軍属・それらの家族）の犯罪の温床になっているかが見えてきます。

この密約を発見したのは、核持ち込み密約など日米安保の密約問題に詳しい国際問題研究者、新原昭治氏です。二〇〇八年にアメリカ国立公文書館で、同国の情報自由法にもとづき秘密指定解除のうえ公開された、アメリカ政府の秘密文書を調査中に見つけました。

それは、米軍関係者による犯罪に関して、

「日本にとっていちじるしく重要な事件以外は裁判権を行使しない」

という密約です。日米地位協定（旧行政協定）により日本側が第一次裁判権（先に裁判権を行使できる権利）をもつ「公務外の事件」なのに、不起訴にして裁判権を行使しない、すなわち事実上裁判権を放棄することで、本来裁くべきであった犯罪を見逃してやるというものです。

問題の密約文書は、一九五三年一〇月二八日の日米合同委員会の裁判権分科委員会・刑事部会（現刑事裁判管轄権分科委員会）の非公開議事録です。前述のアメリカ政府・軍の解禁秘密文書を

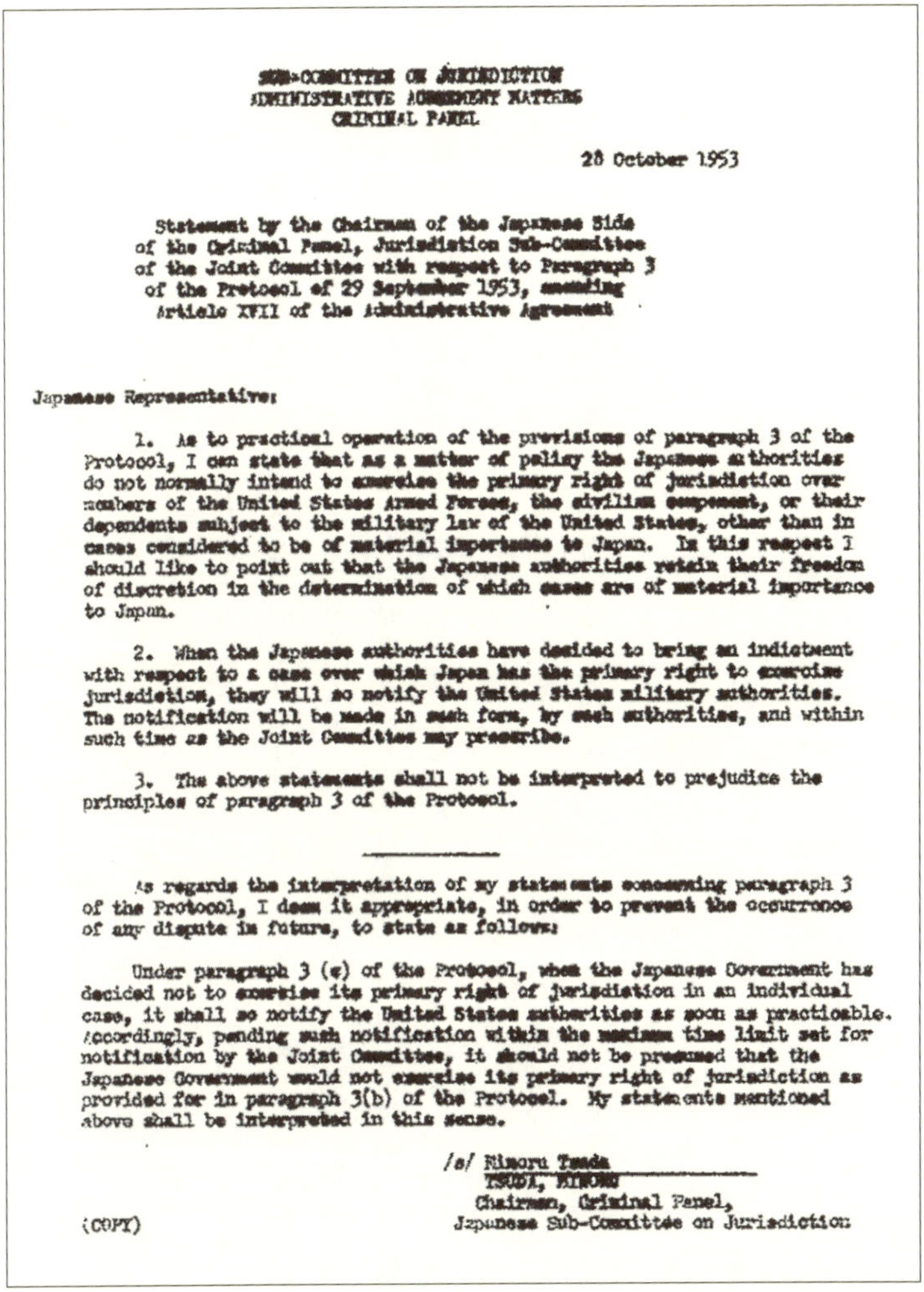

SUB-COMMITTEE ON JURISDICTION
ADMINISTRATIVE AGREEMENT MATTERS
CRIMINAL PANEL

28 October 1953

Statement by the Chairman of the Japanese Side of the Criminal Panel, Jurisdiction Sub-Committee of the Joint Committee with respect to Paragraph 3 of the Protocol of 29 September 1953, amending Article XVII of the Administrative Agreement

Japanese Representative:

1. As to practical operation of the provisions of paragraph 3 of the Protocol, I can state that as a matter of policy the Japanese authorities do not normally intend to exercise the primary right of jurisdiction over members of the United States Armed Forces, the civilian component, or their dependents subject to the military law of the United States, other than in cases considered to be of material importance to Japan. In this respect I should like to point out that the Japanese authorities retain their freedom of discretion in the determination of which cases are of material importance to Japan.

2. When the Japanese authorities have decided to bring an indictment with respect to a case over which Japan has the primary right to exercise jurisdiction, they will so notify the United States military authorities. The notification will be made in such form, by such authorities, and within such time as the Joint Committee may prescribe.

3. The above statements shall not be interpreted to prejudice the principles of paragraph 3 of the Protocol.

As regards the interpretation of my statements concerning paragraph 3 of the Protocol, I deem it appropriate, in order to prevent the occurrence of any dispute in future, to state as follows:

Under paragraph 3 (c) of the Protocol, when the Japanese Government has decided not to exercise its primary right of jurisdiction in an individual case, it shall so notify the United States authorities as soon as practicable. Accordingly, pending such notification within the maximum time limit set for notification by the Joint Committee, it should not be presumed that the Japanese Government would not exercise its primary right of jurisdiction as provided for in paragraph 3(b) of the Protocol. My statements mentioned above shall be interpreted in this sense.

/s/ Minoru Tsuda
TSUDA, MINORU
Chairman, Criminal Panel,
Japanese Sub-Committee on Jurisdiction

(COPY)

「裁判権放棄密約」の文書である1953年10月28日の日米合同委員会の裁判権分科委員会・刑事部会の非公開議事録。（新原昭治氏提供）

引用している公刊書籍⑲に収録されています。その文書には、同部会の日本側代表だった津田實《みのる》・法務省刑事局総務課長（当時）の、次のような声明が記されています。

「私は、方針上の問題として、日本の当局は通常、合衆国軍隊の構成員、軍属、あるいは米軍法下にあるそれらの家族に対し、**日本にとっていちじるしく重要と考えられる事件以外については、第一次裁判権を行使するつもりがない**と述べることができる。この点について、日本の当局は、どの事件が日本にとっていちじるしく重要であるかの決定に関し裁量の自由を保持することを指摘したいと思う」（「行政協定第一七条を改正する一九五三年九月二九日の議定書第三項に関連した、合同委員会裁判権分科委員会刑事部会日本側部会長の声明」新原氏訳）

この密約成立の場となった、日米合同委員会の裁判権分科委員会・刑事部会は、米軍関係者の刑事事件に関する日米行政協定（現地位協定）の運用について実務的な協議をするために設置されたものです。

前述の解禁秘密文書リストの⑬（『Confidential U.S.State Department Special Files, JAPAN, 1947-1956』）によると、当時の裁判権分科委員会・刑事部会の日本側代表は津田實・法務省刑事局総務課長、アメリカ側代表は日本に駐留する米極東軍の法務官アラン・B・トッド中佐です。会合は主に法務省で開かれ、日本側からは法務省、外務省、国家地方警察本部（現警察庁）、海上保安庁、最高裁判所などの担当官が、アメリカ側からは米極東軍の法務関係の担当官が出席していました。出席者の数は日米それぞれ一〇名前後です。

この密約が成立した一九五三年一〇月二八日は、同年九月二九日に日米両政府が調印した、行政協定第一七条の刑事裁判権条項改定が発効する前日でした。

改定以前は、米軍関係者の犯罪の裁判権はすべてアメリカ側にだけありました。つまり米軍関係者について完全な治外法権を認めていたので、それに反発する日本の世論が高まっていました。

そのため、当時の吉田茂政権は第一七条の改定交渉を進めるにあたって、次のような要求を掲げました。米軍人・軍属の公務中の犯罪についてはアメリカ側に裁判権（第一次裁判権）を認めるが、米軍人・軍属の公務外の犯罪とそれらの家族の犯罪については、日本側が裁判権（第一次裁判権）を持てるようにする。

つまり、ヨーロッパの北大西洋条約機構（ＮＡＴＯ）加盟国に米軍が駐留するに際して結ばれた、ＮＡＴＯ地位協定並みの刑事裁判権規定を求めたわけです。

そして、一九五三年八月中旬から九月末にかけて、日米間で改定交渉がおこなわれます。しかし、米軍関係者ができるかぎり駐留先の国で裁判にかけられないようにするのが、世界各国に基地網を張りめぐらせるアメリカ政府の政策です。

米兵にとっては戦闘や訓練などからくるストレスを、アルコールなどで発散させることは欠かせず、しばしばハメをはずして犯罪に及ぶのが、米兵犯罪の典型的なケースです。しかし、それらを駐留先の国で裁かれて刑に服す者が続出すると、兵士の士気の維持、部隊の人員充足、円滑な軍事行動などに支障をきたします。

だから、この改定交渉の裏側では、そのようなアメリカ政府と米軍の意向が重視されました。そして表向きは、公務外なら日本側が裁判権を持つように改める一方、日本で裁かれる米軍関係者を最小限度にしておくための「裁判権放棄密約」が結ばれたのです。

それでは、新原氏が二〇〇八年にアメリカ国立公文書館で入手した解禁秘密文書と、外務省が二〇一一年に秘密指定解除のうえ公開した「行政協定第一七条の改定交渉に関する秘密文書」をもとに、密約にいたる日米の秘密交渉をトレースしてみましょう。

■日米秘密交渉の記録

一九五三年八月中旬から九月末まで、東京でおこなわれた日米両政府の秘密交渉において、アメリカ側は当初、行政協定第一七条を改定して日本側に米軍人・軍属の公務外の犯罪と、それらの家族の犯罪について裁判権を認めるに際し、「〔日本側は〕特に重大な事件以外は第一次裁判権を行使しない」と、日米両政府間の公式の合意議事録に明記するよう求めていました。

外務省の秘密文書によると、一九五三年八月一七日、アメリカ政府から日本政府に対し、刑事裁判権条項の改定についての合意議事録案が届きました。そこには、次のような条項が含まれていました。

「日本国政府は、日本国にとって特に重大であると認められる場合を除く外、合衆国軍隊の構成員若しくは軍属又はそれらの家族に対して裁判権を行使する第一次の権利を行使することを希望しないものとする」（外務省解禁秘密文書「日米安全保障条約関係一件、第三条に基く行政協定関係、刑事裁判権条項改正関係」）

これは後の「裁判権放棄密約」と同じ内容です。アメリカ側は当初、この米軍側にきわめて有利な取り決めを密約としてではなく、外交文書として公表される合意議事録に記載しようと考えていたのです。

それに対して日本側は、改定交渉を担当する外務省と法務省の幹部らが法務省の会議室に集まり、詳細な検討を加えた結果、アメリカ側の提案は呑めないという結論に至りました。

八月一九日、松平康東《こうとう》参与ら外務省幹部三名がアメリカ側の改定交渉担当者らと会い、アメリカ案のうち日本側が受け入れ困難な点を伝えました。

しかし、国防省のヘンダーソン法律顧問は、

「米国の提案は国防省と国務省が多大な労力をかけて練り上げたもので、修正は困難だ」

と力説しました。それは、松平参与が同じ日に吉田茂首相あてに作成した、八月一九日付け「極秘」指定の報告書「行政協定改訂交渉に関する件」（外務省解禁秘密文書）に書かれています。

そのなかで松平参与は、

「〔日本は特に重要な事件以外、裁判権を行使しないとした〕条項に対しては、行政協定改訂の意義を没却するものとして法務省側は強硬に反対している」

と説明したうえで、

「もしこの点につき、米国側がヘンダーソンの主張する如く一歩も譲歩し得ずとの立場を取るにおいては、交渉は決裂の外なく、従ってここに何等かの打開を計ること絶対に必要と認められおる」

と進言しています。

アメリカ案は受け入れがたいと、松平参与ら外務省幹部三名がアメリカ側交渉担当者に伝えたこの八月一九日の会議については、翌日、東京のアメリカ大使館で作成された文書に出てきます。そこには国防省のヘンダーソン法律顧問が外務省の松平参与、下田武三条約局長、三宅喜二郎参事官と会ったときのことがこう記されています。

「日本の立場は、本質的に、我が方〔アメリカ側〕の交渉に臨む立場――すなわち、裁判権放棄の草案、『公務』の規定に関する草案、拘留保持に関する草案――を**全面的に受け入れたくない**というものであった」(「〔行政協定〕第一七条交渉・第一回非公式交渉、一九五三年八月二〇日」新原氏訳)

さらに八月二一日、アメリカ大使館のバッシン法律顧問が記した交渉経過記録「行政協定の裁判権放棄」には、彼が外務省の三宅参事官と会ったことが出てきます。バッシン法律顧問は日米合同委員会の委員でアメリカ側代表の政治顧問も務めていた人物です。

「八月二一日、外務省の三宅の求めでいっしょに食事をした。三宅は、行政協定の刑事裁判権取り決めについて、満足できる決着が重要だと述べた。

私〔バッシン〕は口約束〔による取り決め〕は不満足だと言った。

さらに二つの重要な問題点を指摘した。第一は、日本にとって特に重要な事例を除き、日本が第一次裁判権を行使しないとの申し合わせ。第二は、誤った解釈や誤解が起きるのを避けるため、〔その合意を〕書面による約束にすること。

三宅は〔私に〕、第一次裁判権放棄の申し合わせは、秘密の申し合わせという形式がいいと示唆しているのかとたずねた。私は、**秘密の取り決めには固有の不都合がつきまとうので、秘密ではない裁判権放棄の取り決めをつくることが望ましい**と述べた」（新原氏訳）

このようにアメリカ側は当初から一貫して、公表を前提とした取り決めを求めていました。それに対し、日本側は「秘密の申し合わせ」、すなわち密約という形式であれば受け入れ可能だと匂わせて、探りを入れてきたようです。

■密約の成立へ

アメリカ側もそれを受けてか、次の八月二五日付けの文書「行政協定の裁判権放棄」（東京・大使館、バッシン記録）に、交渉の出口が見えてきたことが示されています。この文書によると、バッシン法律顧問は三宅参事官に対し、「かねて準備されていた〔裁判権放棄に関するアメリカ側提案の〕トーキング・ペイパー」を読み上げました。

「第一次裁判権放棄についての米国の提案。

1. 〔形式〕
米側としては裁判権放棄について覚書形式にだけ固執してはいない。ほかにも、交換公文とか大使館あての〔日本政府の〕一方的書簡などがありうる〔コラム②参照〕。

2. 〔内容〕
日本政府が政策表明の声明を届け、それに米国提案の〔裁判権〕放棄の覚書の実質を含めて、日本の観点からしてそれが適切だと考えられるとの内容であるなら、交渉は促進すると考えられる」（新原氏訳）

このアメリカ側の妥協案に三宅参事官が示した反応は、次のように記されています。

「その文書を読んで、三宅は微笑を浮かべ、『暗雲が晴れたようだ』と漏らした。米国提案の裁判権放棄取り決めの形式については、交換公文や一方的書簡は『論外』だと述べた。その代わりに、交渉議事録の秘密記録のかたちでの合意に基づく声明が、日本側の受け入れうる形式であると言った。

RG84 TOKYO EMBASSY, CLASSIFIED GENERAL RECORDS, 1952-1963 [NNN959026] BOX 18

CONFIDENTIAL

MEMORANDUM OF CONVERSATION

August 25, 1953

Subject: Waiver of Jurisdiction in Administrative Agreement

Participants: Jules Bassin, American Embassy
Mr. Miyake, Foreign Office

At my request, Mr. Miyake lunched with me today to continue our discussion on the U.S. proposed minute on waiver of jurisdiction. I read from a previously prepared talking paper, concurred in by Mr. Parsons, General Christenberry, FEC, and Mr. Henderson of Defense, and thereafter gave him a copy, which reads as follows:

U.S. Proposal for Waiver of Primary Jurisdiction:

"1. Form: The U.S. side is not wedded to a waiver in the form of a minute. Other possible forms are an exchange of notes or a unilateral letter to the Embassy.

"2. Substance: It is believed that the negotiations will be expedited if the Japanese Government will provide the Embassy with a statement of policy which will contain the substance of the U.S. proposed minute for waiver, and be considered appropriate from the Japanese point of view."

After Mr. Miyake read the paper he smiled and said it seems to him that "the ice is broken." He remarked, however, that as to the form of the U.S. proposal for waiver, an exchange of notes or unilateral letter was "out of the question." Instead he said a form which would be acceptable to the Japanese side would be an agreed statement in the confidential record of the proceedings of the negotiation, which would be initialled by both sides. He added that the question of dependents should be handled in the same way. I remarked that the question of a classified understanding on waiver would require further consideration on our side and that in the event such understanding were acceptable it would appear that some public statement on the question of waiver was desirable. I inquired whether a classified understanding on waiver would cause any embarrassment if it were to become public. Mr. Miyake replied that it would not be a serious problem with the Japanese authorities because under Japanese practice the procurators exercise discretion as to whether prosecution should be initiated. He intimated that the classified understanding would be a concession designed to satisfy the American side for a definitive statement of Japanese policy.

CONFIDENTIAL

「裁判権放棄密約」に関する日米間の交渉記録。駐日アメリカ大使館のバッシン法律顧問による秘密文書、「行政協定の裁判権放棄」（1953年8月25日）。（新原昭治氏提供）

次に第二の〔内容〕に話が移った。三宅は、これは難しい問題だが、**どの事例が特に重要かを日本が決定すると解釈されるなら、**裁判権放棄についての我々の提案内容は受け入れられると述べた。私は、日本当局がどれが重要な事例かを決めるにあたって、〔米軍関係者の〕起訴をぎりぎり最小限にするために最大の思慮深さを用いてくれることを予期していると答えた。三宅は、この見地を全面的に理解すると述べた」（新原氏訳）

ここに日米双方は、改定交渉の妥協点を見い出したのです。この八月二五日の交渉は、外務省の解禁秘密文書にも登場します。同日付けの「極秘」指定文書「行政協定刑事裁判権条項の改訂に関する三宅・バッシン会談要録」（⇩左ページ）です。

三宅参事官自身がまとめた報告書で、両者は都心にある山王ホテルで昼食を共にしながら密談したとあります。山王ホテルは占領時代に米軍が接収し、宿泊施設兼会議場として使ってきました。一九八三年にニューサンノー米軍センター（ニュー山王ホテル）ができる前は、日米合同委員会もそこで開かれていた時期があります。

会談要録によると、バッシン法律顧問からは、

「ワシントンからの訓令では、形式には重きを置いていない。内容については〔裁判権放棄の〕実質を確保せよと強く言ってきている。公式議事録に残さない一方的書簡でもいい」

という内容の妥協案が示されました。それに対し、三宅参事官は、

「公式会談等の席上、第一次裁判権の実際的運用の方針ないし見とおしを一方的に陳述する位のこ

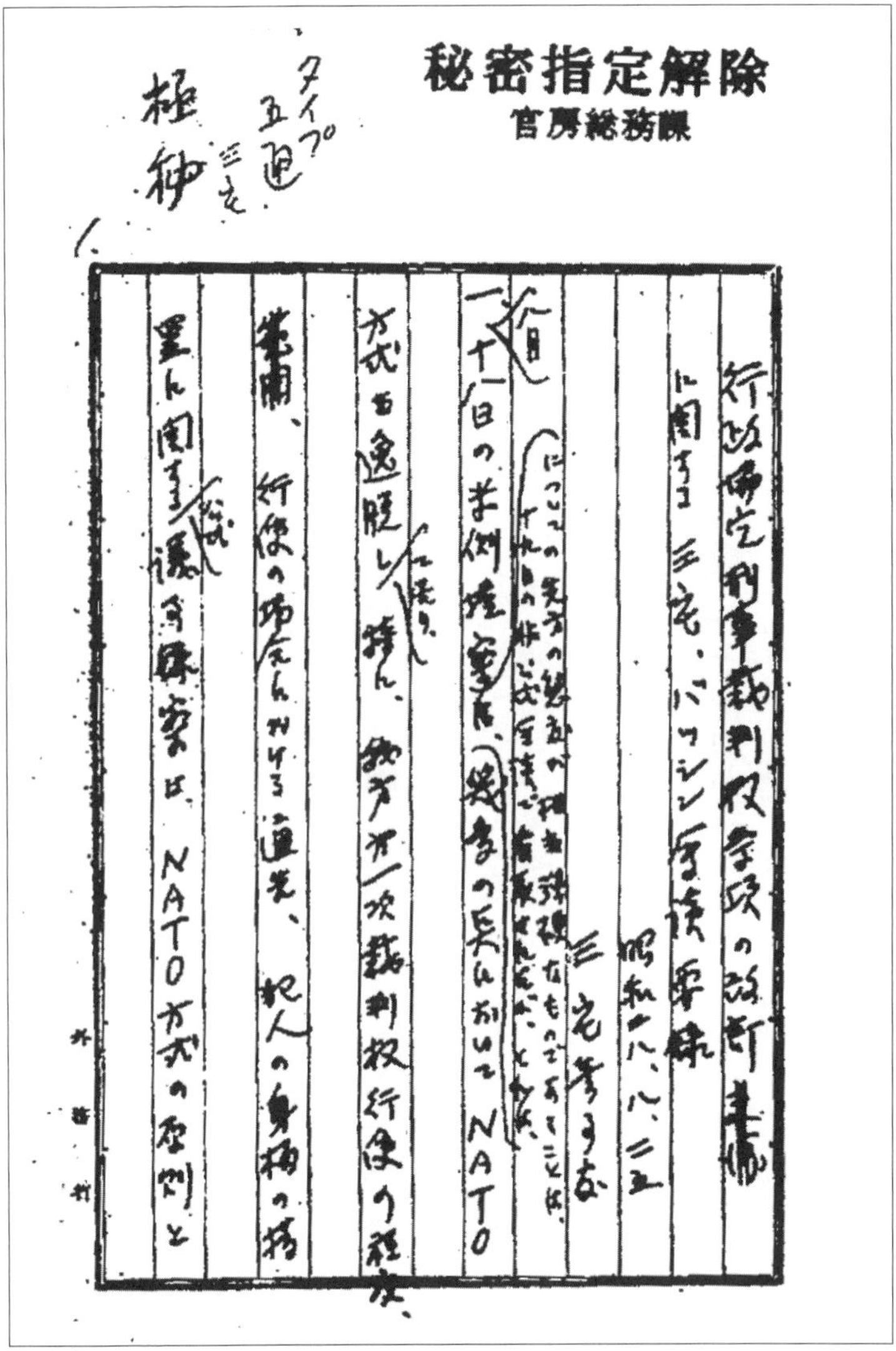

「裁判権放棄密約」に関する日米間の交渉記録。外務省の秘密文書「行政協定刑事裁判権条項の改訂に関する三宅・バッシン会談要録」（1953年8月25日）。

となならば、法務省も同意するかもしれない」と応じています。まさにアメリカ側の文書と一致する内容です。

コラム② 覚書・交換公文・一方的書簡

「覚書」とは、国家間の外交上の情報伝達の形式のひとつです。双方の政府が覚書を交換することで、合意が成立する場合、広義の条約の一種として扱われます。

「交換公文」とは広義の条約の一種で、国家間の問題に関し、双方の政府がそれぞれの意思を表明する公文（公式書簡）を取り交わして合意に達する方式のものです。条約の補足、条文の解釈をめぐる相互了解などを定める場合によく使われます。

「一方的書簡」も広義の条約の一種で、国家間の問題に関し、一方の政府が意思を表明する公文（公式書簡）を相手方の政府に渡す方式のものです。

■「部外秘」扱いの非公開議事録として密約を結んだ

そして、アメリカ政府の九月一日の東京での交渉記録には、アメリカ側のバッシン法律顧問、ヘンダーソン法律顧問が、外務省の松平参与と三宅参事官、法務省の津田刑事局総務課長（日米合同

委員会・裁判権分科委員会刑事部会の日本側部会長）に、

「日本が可能な限り最小限の数の事例以外は裁判権を行使しないという合意に達することが重要だ」（新原氏訳）

と強調したと記されています。

そして、九月七日から九日までの外務省・法務省との協議を通じて、取り決めの仮案が合意に達したことが、九月一〇日付け「東京・大使館発、国務省あて電報」に書かれています。

「まる三日間にわたる長い討論と法務省への度重なる照会の末、裁判権放棄の取り決めで合意に達した。（略）

『いちじるしく重要』は、本質的に『特別に重要』と同義であると考えられた。裁判権放棄の困難な交渉から見て、修正のための別の言葉を手に入れられたのは幸運だったと思っている。

「いちじるしい［マテリアル］」という言葉は極東軍司令部代表が提案した」（新原氏訳）

こうして、「いちじるしく重要な事件以外は第一次裁判権を行使しない」という「裁判権放棄密約」の内容について、日米合同委員会・裁判権分科委員会刑事部会で日本側代表が声明を述べ、その記録を「部外秘」扱いの非公開議事録として残すことに合意したのです。その後、九月一二日には密約の声明の案文も作られました。

なお、「マテリアル［いちじるしい］」という言葉は、辞書を引くと法律用語として、「判決などに影響を及ぼすほど重要な」という意味があります。しかし後述するように、外務省や法務省の日本語訳では、「実質的に」と訳され、その印象をかなり和らげています。

一連の交渉結果と密約の声明の案文は、外務省の解禁秘密文書にも克明に記されています。たとえば九月一一日付けの「極秘」指定文書「行政協定改訂交渉に関する件」で、松平参与が密約の合意成立と情報隠蔽の方法を次のように具体的に述べています。

「第一次裁判権拋棄《ほうき》に関する問題は、結局別紙のとおりの案文を、合同委員会刑事分科会にて、法務省津田総務課長が陳述し、その議事を合同委員会本会議に報告することとし、**議定書本文、議定書議事録、正式会談議事録のいずれにものせず、従って本件関係文書中より全く削除せらるることとなった。**なお、法務省総務課長の陳述は**部外秘の取扱**とされる」

「議定書本文」など公開される正式な「本件関係文書」から「全く削除」し、「部外秘の取扱」とする。**まさに密約誕生のなまなましい証言です。日米合同委員会の非公開文書として、歴史の闇に封印するという仕組みが生みだされたのです。**

こうして日米間の水面下の交渉が整った九月一七日、当時のジョン・アリソン駐日大使は国務省にあてた電報で、岡崎勝男外務大臣との会談の内容をこう記しています。

「昨日、岡崎とさまざまの問題をめぐって協議した際、行政協定刑事裁判権条項改定の交渉で得られた結果について満足の意を表明する機会を得た。
私は、日本政府が裁判権放棄に同意したことに自分としても満足していると述べるとともに、**この取り決めの実際の運用にあたっては、日本側がきわめて寛大で、かつ実際に裁判権を行使したいと考える事例がぎりぎり最小限になるようにとの希望を表明した**」（新原氏訳）

このようにアメリカ側は、まず実務者どうしの改定交渉で細部を固め、そのうえで、大使が外務大臣に対し、密約が確実に実行されるようわざわざ念押しをしていたのです。

■日本政府中枢に密約履行を迫るアメリカ大使

そして九月二九日、東京の外務省において行政協定の刑事裁判権条項改定の調印式が開かれ、岡崎外務大臣・犬養健《たける》法務大臣とアリソン大使との間で署名調印がおこなわれました。米軍人・軍属の公務外の犯罪とそれらの家族の犯罪について、第一次裁判権が日本側に認められたのです。新聞各紙はその日の夕刊でこれを好意的に大きく取り上げました。

たとえば『毎日新聞』は、

ジョン・アリソン駐日アメリカ大使（共同通信社）

岡崎勝男外務大臣（共同通信社）

夕刊
読売新聞
THE YOMIURI SHIMBUN EVENING EDITION
9月29日

日米行政協定改訂成る
けさ議定書に調印
来月二十九日から発効
刑事裁判権を確保
議定書

議定書に署名する岡崎外相とアリソン大使

共同コンミュニケ

吉田会見を受諾
鳩山、安藤氏で一致

臨時国会を要求

臨時国会・11月中旬に

日米行政協定の刑事裁判権条項の改訂の調印を報じる、1953年9月29日の『読売新聞』の夕刊。

「行政協定改訂に調印　日米の友好を増進」

という見出しで、

「締結以来『治外法権』とか『不平等条約』とか激しい非難が浴びせられてきた日米行政協定は、独立後一年半にしてここに面目を一新することになる」

と報じました。『読売新聞』にも、

「刑事裁判権を確保」

「日本側に移る米兵犯罪の処理　泣き寝入りは解消」

と載りました。**しかし、このような歓迎ムードの裏側で、実は密約が交わされていたのです。**

九月二九日のアリソン大使から国務省にあてた電報には、アリソンが岡崎外相と犬養法相に強く迫る場面が語られています。

「裁判権取り決めに調印したあと、私〔アリソン〕は岡崎外相、犬養法相と差しで話した。そして犬養法相のために、先に岡崎外相に強調しておいた我々の期待、つまり**日本が**〔米軍関係者に対して〕**裁判権を行使するのがきわめて少数の事例になるようにとの考えを繰り返しておいた。犬養は理解したようで、当を得たラインに沿って影響力をふるってくれるものと確信している**」（新原氏訳）

刑事裁判権は独立国の主権に関わるもっとも重大な問題のひとつです。その主権を真っ正面から侵害する要求が、密室において外国の大使から一国の外務大臣・法務大臣に対し、こともなげに持ち出され、理解を得られているというこの驚くべき事態。アリソン大使の言動はまるで宗主国から植民地へ派遣された総督のようにも見えます。政府の中枢にまで外国大使の影響力が及んでいる、占領の延長そのものとしかいえない構図が、解禁秘密文書から浮かび上がってきます。

調印式を終えた後、日米合同委員会の裁判権分科委員会・刑事部会で、法務省の官僚や在日米軍の法務官ら専門家たちが協議して、第一七条の刑事裁判権条項の実施に関する細かい運用準則（規程）を取り決めていきました。

それもむろん密室での協議です。一九五三年一一月末までに決まったその運用準則、「日米合同委員会裁判権分科委員会刑事部会において合意された事項」（全四九項）は、全文は公表されない秘密合意とされました。つまりこれもまた一種の密約です（後に五二項まで増え、「日米合同委員会刑事裁判管轄権分科委員会において合意された事項」と改称されました）。本書ではこの秘密文書の略称を「刑事部会合意事項」としています。

この日米合同委員会・裁判権分科委員会刑事部会での協議のなかで、

「日本〔は自国〕にとっていちじるしく重要と考えられる事件以外については第一次裁判権を行使するつもりがない」

という密約が、津田實・日本側刑事部会長の声明として非公開議事録に記録されたのです。それは一九五三年一〇月二八日。行政協定の刑事裁判権条項改定が発効する前日のことでした。

アメリカ政府解禁秘密文書と外務省解禁秘密文書からは、秘密交渉をめぐる担当者たちのなまなましいやりとりが浮かび上がってきます。アメリカ側は裁判権放棄の合意を公開文書に記すことを望みましたが、日本政府は一貫して密約とするよう求めました。本来なら独立国としての主権や米兵犯罪の被害者たちの人権を重んじて、裁判権放棄の取り決めなどきっぱりと拒むべきなのに、言われるままに屈辱的な取り決めを結び、それが国民・市民に知られないよう隠蔽することばかり気にかけていたのです。

■外務省の文書調査と密約否定の情報操作

二〇〇八年に新原氏がこの密約文書を発見したことは新聞などで報じられ、国会でも野党が国の主権と米兵犯罪被害者たちの人権にかかわる重大問題として追及しました。しかし、当時の自民党政権は密約の存在を認めませんでした。

しかし、二〇〇九年の民主党への政権交代後、岡田克也外相（当時）が一〇年四月に、「行政協定、地位協定に関する外交文書は、公開の優先順位を高める」

と答弁し、外務省内での調査を命じました。

その結果、二〇一一年八月二六日に外務省は秘密指定解除のうえ、関連文書（一九五三年の刑事裁判権条項改定交渉に関する文書ファイルである、「日米安全保障条約関係一件、第三条に基く行政協定関係、刑事裁判権条項改正関係」など）を公開したのです。そのなかに、米軍関係者の犯罪の「裁判権放棄密約」を記した「部外秘」の文書も含まれていました。

こうして外務省は「存在しない」と主張しつづけてきた文書を公開せざるをえなくなったのです。ただし外務省は、この「部外秘」の文書はアメリカ側だけで保管していたもので、今回その写しを提供され、和訳したのだと説明しました。

しかしもちろん、その説明を信じるわけにはいきません。外務省が公開した文書ファイルには、「部外秘」の密約の案文が英語と日本語で綴じられています。それは問題の密約文書と同じ内容です。確定された「部外秘」の文書を日本側が保管していなかったなど、絶対にありえません。

文書を公開した日の記者会見で松本剛明外務大臣（当時）は、

「日本側代表の発言は、［米軍関係者の］起訴・不起訴について日本側の運用方針を説明しただけで、日米間の合意ではない。昨日の日米合同委員会でも、その点は日米両政府で理解が一致した」

とし、

「密約かどうかはコメントし難いが、合意はなかったと確認できる」

と述べました。

つまり、密約とは認めないというのです。

しかし、前述のようにアメリカ政府解禁秘密文書と外務省解禁秘密文書を時系列で検証してゆけば、日米の秘密交渉で双方が妥協点を見いだし、密約の合意に至ったことは誰の目にも明らかです。密約を発見した新原氏は、外務省の主張を次のように批判します。

「つまり日米の秘密交渉ですり合わせをして、あたかも合意ではないように装ったうえで、実は裏側で合意していたということなのです。外務省は『日本側の一方的な政策的発言』と説明していますが、それがまやかしであることは交渉の記録を読めば明らかです。国民の目の届かない密室で、日本の主権を侵害する取り決めが交わされていたのです。しかも国民の批判を恐れて事実を隠蔽し、公開せざるを得なくなったら、公開の前日にわざわざ日米合同委員会を開き、『日米合意を形成したことは一度もなかった』と口裏を合わせるようなことをしています。そのようにして、密約ではないと取りつくろっているのです」

日米合同委員会は密約を生みだす場であるとともに、日米両政府に都合の悪い事実をねじまげる情報操作について協議する場でもあるといえるでしょう。

■密約の存在と有効性を示す在日米軍法務官

松本外務大臣は、

「〔裁判権放棄密約に関する日米合同委員会などでの〕日本側代表の発言は、〔米軍関係者の〕起訴・不起訴について日本側の運用方針を説明しただけで、日米間の合意ではない」と、いかにも日本側がその運用方針にもとづいて主体的に起訴・不起訴の判断をしているように主張しました。

しかしここまでたどってきた両国の交渉内容を見るかぎり、日米合同委員会の本会議や刑事裁判管轄権分科委員会の場で、アメリカ側から米軍関係者の犯罪の「裁判権放棄密約」を根拠に、日本側が不起訴にして第一次裁判権を行使しないようにと求められて、それに応じているケースは無数にあるはずです。日本政府が主体的な判断をいくら強調しても、日米合同委員会の議事録などが非公開で秘密にされている以上、第三者による客観的な検証ができず、なんの証明にもならないのです。

密約の存在を示す、在日米軍法務部関係者の記述もあります。在日米軍法務官事務所・国際法首席担当官（中佐）だったデール・ソネンバーグ氏と在韓国連軍・米軍司令部法務官特別顧問のドナルド・A・ティム氏の論文「日本駐留外国軍隊に関する諸協定」です。

同論文はイギリスのオックスフォード大学出版の『駐留軍関係法に関するハンドブック』（二〇〇一年）に収録されています。同書は、一九九八年にドイツで開催された「駐留軍関係法に関する会議」（ジョージ・マーシャル欧州安全保障研究センター主催）の報告をまとめたものです。

同書を見つけて購入し、「日本駐留外国軍隊に関する諸協定」を抄訳した新原昭治氏によると、同論文の前半部分は日米地位協定の刑事裁判権について、後半部分は日本における国連軍地位協定について書かれています。

前半部分は、在日米軍法務官事務所・国際法首席担当官として、日米地位協定の運用実態を熟知するソネンバーグ氏の執筆になるものと考えられます。その前半部分に、次のような注目すべき記述があるのです。

「日本は非公式な合意を結んで、日本にとって『特別な重要性』がある時を除き、刑事裁判権の第一次的権利を放棄することにしたのであった。**日本はこの了解事項を誠実に実行してきている**」（新原氏訳）

いかがでしょうか。

「日本はこの了解事項を誠実に実行してきている」

つまり「裁判権放棄密約」の存在と、その密約が現在まで着実に実行され続けていることを、在日米軍当局の法務官だった人物が認め、論文上で公言しているのです。

日本政府がその存在を否定していた「裁判権放棄密約」は、やはり存在していたのです。政権交代当初、民主党政権は「対等な日米関係」と「日米地位協定の改定の提起」を打ち出していました。「情報公開の推進」も唱えていました。

ところが、「裁判権放棄密約」の存在を認めない姿勢は、歴代の自民党政権の対米追従路線をただなぞるだけのようなものでした。「政治主導」や「脱官僚依存」を掲げていたのに、公開した外交文書の解釈を官僚機構にまかせてしまい、存在するはずの文書を隠し、問題の幕引きを図ろうとしたのです。

そして、自民党・安倍政権が復活してからは、政府にはこうした日米密約問題に関して事実解明を進めるそぶりすらありません。それどころか特定秘密保護法の制定を強行するなど、秘密主義の姿勢を強めています。

沖縄などの一部の地方紙を除いて、マスメディアは日米地位協定に関する密約の問題を追及しません。政府の情報隠蔽の構造を見逃しているのです。

密約を密約のまま放置し、黒を白と言いくるめる国家とはいったい何でしょう。密約を結び、情報を隠蔽していた人間たちの責任もうやむやのままです。密約問題を通して、日米関係だけではなく、日本という国のあり方そのものまでも問われています。

■密約と法務省刑事局の秘密実務資料

一九五三年の行政協定・第一七条（刑事裁判権）改定の秘密交渉で、「裁判権放棄密約」が合意された直後、同年一〇月七日付けで法務省刑事局長から全国の高等検察庁の検事長、地方検察庁の検事正あてにひとつの「部外秘」の通達が出されました。

それは、

「日本国とアメリカ合衆国との間の安全保障条約第三条に基く行政協定第一七条の改正について」

という名の通達です。その主旨は、

「〔米軍関係者の犯罪は〕日本側において諸般の事情を勘案し、実質的に重要と認める事件のみ第一次裁判権を行使するのが適当である」

となっています。この通達に、次のような一節があります。

「二　裁判権の行使について

今回の改正により日本国の当局は、合衆国軍隊の構成員、軍属又は合衆国の軍法に服するそれらの家族の犯した犯罪につき、非常に広範囲な第一次の裁判権を有することとなったのであるが、この第一次の裁判権の行使については、日本国に駐留する合衆国軍隊の地位並びに外国軍隊に対する刑事裁判権の行使に関する国際先例にかんがみ、その運用上極めて慎重な考慮を払わなければならないものと思慮する。

この趣旨により前記のように**合衆国軍隊の構成員、軍属又は合衆国の軍法に服するそれらの家族の犯した犯罪に係る事件につき起訴又は起訴猶予の処分をする場合には、原則として法務大臣の指揮を受けることとしたのであるが、さしあたり、日本側において諸般の事情を勘案し実質的に重要であると認める事件についてのみ右の第一次の裁判権を行使するのが適当である**」

まさに米軍関係者を「法務大臣の指揮」のもと特別扱いし、日本側による第一次裁判権行使の範囲を限定するという法務省と検察の方針が示されています。その方針を全国の検察官に周知徹底させるための通達ですから、「裁判権放棄密約」の存在を裏づける内容です。

この通達は、日本政府省庁と最高裁判所の秘密資料リストの⑧（『秘　合衆国軍隊構成員等に対する刑事裁判権関係実務資料』法務省刑事局編集・発行　一九七二年）や④⑥といった法務省の秘密資料に収録されています。合衆国軍隊構成員等とは、米軍人・軍属・それらの家族を指します。

同資料は、日米地位協定の第一七条に書かれた「米軍人・軍属・それらの家族の犯罪に対する刑事裁判権の行使」について、日米間の合意事項や運用上の留意点などを解説したものです。裁判権、捜査、捜索、逮捕、身柄の引き渡し、取り調べ、裁判権行使通告、起訴手続、公判、刑の執行など、細かい項目ごとに解説が並んでいます。法務省刑事局長から検事総長、検事長、検事正などにあてた関係通達も収録されています。冒頭の「はしがき」には、解説としてこう書かれています。

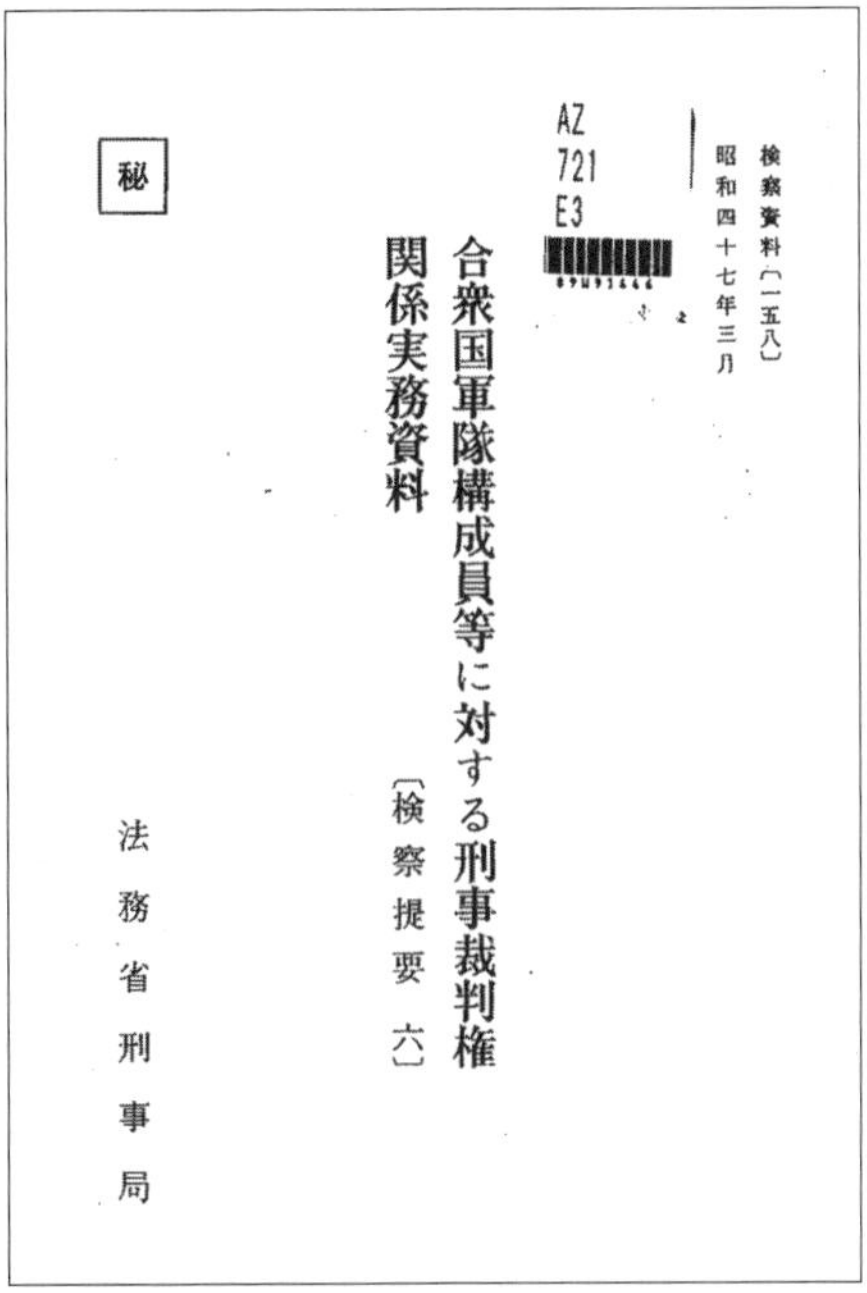
検察資料（一五八）
昭和四十七年三月
AZ
721
E3
合衆国軍隊構成員等に対する刑事裁判権
関係実務資料
〔検察提要　六〕
秘
法務省刑事局

『秘　合衆国軍隊構成員等に対する刑事裁判権関係実務資料』（新原昭治氏提供）

「地位協定第一七条は、合衆国軍隊

の構成員、軍属又はそれらの家族が、日本国の領域内において、日本国の法令によって罰することができる罪を犯したときは、日本国は、その構成員等に対し、その罪について裁判権を有することを明らかにしているのであるが、この種事件に対する裁判権の行使については、同条の規定に基づき、**一般の刑事事件についての取扱いと若干異なる取扱いが定められており、また、この種事件の特殊性等にかんがみ、その捜査処理上留意を要する点も少なくない**」

米軍関係者（米軍人・軍属・それらの家族）の犯罪に対して、一般の刑事事件とは異なる対処をしなければならないと、その「特殊性」を強調する一節からは、やはり米軍関係者の刑事事件が特別扱いされている実態が浮かび上がります。米軍関係者の事件が特例として処理され、起訴されず、結果的に日本側の裁判権が行使されないケースが多い現実が見えてきます。

同資料は日本語の解説と関係通達の部分が三九一ページで、巻末の英文資料一〇〇ページを合わせて全四九一ページと分厚いものです。表紙には、「秘」と、秘文書扱いを意味する文字が四角い黒枠の中に記されています。以下、この資料を『法務省秘密実務資料』と呼ぶことにします。

同資料は国会図書館に所蔵されています。検察の内部資料である「検察資料」シリーズのひとつで、おそらく検察関係者か法務省関係者が亡くなったあと、家族が蔵書を処分するときに古書店に売ったものを、国会図書館が購入したのでしょう。

■きわめて低い米兵犯罪の起訴率

このような法務省刑事局長からの通達が出された結果、どのような事態が生じたのでしょうか。外務省が公開した一連の解禁秘密文書のなかには、法務省から聴取した米軍関係者の犯罪の起訴人数を記した文書もありました。

それによると、一九五四〜六四年の、米軍関係者の公務中と公務外の事件の受理人数が四万八二五七人。そのうち、起訴された人数は二一四七人です。公務中と公務外の区別は記してありませんが、全体で起訴率はなんと約四パーセントしかありません。

また、アメリカ上院軍事委員会が公表した、アメリカ国防総省当局者の証言によると、一九六六年一一月〜六七年一二月の日本における米軍人の犯罪一六四九件のうち八五パーセントについて、日本側当局が本来なら行使できる裁判権を放棄したといいます（『朝日新聞』一九六八年一〇月三日朝刊）。

日本政府はずっと、「米軍関係者の犯罪と一般の犯罪で起訴・不起訴の判断に差はない」と説明してきました。

しかし、私が情報公開法にもとづく文書開示請求で得た、米軍関係者の犯罪に関する法務省刑事局の統計、「合衆国軍隊構成員等犯罪事件人員調」では、二〇〇一年〜一四年の日本側に第一次裁判権のある、公務外の米軍人・軍属とそれらの家族の刑法犯（自動車による過失致死傷等を除く）

統計報告第7号

平成26年分　合衆国軍隊構成員等犯罪事件人員調

	区分 / 罪名	受理 旧受	受理 新受 通常受理 検察官認知・直受	受理 新受 通常受理 司法警察員から	受理 新受 通常受理 計	受理 新受 他の検察庁から	受理 新受 家庭裁判所から	受理 新受 その他	受理 新受 計	受理 合計	既済 起訴 公判請求	既済 起訴 略式命令請求	既済 起訴 計	既済 不起訴 起訴猶予	既済 不起訴 嫌疑不十分	既済 不起訴 裁判権なし	既済 不起訴 第一次裁判権なし	既済 不起訴 第一次裁判権不行使	既済 不起訴 その他	既済 不起訴 計
刑	公務執行妨害			2	2				2	2								1		1
	放火																			
	失火																			
	住居侵入			6	6	1			7	7				6						6
	文書偽造																			
	カード偽造等																			
	強制わいせつ	1		2	2				2	3	1		1						2	2
	強制わいせつ致死傷																			
	強姦			4	4				4	4					3				1	4
	強姦致死傷																			
	殺人																			
	傷害			9	9	1			10	10	1	1	2	6			2			8
	傷害致死																			
	暴行			6	6				6	6				2	3					5

米軍関係者の犯罪事件の起訴数や不起訴数などを罪名別に記した法務省刑事局の統計、「合衆国軍隊構成員等犯罪事件人員調」の一部。

は起訴三二八人、不起訴一五五二人、起訴率一七・四パーセントです。

一方、「法務省検察統計」によると、同時期の日本人が大多数を占める全国の一般刑法犯（自動車による過失致死傷等を除く）では、起訴一三四万四五二〇人、不起訴一六一万四一二八人、起訴率は四五・四パーセントです。

つまり米軍関係者の刑法犯の起訴率のほうがはるかに低いのです。

「合衆国軍隊構成員等犯罪事件人員調」（二〇〇一年〜一四年）によると、強盗、強盗致死傷、殺人、放火のいわゆる凶悪犯罪の起訴率は五〇パーセント台〜八〇パーセント台と高いです。しかし、窃盗、強制わいせつ、住居侵入、暴行、傷害は起訴率五パーセント〜二七パーセントと軒並み低く、強姦は起訴率一一パーセントです。詐欺、横領、脅迫など起訴率〇パーセントの罪名も五つあります。

（なお法務省によると、刑法犯の起訴率の実態を見る場合は、自動車による過失致死傷を含めません。それは他の刑法犯罪よりも事件処理人員数が桁違いに多く、不起訴が起訴を大幅に上回り、全体の起訴率を押し下げるからです。）

法務省は国会で、「実質的に重要な事件」についてのみ裁判権を行使するとした、一九五三年一

後を絶たない、米軍関係者の犯罪に抗議する沖縄県民。（共同通信社）

〇月七日付け法務省刑事局長の通達は、「有効に継続している」と答弁しています。「裁判権放棄密約」を発見した新原氏は、次のように憤りの言葉を発します。

「この密約と法務省の通達によって、米軍関係者は重要事件以外は起訴されないという明治時代さながらの不平等がいまも続いているのです」

「『日本にとっていちじるしく重要な事件以外は裁判権を行使しない』という密約は、いまも生きています。その結果、殺人・強盗・強盗致死傷・放火などの重要な事件以外は、米軍関係者の犯罪は不起訴になるケースが多く、起訴率が非常に低くなっています。本来裁かれるべき犯罪が裁かれないという現実を生み出しているのです」

このように米軍関係者の犯罪に対する日本当局の甘い姿勢が、米軍関係者の間に、これくらいなら罪に問われない

という意識を植えつけ、米兵犯罪が後を絶たない温床になっているのではないでしょうか。

それはまた、米軍関係者を特例扱いし、特権的立場におくことで、刑事裁判権という主権の行使が秘密裏に侵害されているという、独立国としてあるまじき深刻な問題でもあります。

■米軍人・軍属被疑者の身柄引き渡しの密約

米軍関係者の犯罪に関しては、「裁判権放棄密約」とともに、一九五三年の日米行政協定・第一七条（刑事裁判権権条項）改定の裏側で結ばれた別の密約もあります。

それは、米軍人・軍属による犯罪において、被疑者の身柄をできるかぎり日本側で拘束せず、米軍側に引き渡すという密約です。以下、「身柄引き渡し密約」と呼ぶことにします。やはり、新原昭治氏が二〇〇八年にアメリカ国立公文書館で入手した、アメリカ政府解禁秘密文書に記されていました（⇩92ページ）。「裁判権放棄密約」と同じように、日米合同委員会の裁判権分科委員会・刑事部会における日本側部会長の声明を、「部外秘」の非公開議事録とする形式です。

「合衆国代表　トッド中佐
合衆国軍当局の管理下に法違反者が引き渡された上は、法違反者は、引き渡しがそのような条件［＝ほとんどの場合、日本側から米軍側へ引き渡す］のものであるならば、請求に基づき、日本の当局の求めに応じられることを日本代表に保証したいと思う。

日本代表　津田氏
合衆国代表の保証に照らして、**私は、このような**〔米軍関係者の〕**法違反者が日本の当局により身柄を保持される事例は多くないであろうことを声明したい**と考える。

アラン・トッド中佐　（署名）
軍法務官事務所
裁判権分科委員会合衆国側委員長
津田　實　（署名）
裁判権分科委員会日本側委員長」
（「行政協定第一七条を改正する一九五三年九月二九日の議定書第五項に関連した、合同委員会裁判権分科委員会・刑事部会日本側部会長の声明」一九五三年一〇月二二日、新原氏訳）

この津田代表の発言のなかにある、

「このような法違反者が日本の当局により身柄を保持される事例は多くないであろうこと」

とは、犯罪を犯して日本の警察に逮捕された米軍人・軍属の身柄を、日本側で拘束する事例を少なくして、多くの場合は米軍側に引き渡すことを意味しています。

そのための具体的な仕組み、実効性を担保するのが、逮捕された米軍人・軍属が公務中だったの

SUB-COMMITTEE ON JURISDICTION
ADMINISTRATIVE AGREEMENT MATTERS
CRIMINAL PANEL

22 October, 1953

Statements by the Chairman of the Japanese side of the Criminal Panel, Jurisdiction Sub-Committee of the Joint Committee with respect to Paragraph 5 of the Protocol of 29 September 1953, amending Article XVII of the Administrative Agreement

Col. Todd, United States Representative:

I wish to assure the Japanese representative that upon release of an offender to the custody of the United States military authorities, such offender shall, on request, be made available to the Japanese authorities, if such be the condition of his release.

Mr. Tsuda, Japanese Representative:

In view of the assurances by the United States representative, I wish to state that there will not be many cases in which the custody of such offenders will be retained by the Japanese authorities.

/s/ Alan Todd

ALAN TODD
Lt. Col., JAGC, Chairman,
United States Sub-Committee
on Criminal Jurisdiction.

/s/ Minoru Tsuda

TSUDA, MINORU
Chairman, Japanese
Sub-Committee on Jurisdiction.

「身柄引き渡し密約」の文書である1953年10月22日の日米合同委員会の裁判権分科委員会・刑事部会の非公開議事録。（新原昭治氏提供）

かどうかはっきりしないときでも、被疑者の身柄を米軍側に引き渡すと定めた、日米合同委員会の秘密合意です。つまり、公務中かどうか不明でも米軍人・軍属被疑者の身柄を引き渡すということです。この秘密合意を組み込んで「身柄引き渡し密約」は成り立っています。

その秘密合意は、78ページで説明した「刑事部会合意事項」の第9項(a)です。前述の津田刑事部会長の声明と同じ日、一九五三年一〇月二二日に合意されました。合意文書に署名したのも、同じようにアメリカ側委員長のアラン・トッド中佐と日本側委員長の津田實法務省刑事局総務課長でした。

その「刑事部会合意事項」第9項(a)には、次のような一節があります。

「〔米軍人・軍属による犯罪が〕**公務の執行中に行われたものであるか否かが疑問であるときには、被疑者の身柄を当該憲兵司令官に引き渡す**ものとする。合衆国の当局は、当該被疑者の公務執行の点に関し、すみやかに決定を行い通知するものとする」

米軍人・軍属によるその犯罪が、「公務の執行中に行われたものであるか否かが疑問であるとき」とは、公務中だったのかどうか疑問であり、公務中だったという可能性もあるが、公務中ではなかったという可能性もある場合を意味します。

つまり、公務中だったのかどうかはっきりしない場合です。したがって、公務中だったかどうか疑わしいが、公務中ではなかったとはっきりしない以上、身柄はすぐに米軍側に引き渡さなければならないということになります。

■米軍の軍事的な都合を優先させる合意事項

この規定は米軍側に圧倒的に有利で、日本側に不利です。公務中だったのかどうかまだはっきりせず、第一次裁判権がどちらにあるのかまだわからないのに、被疑者である米軍人や軍属の身柄を米軍側に引き渡さなければならないのですから。

たとえば、自動車を運転中、人をはねてしまったというような事件の場合、被疑者である米軍人や軍属が「公務中だった」と主張したら、それは米軍の任務に関わる問題なので、日本側が真偽を確認することはほとんど不可能です。

となると、この「刑事部会合意事項」どおりに、公務中だったのかどうかはっきりしない段階であっても、とりあえず被疑者の身柄は米軍側に引き渡さざるをえません。実際には公務中ではなく、日本側が第一次裁判権を有する可能性があるにもかかわらずです。

仮にあとで公務外だったとわかっても、一度被疑者の身柄が米軍当局の手に渡ってしまった場合、日本側が起訴するまで被疑者の身柄は米軍当局のもとに置かれるというのが、日米地位協定第一七条の規定です。そのため、日本側の捜査は任意の取り調べとなり、難航します。米軍側が取り調べに応じる場合、日本側の要請を受けた米軍の法務部員が、基地から被疑者を日本の警察署などに連れてきて、取り調べを受けさせ、終われば基地に連れて帰るというかたちが通常とられます。

　そのため結局、日本側は被疑者を十分に取り調べられず、証拠固めが困難となり、起訴できずに終わる可能性も高いわけです。そうなると、日本側に第一次裁判権があるのに、事実上、裁判権が行使できないという結果につながります。

　この「刑事部会合意事項」について、『法務省秘密実務資料』は「日本国の当局が逮捕した被疑者の身柄の取扱い」という項目で、次のように解説をしています。要するに、米軍関係者という「特殊な地位」の人物に配慮して特別扱いをせよというわけです。

「当該犯罪が公務の執行中に行なわれたものであるかどうかが疑問である場合にも、その者の身柄を軍当局に引き渡すこととしているのは、その点がいずれとも判定し兼ねる場合に、公務執行中のものであることが明らかでない以上は、わが方で身柄の拘束を続けてもよいとすることは、**被疑者が軍隊の構成員又は軍属という特殊な地位にあることにかんがみ妥当でない**ので、とりあえずその身柄を軍当局に引き渡すこととするのが相当であるとされたものである」

「公務の執行中に行なわれたものであるかどうかが疑問である場合」、つまり公務中だったのかどうかはっきりしない場合でも、被疑者の身柄を米軍当局側に引き渡す。その米軍側に有利な扱いをする理由がはっきりと示されています。軍人・軍属という「特殊な地位」を重視して、米軍の軍事的な都合を優先させる日米両政府の考え方が反映されているのです。

　そうした軍事優先の発想が、「刑事部会合意事項」第9項(a)すなわち「身柄引き渡し密約」の根底にあります。

■法律の規定と矛盾する密約

この日米合同委員会の合意（「刑事部会合意事項」第9項(a)）は、実は国内法に抵触しています。その国内法とは、日米地位協定・第一七条（刑事裁判権）の運用に関する刑事特別法です。その第一一条に、日本国当局に逮捕された米軍人・軍属の身柄の引き渡しに関する規定があります。米軍人・軍属が公務中だったと明らかになった場合にのみ、身柄を米軍側に引き渡すという内容のものです。

「検察官又は司法警察員は、逮捕された者が合衆国軍隊の構成員又は軍属であり、且つ、その者の犯した罪が協定第一七条第三項(a)に掲げる罪のいずれかに該当すると明らかに認めたときは、刑事訴訟法の規定にかかわらず、直ちに被疑者を合衆国軍隊に引き渡さなければならない」

「協定第一七条第三項(a)に掲げる罪」とは、地位協定一七条第三項(a)「合衆国の軍当局は、次の罪については、合衆国軍隊の構成員又は軍属に対して裁判権を行使する第一次の権利を有する」という規定にもとづき、アメリカ側に第一次裁判権がある次の二種類の罪を指しています。

①もっぱらアメリカの財産もしくは安全のみに対する罪、またはもっぱら米軍人や軍属やそれらの家族の身体もしくは財産のみに対する罪。
②米軍人・軍属の公務執行中の作為または不作為から生ずる罪。

したがって、米軍人・軍属の公務執行中の犯罪の処理に関しては、刑事特別法第一一条では、次のように定めているのです。

その者の犯した罪が公務執行中の作為または不作為から生じたと、日本の検察当局や警察当局が明らかに認めたときは、被疑者である米軍人や軍属の身柄を米軍側に引き渡さなければならない。

逆に言えば、その者の犯した罪が公務執行中の作為または不作為から生じたと、明らかに認められないときは、被疑者である米軍人や軍属の身柄を米軍側に引き渡してはならないということです。

これは、「刑事部会合意事項」第9項ⓐの「当該犯罪が公務の執行中に行われたものであるか否かが疑問であるとき」、すなわち公務執行中だったのかどうかはっきりしない場合、被疑者の身柄を米軍側に引き渡すという規定とは明らかに異なっています。

日本政府省庁と最高裁判所の秘密資料リストの④『部外秘　外国軍隊に対する刑事裁判権の解説及び資料』（法務省刑事局　一九五四年）には、刑事特別法第一一条について正確な解説が載っています。「日本国の当局から合衆国の軍当局への身柄の引渡」という項目のところです。

要するに、米軍人・軍属の公務中の犯罪であって、アメリカ側に裁判権があると判明した場合は、米軍側に身柄を引き渡してもいいが、まだ判明していない段階では引き渡すべきではないという内容です。

「その者の犯した罪が行政協定〔現地位協定〕第一七条第三項(a)に掲げる罪のいずれかに該当するということが**未だ明らかに認められない間は、直ちに引き渡すべきではなく**、刑事訴訟法の手続によって処理されることとなる」

「未だ明らかに認められない間は、直ちに引き渡すべきではなく」と書かれているように、刑事特別法・第一一条の解釈はこれ以外にはありえません。「刑事部会合意事項」第9項(a)のように、公務中だったのかどうかはっきりしない場合でも、被疑者の身柄を米軍側に引き渡す、と解釈する余地はないのです。このように国内法令の規定に反する内容が、日米合同委員会の密室で合意されているのは大変な問題です。

■密約が法律を超えて運用されている

この問題をめぐっては、過去に検察当局者の間にもそれを指摘し、疑問を発する声がありました。日本政府省庁と最高裁判所の秘密資料リストの⑥『部外秘　外国軍隊に対する刑事裁判権関係通達・質疑回答・資料集』（法務省刑事局　一九六五年）に、次のような質問と回答が載っています。

それは一九六〇年七月一七日開催の検察庁の会議（「主要地検察庁外事係検事会同」）における質

疑回答で、質問者は東京地方検察庁の検事です。回答者は法務省刑事局の担当者だと思われます。

「問　刑事特別法第一一条第一項によれば、日本側捜査官憲は逮捕した合衆国軍隊の構成員又は軍属の犯した罪が協定第一七条第三項(a)に掲げる罪のいずれかに該当すると『明らかに認めたとき』は、直ちに被疑者を合衆国軍隊に引き渡さなければならないが、合意事項9(a)はこの点につき、『当該犯罪が……又は公務の執行中に行われたものであるかどうか疑問であるときには被疑者の身柄を当該（米軍）憲兵司令官に引き渡すものとする』としている。実務上の取扱は合意事項によるべきことになると考える（但し昭和二九年一〇月刑事局『外国軍隊に対する刑事裁判権の解説及び資料』三二頁以下はこれと反対の見解をとる）が、この点に関する見解を教示願いたい。（東京）」

「答　日本側捜査機関が、合衆国軍隊の構成員、軍属又はそれらの家族を逮捕した場合の取扱いについては、合意事項9(a)によるべきである」

この質疑回答からは、米兵犯罪に現場で向き合う地検の検事らの疑問や戸惑いの念が伝わってきます。刑事特別法第一一条と「刑事部会合意事項」第9項(a)の食い違いについて、いったいどういうことなのだろうか、どちらの規定に従えばいいのかと、疑問に思うのは当然です。しかも、法務省刑事局の『外国軍隊に対する刑事裁判権の解説及び資料』では、刑事特別法第一一条の規定によって処理をすべきだと解説されているのですから。

ところが、この当然の疑問に対して上記の回答は何も答えていません。刑事特別法第一一条と「刑事部会合意事項」第9項(a)の食い違いについて、何ら論理的な説明もせず、ただ一方的に後者に従うべきだと、事実上、命じています。

つまり、**国会で可決されて制定、施行され、全文が公表されている法律の刑事特別法ではなく、日米合同委員会の秘密文書である「刑事部会合意事項」すなわち密約を優先させている**のです。これは法治国家としてあってはならないことでしょう。

米軍人や軍属の犯した罪が公務執行中に行なわれたものだと、日本国当局（検察官又は司法警察員）が明らかに認めたときは、被疑者の身柄を米軍当局に引き渡さなければならないが、未だ明らかに認められないときは引き渡すべきではない。

この刑事特別法第一一条の規定に比べて、「刑事部会合意事項」第9項(a)の「当該犯罪が公務の執行中に行われたものであるか否かが疑問であるとき」、すなわち公務執行中だったのかどうかはっきりせず、未だ明らかに認められないときでも、被疑者の身柄を引き渡す、という規定は米軍側に大幅に有利になっています。

その結果、本来、日本側で裁くべき米軍人や軍属の罪が見落とされ、見逃されてきたケースも少なくないはずです。上記の回答は、まず米軍優先ありきという日米合同委員会の合意による地位協定運用の実態をよく表しています。

■米軍優位を絶対化する密約

刑事特別法が公布・施行されたのは一九五二年五月七日です。日米地位協定の前身である日米行政協定が締結されたのが、同年二月二八日なので、その二ヵ月あまり後です。当時はまだ行政協定第一七条で、米軍人・軍属・それらの家族（日本国籍のみは除き）による犯罪は、アメリカ側だけが裁判権を行使すると定められていました。だから、身分証明書によって米軍関係者と確認できたら、被疑者の身柄は常に米軍側に引き渡していたのです。

しかし、一九五三年九月二九日、日米両政府は行政協定・第一七条の刑事裁判権条項改定の調印を交わしました。その結果、公務外の犯罪については日本側に第一次裁判権があると改められました。それにともない、刑事特別法第一一条も同年一一月一二日に改正されて、現行の規定に変わったのです。

すなわち、米軍人・軍属の公務中の犯罪であって、アメリカ側に第一次裁判権があると判明したら、米軍側に身柄を引き渡してもいいが、まだ判明しない間は引き渡すべきではないという規定に改められたのです。

つまり刑事特別法第一一条の改正は、行政協定第一七条の刑事裁判権条項改定で得た、日本側の第一次裁判権行使の権利を、実際に運用上確定させるための措置でした。米軍人・軍属の公務中の犯罪の処理をあいまいにしないために、公務中と判明したときにだけ、身柄を米軍側に引き渡すという厳密な規定にしたのです。

ところが日米合同委員会の裁判権分科委員会・刑事部会では、「刑事部会合意事項」第9項(a)により、公務中だったのかどうかまだ判明しない段階でも、被疑者の身柄を米軍側に引き渡す、というあいまいな処理が可能な、米軍側に有利な取り決めをしていたのです。

ここで、刑事特別法第一一条が改正された一九五三年一一月一二日という日付と、「刑事部会合意事項」第9項(a)が合意された同年一〇月二二日という日付に注目してみましょう。どちらも、同年九月二九日の行政協定第一七条の刑事裁判権条項改定の調印式に続く時期です。

つまり、刑事裁判権条項改定を受けて、一方では刑事特別法第一一条の改正に向けた動きがあり、他方ではその第一一条の改正と矛盾する「刑事部会合意事項」第9項(a)の合意に向けた動きがあったわけです。しかも「刑事部会合意事項」のほうが裏側で先行していたのです。

その「刑事部会合意事項」第9項(a)の合意に向けた動きは、主権者である国民とその代表である国会議員の目の届かない日米合同委員会の密室で進められました。つまり、国会で審議され、国内法として公表される刑事特別法第一一条を、公表されない秘密の「刑事部会合意事項」第9項(a)によって骨抜きにするプロセスが人知れず進行していたのです。**表向きは刑事特別法に従って処理されるように見せかけて、裏では日米合同委員会の秘密の合意に従って処理する仕組み**が先行して作られていたわけです。まさに**法律を超える密約の成立**です。

「刑事部会合意事項」は、『法務省秘密実務資料』のほかにも、日本政府省庁と最高裁判所の秘密資料リストの②③④⑥⑦⑪に収録され、その運用に関する解説や関連の通達も載っています。

これら一連の秘密資料は、日米合同委員会の密室で生みだされた、米軍関係者の「裁判権放棄密約」、米軍人・軍属被疑者の「身柄引き渡し密約」にもとづいて、米軍関係者を特別扱いするための、まさに検察や警察の裏マニュアルといえるものなのです。

これらの密約が、一九五三年の日米合同委員会の密室で合意されたのは、いまから六〇年以上も前のことです。しかし、決して過去の話ではありません。

二〇〇八年に私が情報公開法にもとづいて法務省に対し文書開示請求をして得た、法務省刑事局の内部文書には、米軍関係者の事件は現在の実務においても「〔『法務省秘密実務資料』の〕内容に従って運用がなされており、現在においても秘密の取扱いがなされるべきものである」と書かれていました。**密約も含めて裏マニュアルどおりの運用をしている**ということなのです。

二〇一〇年に、外務省が一九五三年の刑事裁判権条項の改定交渉に関する文書ファイルを公開したあとも、日米両政府は問題の「部外秘」の文書や「刑事部会合意事項」を廃棄したわけではありません。

つまり、一連の合意＝密約はいまなお効力をもちつづけており、検察も警察もそれらにもとづく裏マニュアルどおりの事件処理を続けているのです。日米合同委員会の密室での合意が、いかに重大な意味を持っているかがわかります。

PART 2

なぜ日本の空は、いまでも米軍に支配されているのか

日米合同委員会では、「横田空域」の米軍による航空管制や、
米軍機の航空管制上の優先的取り扱いを
法的根拠もなく認めるなど、
米軍の事実上の治外法権を保障する密約が結ばれています。

米海兵隊の主力兵員輸送機MV22オスプレイ。開発段階や訓練中に事故が相次ぎ、安全性が不安視されている。空軍仕様のCV22は、横田基地に2017年から配備される計画になっている。（須田慎太郎）

■「横田空域」――目に見えない空の壁

日本列島の上空なのに、日本の飛行機が自由に飛べず、米軍機が独占的に使っている広い空域があります。そこでは日本の空の主権が奪われています。そして、その背後にはまたしても日米合同委員会の密室の合意が存在しているのです――。

それは米軍「横田空域」です。正式には「横田進入管制空域」（ヨコタ・レーダー・アプローチ・コントロール・エリア）といい、「横田ラプコン」という略称もあります。図4のように、首都圏から関東・中部地方にかけて、東京・神奈川・埼玉・群馬のほぼ全域、栃木・新潟・長野・山梨・静岡の一部、福島のごく一部、合わせて一都九県にまたがる、南北で最長約三〇〇キロ、東西で最長約一二〇キロの広い地域の上空をすっぽりとおおう巨大な空域です。最高高度約七〇〇〇メートルから、約五五〇〇、約四九〇〇、約四二五〇、約三六五〇、約二四五〇メートルまで、階段状に六段階の高度区分で立体的に設定されていて、ちょうど日本列島中央部の空を大きくさえぎる目に見えない巨大な「空の壁」となっているのです（図5）。

この「横田空域」の航空管制は米軍によっておこなわれ、東京西部にある米軍横田基地の航空管制官が任務にあたっています。航空管制とは正式には航空交通管制（ＡＴＣ）といい、航空機の安全かつスムーズな運航のために、離着陸の順序、飛行ルート、高度などを無線通信などを使って指示し管理する業務です。

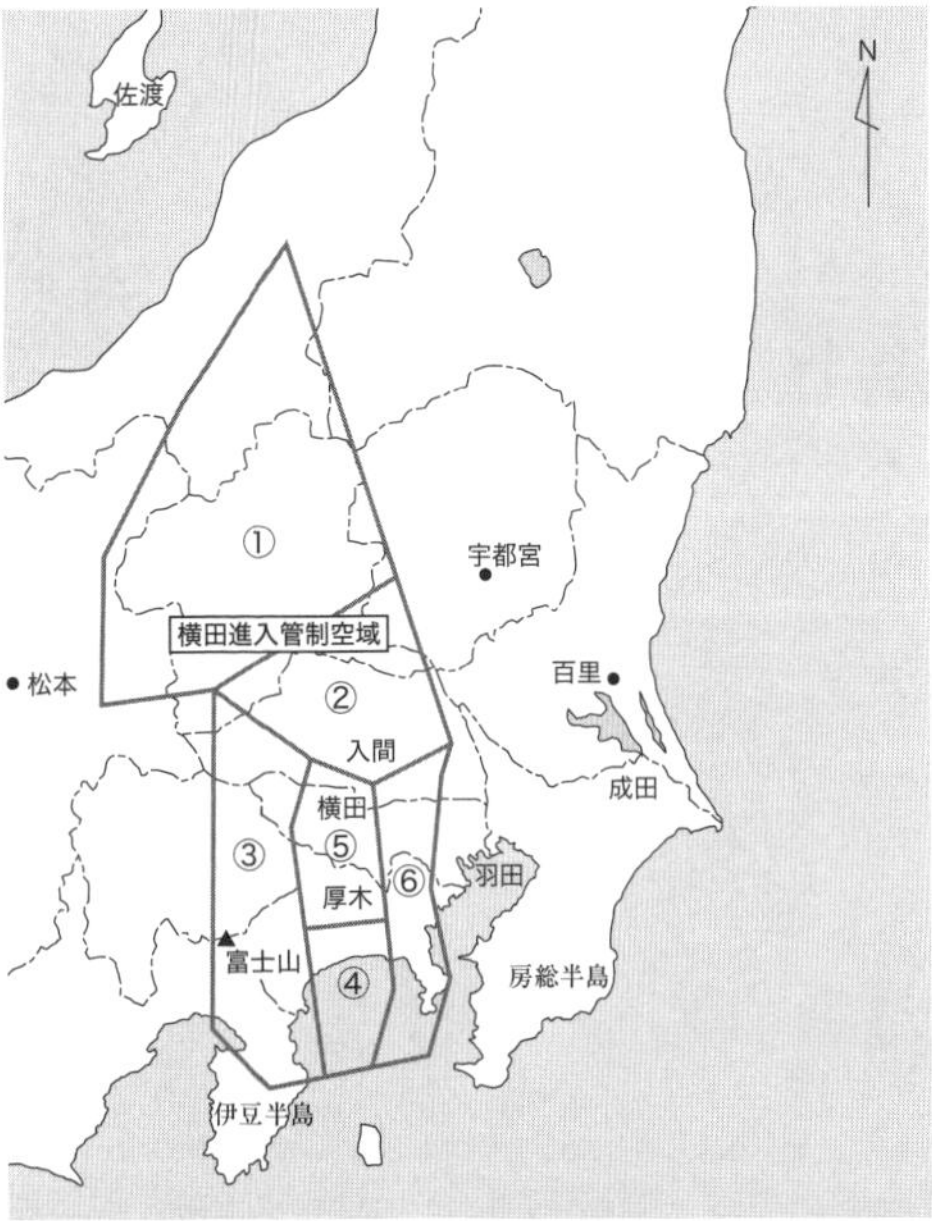

図４　「横田空域」の略図（国土交通省航空局の「電子航空路誌」をもとに作成）

＊図４と図５の①〜⑥はそれぞれ対応している。

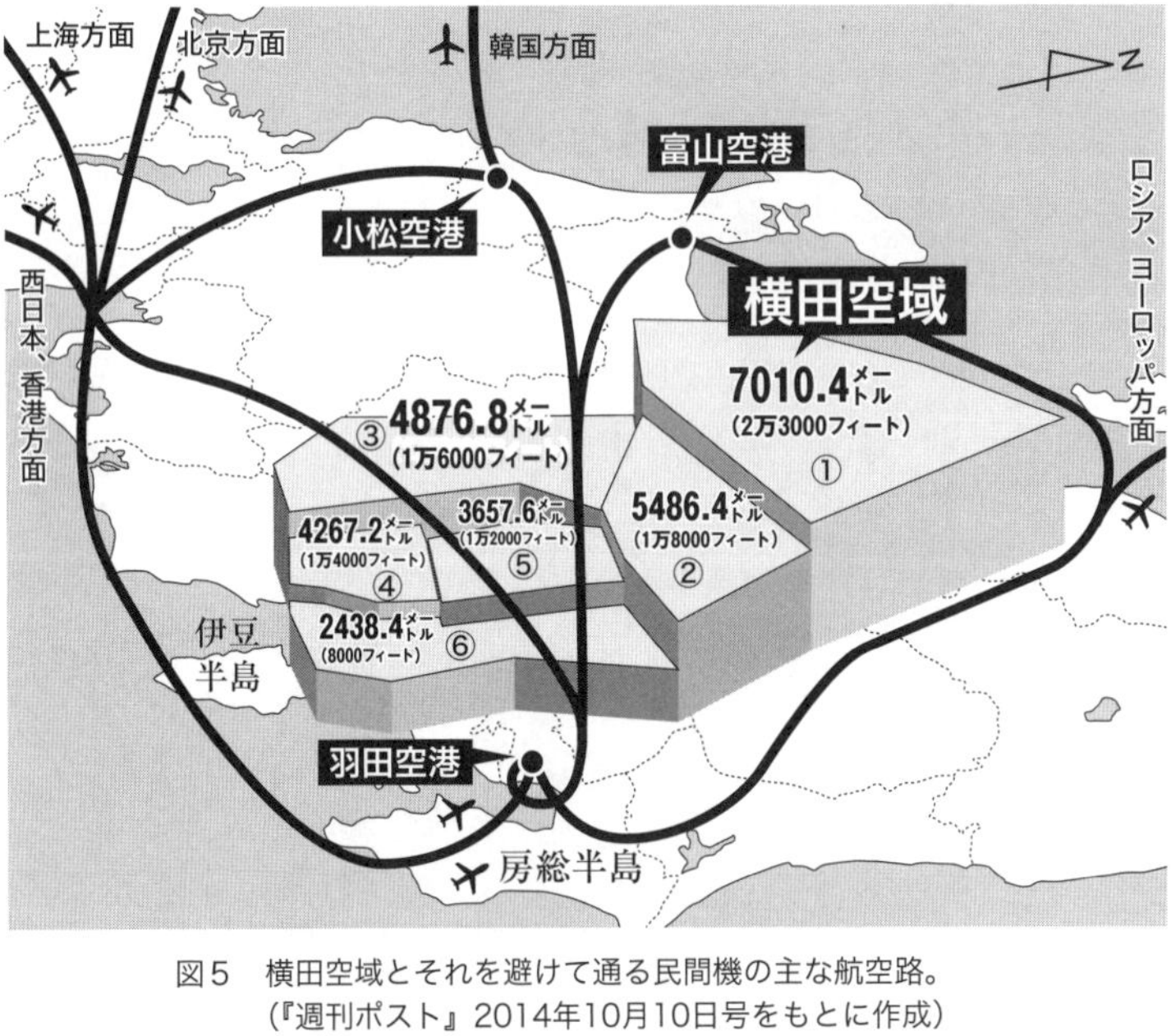

図５　横田空域とそれを避けて通る民間機の主な航空路。
（『週刊ポスト』2014年10月10日号をもとに作成）

「横田空域」は米軍が航空管制をしているので、米軍戦闘機の訓練飛行、輸送機の発着、米軍・米政府関係者専用機の国外との往来などが優先され、民間航空機は米軍の許可がないと通れません。しかも、許可を得るには一便ごとに米軍側に飛行計画書を提出して事前調整しなければならず、許可されるかどうかも不確かで、容易ではありません。

だから、民間機が「横田空域」を飛べるのは、ごく一部の定期便ルートを除いて、悪天候や機体故障など緊急の場合に限られているのが実情です。日本の領空でありながら、日本側の航空管制が及ばず、米軍が独占的に使用している状態が続いているのです。

民間機のパイロットなどによる航空関係の複数の労働組合からなる、航空安全推進連絡会議は毎年、国土交通省に航空安全に関する要請をしています。その二〇一六年の「要請書」でも、例年の要請と同じように、「民間航空機の安全かつ効率的な運航を阻害している軍事空域の削減」を強く求めています。

「横田空域」についても、民間機が自由に飛行できないため、羽田空港からの離陸後、急旋回・急上昇して「横田空域」を飛び越えるという、航空機の性能上きびしい飛行を強いられており、安全かつ効率的な運航の妨げになっていると指摘し、日本側への早期返還を訴えています。

さらに「横田空域」では、横田基地や厚木基地（神奈川）を拠点にした米軍機が、基地周辺や群馬県渋川市周辺上空などで低空飛行訓練などを繰り返し、住民に多大な爆音（騒音）被害と墜落事故の危険を長年にわたりもたらしています。

このように民間機の運航の大きな障害となり、米軍機による騒音公害と墜落事故の危険の原因に

横田基地（須田慎太郎）

なっている「横田空域」が、すべて日本に返還されればどんなにいいでしょう。もちろん日本の空の航空管制を日本側が全面的におこなうという、独立国として当然の状態を一日も早く取り戻さなければならないのは言うまでもありません。

しかし、米軍はこれまで日本政府の求めに応じて、段階的に空域の一部返還（削減）はしてきたものの、全面返還するそぶりは見せていません。

首都圏という日本列島の中央部に日本の航空管制が及ばない、日本の領空なのに日本が管理できない、つまり事実上、日本の空の主権を排除している米軍の独占空域が存在する異常な状態、独立国としてあるまじき事態が、戦後七〇年以上も続いているのです。この「横田空域」の問題は、最近マスメディアでもかなり取り上げられているので、ご存知の方も多いでしょう。

■「横田空域」の法的根拠を開示しない日本政府

米軍「横田空域」が設置されている根拠として、マスメディアでは「日米地位協定によるもの」と報じられています。日米地位協定とは日米安保条約の付属協定で、米軍基地の提供、基地の管理権、日本における米軍と米軍人・軍属とその家族の権利や義務など法的地位を定めたものです。

しかし、地位協定にもとづいて日本政府から米軍に提供されている施設・区域（基地、訓練場、訓練空域、訓練海域など）のリストに、「横田空域」の名前はありません。米軍に提供されている訓練空域は、図6・7にあるように二九ヵ所で、本州・四国・九州の近海と沖縄近海の上空、本州と沖縄の一部の陸上の上空に設置されています。

そこで、「横田空域」が設置されている根拠そのものに疑問を覚えた私は、「横田空域」の法的根拠は正確には何なのかを知るため、情報公開法にもとづいて国土交通省に対し、「米軍の『横田空域』が設置され、提供され、米軍がその管制業務など空域を管理していることの法的根拠、法律上の根拠などを記している文書など関連文書のすべて」を開示請求してみることにしました。国土交通省に対して開示請求をしたのは、そこが日本の航空交通管制を管轄している政府機関だからです。

開示請求をしてから二ヵ月、113ページにあるような国土交通大臣名義で朱色の大臣印も押された、「行政文書不開示決定通知書」というA4サイズ二枚の書類が届きました。不開示になったのは、情報公開法第五条第三号の規定により非公開にできる「国の安全・外交に関する情報」に該当するとされたからです。不開示理由の説明として、こう書かれていました。

「請求文書については、日米双方の合意がない限り公表されないことが日米両政府間で合意されており、これを公にすることは、米国との信頼関係が損なわれるおそれがあるため」

思わず目を疑いました。なんと驚くべきことに、日本政府はこれだけ問題になっている「横田空域」という、事実上、日本の空の主権が奪われたままの異常な状態を生み出している、その法的根拠を公開できない、明らかにできないというのです。

日本は法治国家のはずです。各種辞典・事典

図６　米軍に提供されている訓練空域。（『在日米軍基地の収支決算』前田哲男著　ちくま新書をもとに作成）

によると、法治国家とは、

「主権者である国民によって選ばれた代表者たる国会議員が審議する場である国会で制定された法律にもとづいて、国の政治、行政がおこなわれる国家。憲法を頂点とする法体系が統治する国家」

です。したがって、日本政府が「横田空域」の設置と米軍による航空管制を認めているのなら、その法的根拠は当然公開されなければなりません。それを秘密にするなど決して許されないことです。

ところが日本政府は、「米国との信頼関係が損なわれるおそれがある」という理由づけをして秘

訓練空域の一覧図（沖縄周辺）

①キャンプ・ハンセン
②伊江島補助飛行場
③鳥島射爆撃場
④出砂島射爆撃場
⑤久米島射爆撃場
⑥黄尾嶼射爆撃場
⑦赤尾嶼射爆撃場
⑧沖大東島射爆撃場
⑨ホテル・ホテル訓練区域
⑩インディア・インディア訓練区域
⑪マイク・マイク訓練区域
⑫アルファ区域
⑬ゴルフ・ゴルフ区域
⑭沖縄北部訓練区域
⑮沖縄南部訓練区域
⑯北部訓練場
⑰キャンプシュワブ
⑱キャンプマクトリアス
⑲キャンプコートニー
⑳ホワイトビーチ地区

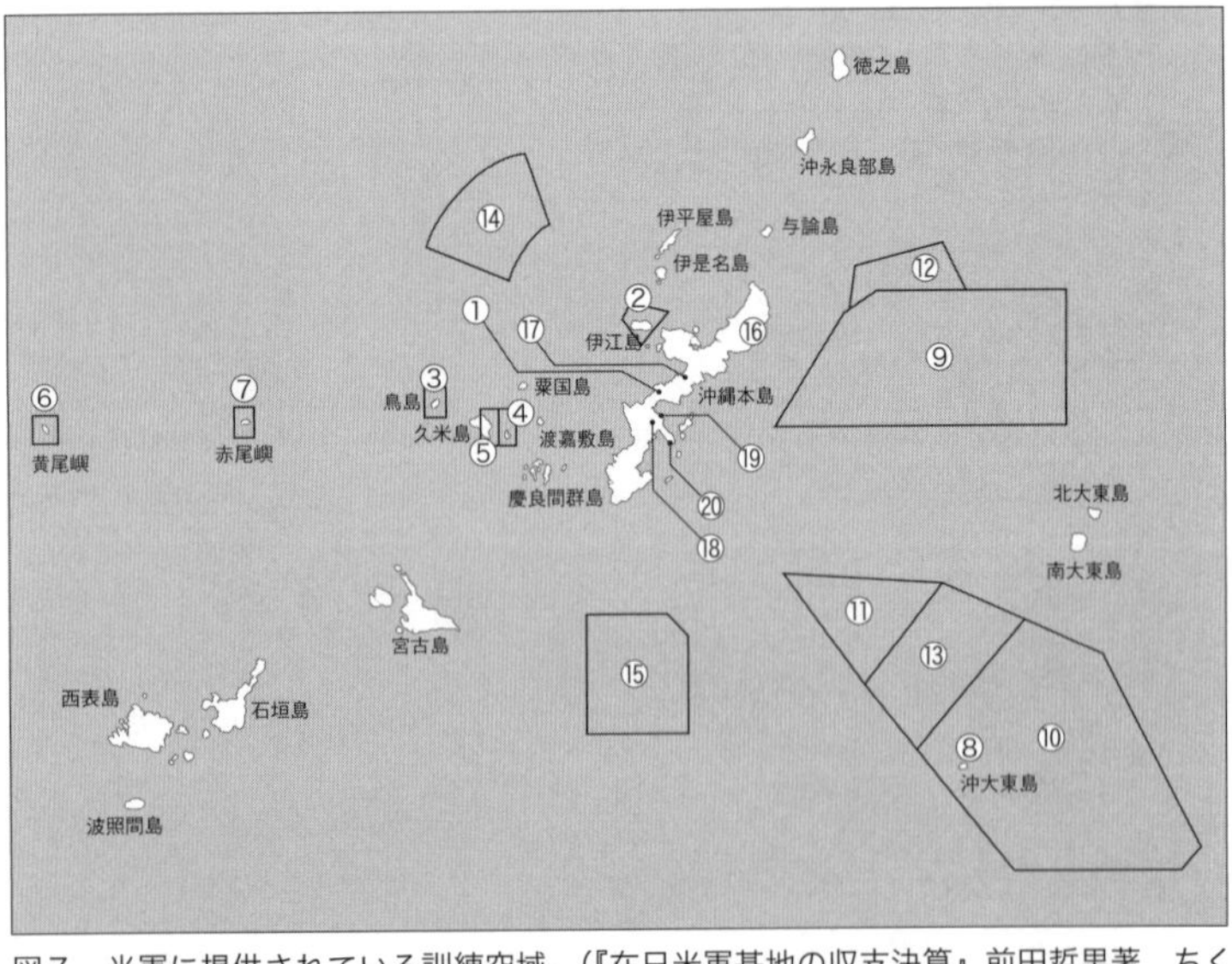

図７　米軍に提供されている訓練空域。（『在日米軍基地の収支決算』前田哲男著　ちくま新書　『沖縄の米軍基地』沖縄県知事公室基地対策課編をもとに作成）

国広情第２２３号
平成２７年１０月３０日

行政文書不開示決定通知書

吉田　敏浩　　様

国土交通大臣　石井　啓一

平成２７年８月２８日付けで請求され、同年９月１日付けで受け付けた行政文書の開示請求１０件について、行政機関の保有する情報の公開に関する法律第９条第２項の規定に基づき、下記のとおり、開示しないことと決定しましたので通知します。

記

1　不開示決定した行政文書の名称

請求文書名：
①米軍の「横田空域」が設置され、提供され、米軍がその管制業務など空域を管理していることの法的根拠、法律上の根拠などを記している文書など関連文書のすべて
②米軍の「横田空域」の設置、提供と米軍によるその管制業務など空域の管理をめぐって日本側と米国側で合意をした、取り決めをした文書など関連文書のすべて
③米軍の「岩国空域」が設置され、提供され、米軍がその管制業務など空域を管理していることの法的根拠、法律上の根拠などを記している文書など関連文書のすべて
④米軍の「岩国空域」の設置、提供と米軍によるその管制業務など空域の管理をめぐって日本側と米国側で合意をした、取り決めをした文書など関連文書のすべて
⑤２０１０年に米軍の「嘉手納ラプコン」が日本側に移管された際、「嘉手納ラプコン」の進入管制業務の移管に関し、２０１０年３月１８日に日米合同委員会で承認された合意文書「CIVIL AERONAUTICS SUBCOMMITTEE MEMORANDUM FOR:TheJoint Committee SUBJECT: Amendment to the Okinawa Air Traffic Control Agreement dated 15 May 1972」の英文テキスト（Annex や TAB も含めた）全文とその日本語訳文
⑥２０１０年に日本側に米軍の「嘉手納ラプコン」が移管されるまで、その移管交渉において、日米合同委員会民間航空分科委員会及び特別作業部会で、米国側が示し説明した、沖縄進入管制業務の移管に係る「運用所要」と関連文書のすべて
⑦２０１４年１１月１９日～２１日に中国の北京で開かれた「Civil/Military Lecture/Seminar」で国土交通省が発表した英文資料、" Airspace management of ATMC in JCAB" とその日本語訳文、同じような内容を日本語で説明している文書など関連文書のすべて

国土交通省から届いた「行政文書不開示決定通知書」。

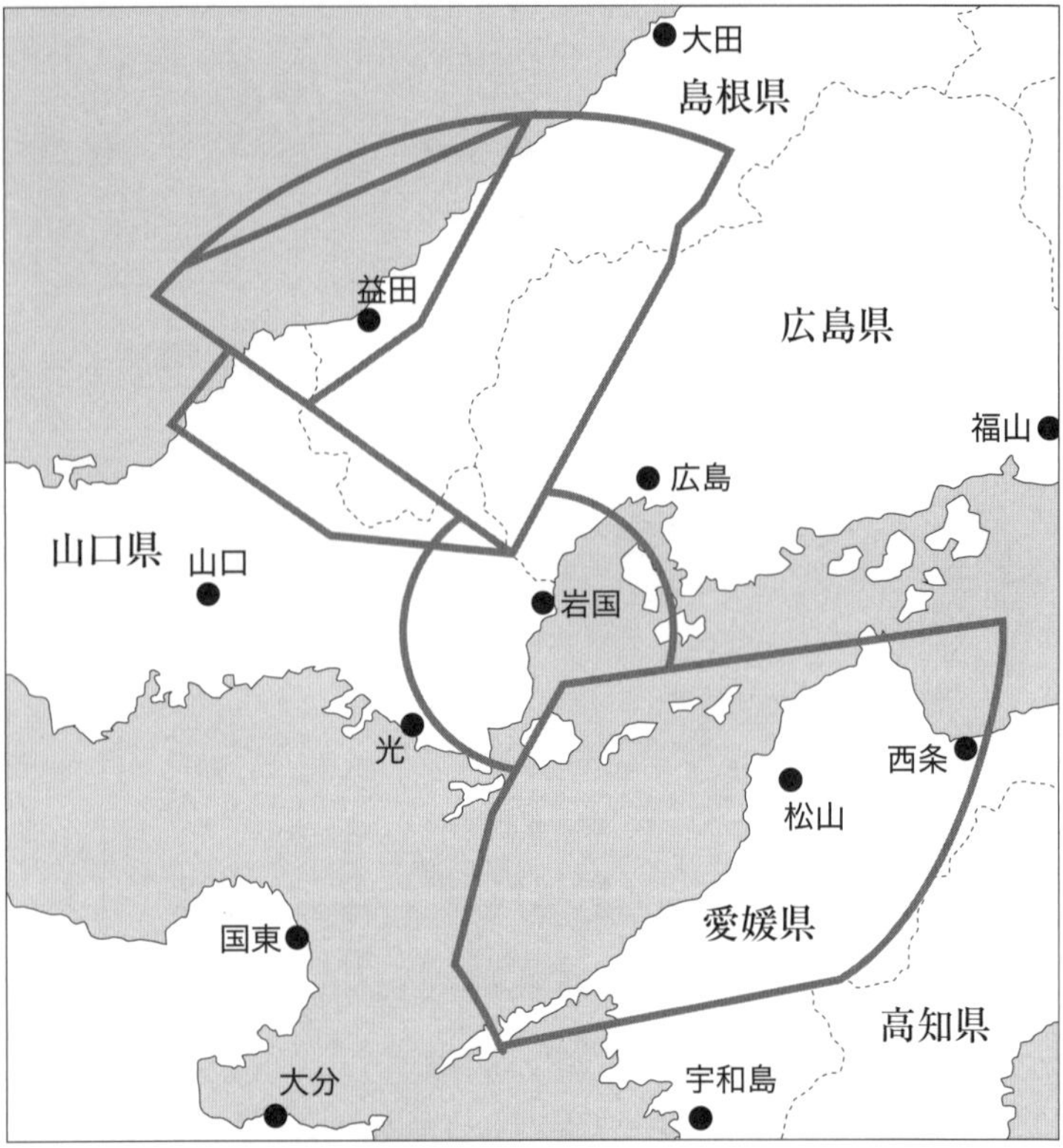

図8　「岩国空域」の略図。（国土交通省航空局の「電子航空路誌」をもとに作成）

密にし、国民・市民の目にふれないようにしているのです。これでは、主権者である国民・市民に対する説明責任を放棄しているとしか言えません。

文書そのものは秘密にしておいて、そこに法的根拠が書かれていると、政府がいくら主張しても、その内容を第三者が検証できないように秘密にした時点で、法的根拠になるという主張自体が成り立たないのは当然の話です。

さらに、「横田空域」だけではありません。日本にはもうひとつ、米軍が航空管制をして独占している「岩国空域」があります。正式には「岩国進入管制空域」（イワクニ・レーダー・アプローチ・コントロール・エリア）といい、山口県東部にある米軍岩国基地を中心にして、図8のように、山口、愛媛、広島、島根の四県にまたがる広い地域の上空を、円形と扇形を組み合わせたかたちで、基地から日本海側で最長約一〇〇キロ、瀬戸内海側で最長約九〇キロの範囲で、地表からの高度約四五〇〇メートル〜約七〇〇〇メートルの階段上に立体的におおっています。

そのため、松山空港での民間機の離着陸に米軍岩国基地の管制官の指示が必要とされ、大分空港に着陸のため進入する民間機が困難な飛行を強いられる高度制限を受けるなど、民間機の運航に影響が出ています。ここでも事実上、日本の航空管制権、空の主権が奪われているのです。

この「岩国空域」の法的根拠についても、私は「横田空域」の場合と同じように国土交通省に情報公開法にもとづき文書開示請求をしましたが、まったく同じ理由で不開示とされたのでした。

■日米合同委員会と密室での合意

それにしても、「横田空域」と「岩国空域」の法的根拠を記した公文書を、国土交通省すなわち日本政府が公開できない、あるいは公開したくない、つまり秘密にしておきたい理由、それはいったい何なのでしょうか。

「行政文書不開示決定通知書」には、「日米双方の合意がない限り公表されないことが日米両政府間で合意されており」と書かれています。いったいそんな合意を、いつ、どこで、誰が担当責任者となって合意したのでしょうか。そして、なぜ、何のために合意したのでしょう。これまで私たち国民・市民は、そんな合意があったとは聞かされていません。

また、「公にすることは、米国との信頼関係が損なわれるおそれがある」とも書かれていますが、公開したらどうして日本とアメリカの信頼関係が損なわれるのでしょう。

そこで私は、「日米双方の合意がない限り公表されないことが日米両政府間で合意されており」という、その「日米両政府間の合意」そのものが記された文書の開示請求をしてみました。

すると国土交通省は、これも「日米双方の合意がない限り公表されないことが日米両政府間で合意されており、これを公にすることは、米国との信頼関係が損なわれるおそれがある」という理由で不開示としたのです。

これまたPART1で述べたように、外務省の不開示理由とまったく同じです。「日米双方の合意がない限り公表されない」と合意したという、その根拠となる公文書をも秘密にするというのです。何もかも闇の中に封印してしまおうというのでしょうか。

米軍によって事実上、日本の空の主権が排除されている「横田空域」と「岩国空域」の問題の根幹に関わる公文書を、このように情報隠蔽し、秘密のままにしておくことが許されるものでしょうか。この問題はぜひとも追及してみなければなりません。

そこで、まず手がかりになるものとして、日米地位協定にもとづく日米合同委員会の「航空交通管制に関する合意」について見ていくことにします。これは日本領空での米軍の行動に関わる航空交通管制の原則、調整の手続きなどについて、一九七五年（昭和五〇年）五月に合意された日米両政府間の取り決めです。

■米軍の航空管制と日米合同委員会の合意

日米合同委員会の「航空交通管制に関する合意」を、具体的に協議をして決めたのは民間航空分科委員会で、それを合同委員会本会議が承認しました。この分科委員会の日本側代表は国土交通省航空局の管制保安部長で、日本の航空交通管制を統括する立場にある官僚です。アメリカ側は在日米軍司令部第3部（作戦計画）部長です（⇩25ページ）。

私は情報公開法にもとづいて国土交通省に対し、右ページで述べた現行の「航空交通管制に関する合意」の全文を開示請求してみました。しかし、「横田空域」や「岩国空域」に関する開示請求のときと、まったく同じ理由で不開示とされました。日米合同委員会の秘密主義はここでも徹底しています。

ただ、その合意の要旨だけは明らかにされており、以前から外務省ホームページの「日米地位協定各条及び環境補足協定に関する日米合同委員会合意」にも載っていて、次のように書かれています。要するに、米軍に対して基地とその周辺の空域における航空管制を認める内容です。

「航空交通管制（改正）　昭和五〇年六月　外務省

昭和五〇年五月の日米合同委員会において次のように合意された。

1．日本政府は、米国政府が地位協定に基づきその使用を認められている飛行場およびその

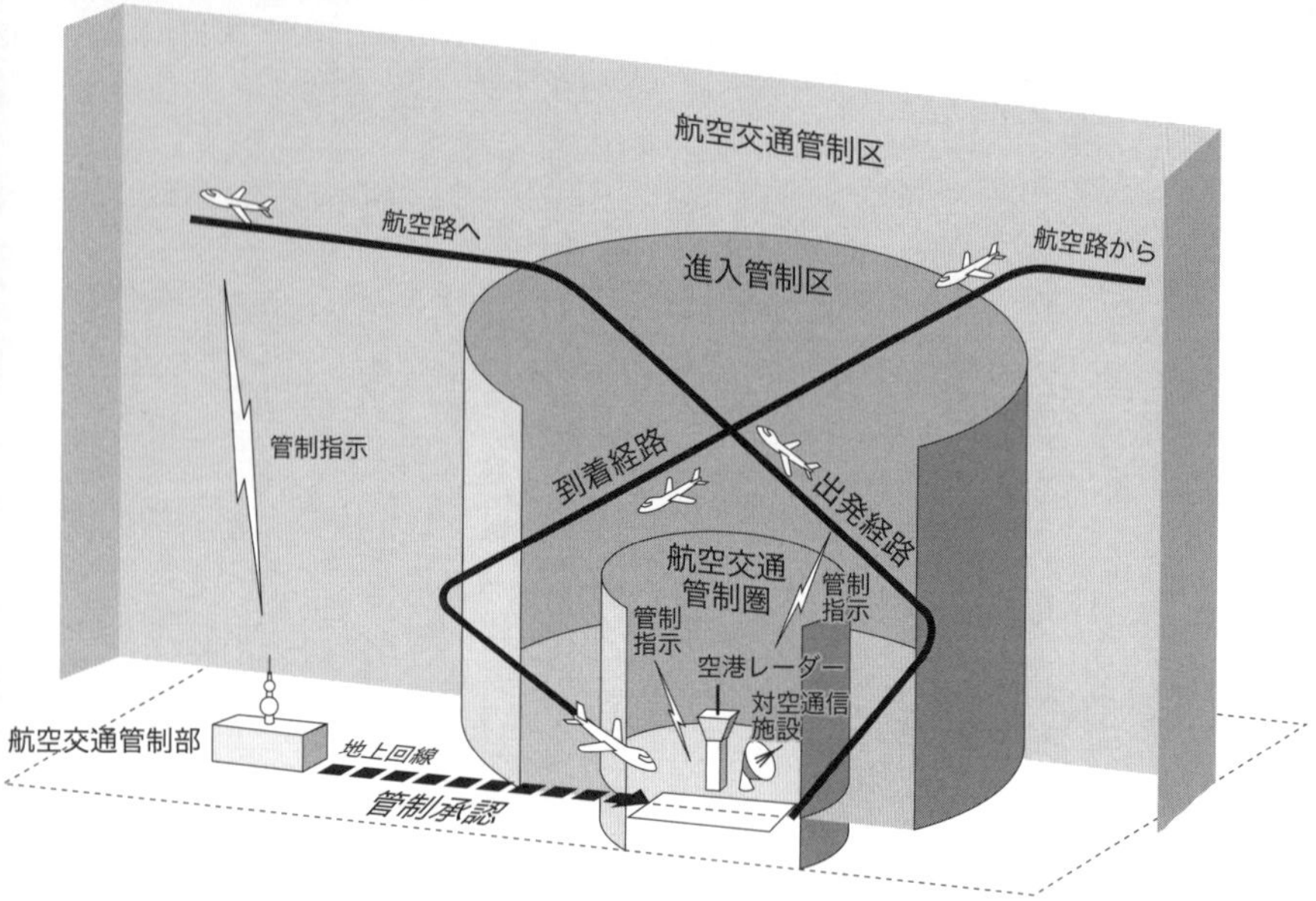

図９　管制区などの概念図。（国土交通省ホームページ掲載資料をもとに作成）

周辺において引続き管制業務を行うことを認める。

２．米国政府の行う右管制業務の方式および最低安全基準は少なくともＩＣＡＯ〔国際民間航空機関〕基準と同等なものとする。

３．米国政府は、右管制業務が必要でなくなった場合には、日本政府に対して事前通報を行った上で、これを廃止する。

４．日本政府は、米国政府の要請に応じ、防空任務に従事する航空機に対しては、航空交通管制上の便宜を図る。

５．米国政府は、軍用機の行動のため空域の一時的留保を必要とする時は、日本側が所要の〔＝必要な〕調整をなしうるよう、十分な時間的余裕をもって、その要請を日本側当局に対して行う。」

このなかで、「横田空域」と「岩国空域」にまず関係があると見られるのが、

「１．日本政府は、米国政府が地位協定に基づき

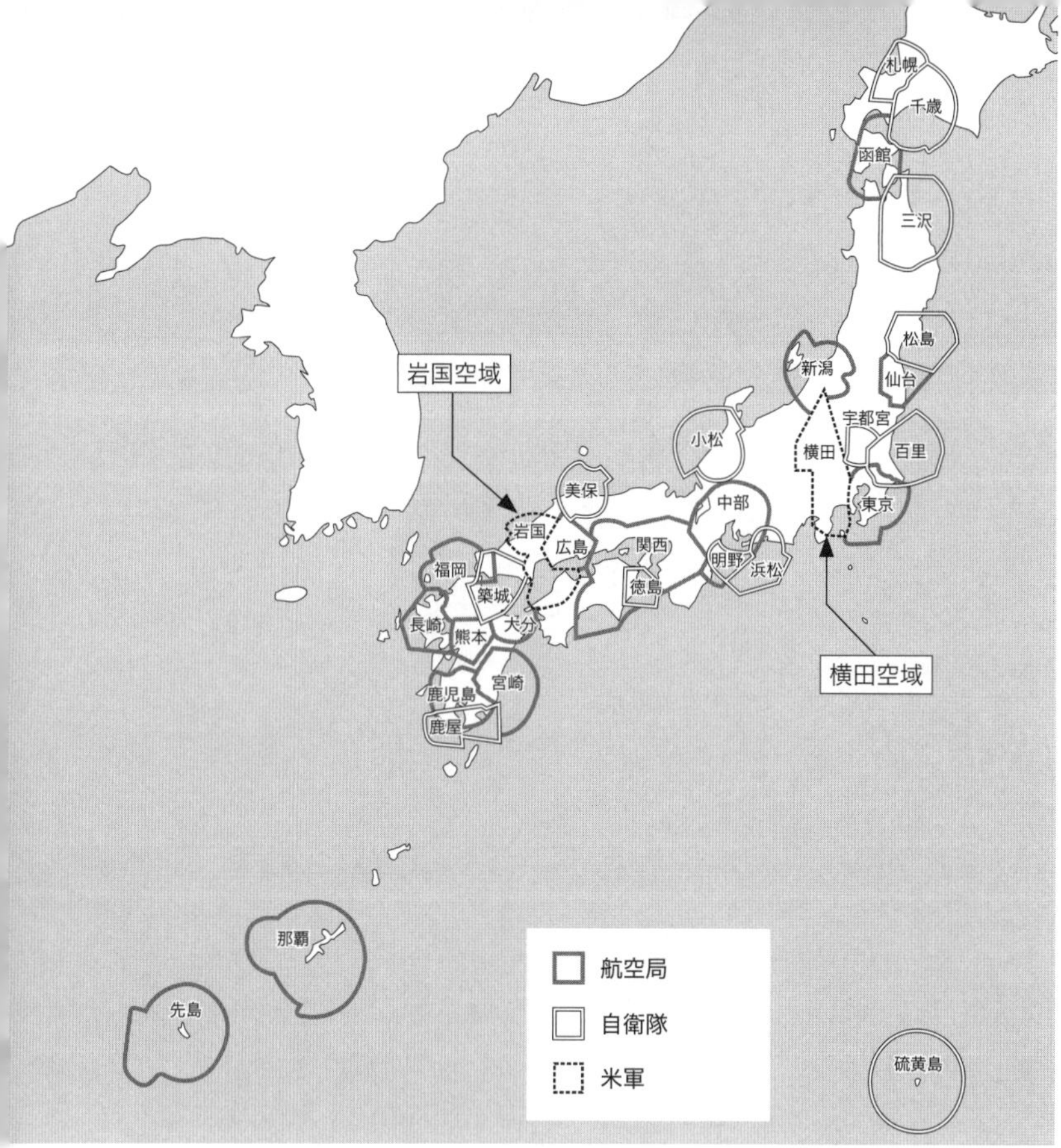

図10　日本における「進入管制区」。（国土交通省ホームページ掲載資料をもとに作成）

その使用を認められている飛行場およびその周辺において引続き管制業務を行うことを認める」です。

ここに書かれている「飛行場」とは、地位協定にもとづいて米軍に提供されている、三沢（青森）、横田（東京）、厚木（神奈川）、岩国（山口）、嘉手納（沖縄）、普天間（沖縄）など各基地の飛行場を指します。そして、それらの飛行場とその周辺において米軍が航空管制をおこなうことに合意したというわけです。

日本では、航空管制は国土交通省航空局が管轄し、同省の航空管制官と、部分的に航

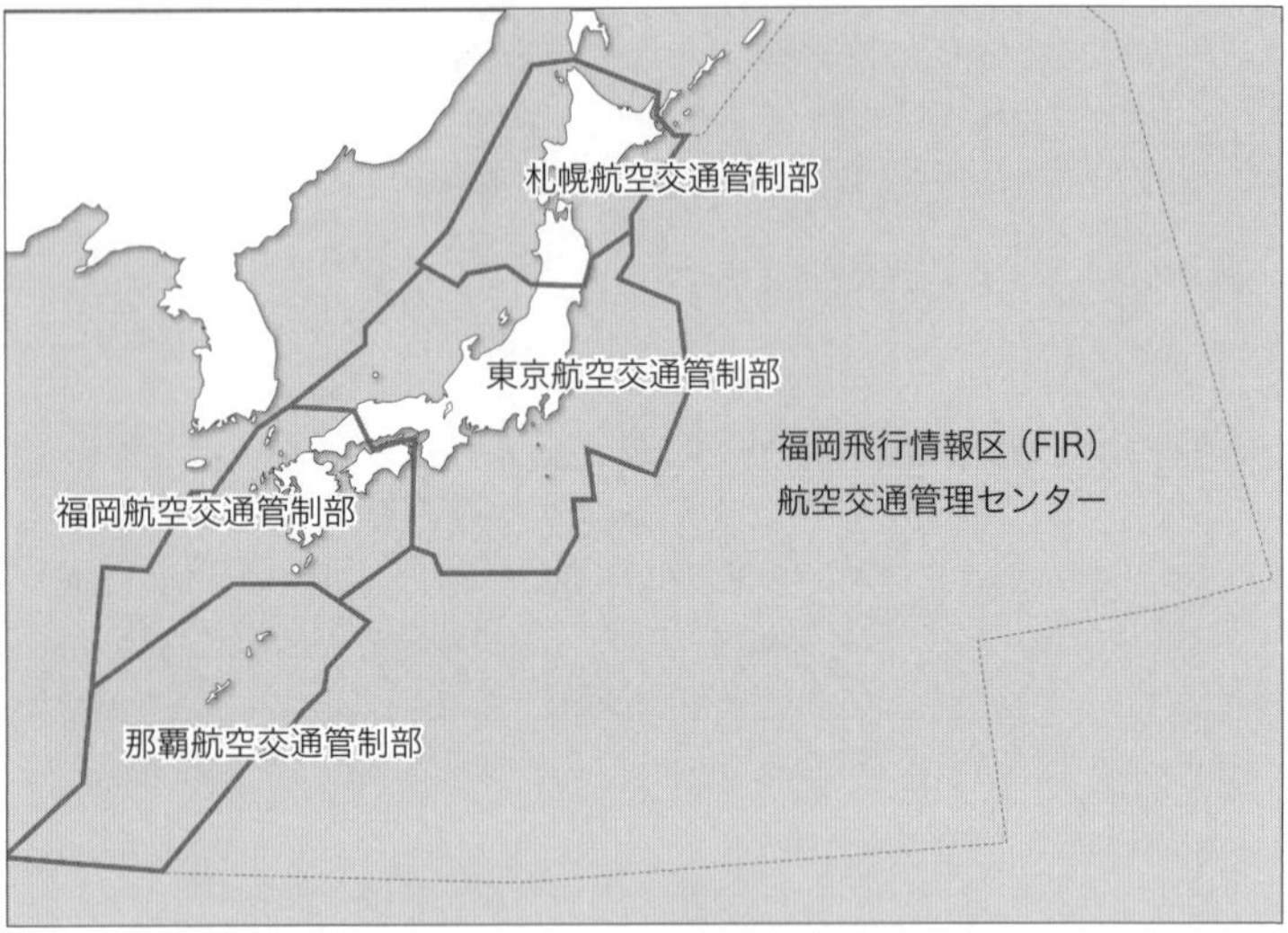

図11　日本とその周辺の飛行情報区と管制部管轄空域の略図。（国土交通省ホームページ掲載資料をもとに作成）

空管制を委任された自衛隊の航空管制官が業務にあたっています。米軍による航空管制は特例扱いという位置づけになります。

飛行場での航空管制は「飛行場管制業務」といい、管制塔から基本的に目視で確認できる範囲内の航空機に無線通信などで指示をして管理します。具体的には離着陸の許可、誘導路や滑走路での地上走行の許可などです。その管制業務が担当する範囲を「航空交通管制圏」と呼びます。

「その周辺」つまり飛行場の周辺における航空管制は、「進入管制業務」（アプローチ・コントロール）といい、飛行場に設置されたレーダーと無線通信などを用い、図9にあるように、離陸した航空機が適切な航空路に合流するまでの誘導・監視、着陸機に対する着陸コースへの進入順番の指示などをおこないます。

「横田空域」と「岩国空域」の正式名称には、

「進入管制」という言葉が含まれていることは前に述べました。つまり、「進入管制業務」を米軍がおこなっている空域だということです。

国土交通省の資料によると、「進入管制業務」をおこなう空域のことを、「進入管制区」と呼び、「飛行場からの離陸に続く上昇飛行、着陸のための降下飛行がおこなわれる一定の空域」と定義されています。日本には、図10のとおり三一ヵ所の「進入管制区」が設置されています。国土交通省航空局によるものが一五ヵ所、自衛隊によるものが一四ヵ所、米軍によるものが二ヵ所です。

航空機が航空路に合流してから飛行を続け、目的地の飛行場への着陸コースに進入するまでの航空管制は、「航空路管制業務」といいます。航空路監視レーダーを使って、各航空機の位置を把握し、パイロットに無線通信などで的確な飛行ルート、高度などを指示します。図11にあるように、札幌・東京・福岡・那覇と四つの航空交通管制部が置かれ、それぞれ担当する航空路管制の空域(「航空交通管制区」)が設定されています。この業務はすべて国土交通省の航空管制官がおこないます。

■外務省機密文書『日米地位協定の考え方』

日米合同委員会の「航空交通管制に関する合意」要旨の「1」(⇩117ページ)を読み解いていくと、それが「横田」と「岩国」の両空域で米軍が航空管制をおこなっている根拠のようにも見えてきます。

しかし、それは決して法的根拠ではありません。もしもそうであるのなら、筆者の情報公開法にもとづく文書開示請求に対して、この合意の要旨を開示すればよかっただけのことです。それはすでに外務省ホームページで公開されているのですから、何もわざわざ「公にすることは、米国との信頼関係が損なわれるおそれがある」といった理由で不開示にする必要はないはずです。

この「航空交通管制に関する合意」が法的根拠とはいえないことは、実は外務省の機密文書『日米地位協定の考え方』にちゃんと書かれているのです。ただし、外務省でも日米安保条約・地位協定の問題に関与するごく限られた者しか読めない、「秘　無期限」の機密文書ですから、二〇〇〇年代に入るまで外部の目にふれることはありませんでした。

『日米地位協定の考え方』は、PART１で述べた日本政府省庁と最高裁判所の秘密資料リスト（⇩55ページ）の⑨⑩です。地位協定の具体的な運用のために、協定の条文や関係法令や日米合同委員会の合意などの解釈、政府見解、国会答弁、運用上の問題点などを解説した非公開の内部資料です。外務官僚たちが国会答弁の作成や政治家への説明などに用いる、いわば裏マニュアルです。沖縄返還の翌年の一九七三年四月、外務省条約局条約課とアメリカ局（現北米局）安全保障課によって作成され、八三年一二月には増補版も作成されました。

長らくその存在が指摘され、情報公開の開示請求もされてきましたが、外務省は文書の存在そのものを否定しつづけてきました（『検証［地位協定］日米不平等の源流』琉球新報社・地位協定取材班著　高文研　二〇〇四年）。

しかし、琉球新報社が独自に入手して、二〇〇四年にスクープ報道をしたことで、その驚くべき内容が知られました。米軍のフリーハンドの特権、事実上の治外法権（米軍機の低空飛行や騒音の容認、米軍機墜落現場を封鎖する米軍による主権侵害の正当化、基地の環境汚染の隠蔽、米軍が負担すべき施設整備費用の日本側負担など）を認めるために、外務省が地位協定をアメリカ側に有利に拡大解釈したり、歪曲して解釈している実態が明らかになりました。

「戦後再発見双書」シリーズ②の『本当は憲法より大切な「日米地位協定入門」』で、編著者の前泊博盛氏が『琉球新報』でスクープ報道をした経緯と『日米地位協定の考え方』の解説をしているので、ぜひお読みください。

さて、外務省の機密文書『日米地位協定の考え方』には、米軍による航空管制の問題はどのように書かれているでしょうか。まず、次の文章をお読みください。日本の国内法上、米軍が航空管制をできる根拠規定そのものがないという事実がわかり、きっと驚かれることでしょう。

「米軍は、昭和三四年六月まで我が国における航空交通管制（航空路管制）を一元的に実施し、また、施設・区域たる飛行場〔米軍基地の飛行場〕及びその周辺における飛行場管制、進入管制は、現在も原則として米軍が実施している（沖縄も同様）。このような管制業務を米軍に行わせている我が国内法上の根拠が問題となるが、この点は、協定第六条1項第一文及び第二文（行政協定時代もほぼ同文）を受けた**合同委員会の合意のみしかなく、航空法上積極的な根拠規定はない**」（『外務省機密文書　日米地位協定の考え方　増補版』琉球新報社編　高文研　二〇〇四年）。

■米軍による航空管制に法的根拠はない

ここでまず注目すべきは、外務省は米軍による航空管制に関して「国内法上の根拠が問題となる」と認めたうえで、**「航空法上積極的な根拠規定はない」と言い切っている点です。**まさに衝撃の事実といえます。

航空法（一九五二年制定）は航空機の安全運航など、日本における航空行政全般（機体の規格・検査、航空路、飛行場、航空保安施設、航空管制、航空運送事業など）に関わる法律です。同法第九六条により、日本領空の航空管制は国土交通省の航空管制官が一元的におこなうことになっています。ただ、同法第一三七条により、一部の管制業務を自衛隊に委任することができるとされており、それによって自衛隊は自衛隊基地周辺の航空管制をおこなっています。しかし、米軍に委任できるという規定はありません。

つまり、この航空法にもとづく法的根拠がなければ、日本において飛行場の設置もできなければ、飛行機を飛ばしてもいけないし、もちろん航空管制業務もおこなってはいけないわけです。

なお航空法に関連していえば、航空機の安全な運行についての規制（最低安全高度の遵守や、飛行禁止区域の遵守、夜間飛行の際の灯火義務など）を、米軍機に対しては特別に免除する「航空法特例法」（正式名称は「地位協定の実施に伴う航空法特例法」）が日米安保条約発効の年である一九五二年に制定されています。しかし同特例法に、米軍が航空管制をおこなえるという規定はありません。

つまり、航空法にも、航空法特例法にも、航空管制を米軍がおこなえるという条文は一切ないということです。「日米地位協定の考え方」には、さらにこの法的根拠の問題について念押しするような指摘も書かれています。

「米軍による管制は、厳密な航空法の解釈としては、航空法上の意味がないので、我が国民は、これに従う法的義務はないものと考えられる（したがって、航空法第一五〇条11項の管制指示違反に対する罰則の適用はない）」（前掲書）

お読みになって、あきれた方もいるのではないでしょうか。米軍による航空管制は「航空法上の意味がない」ので、日本国民は米軍による航空管制に「従う法的義務はない」というのです。法的義務がないのは、法的根拠がないからです。

だから、米軍の管制指示に民間機のパイロットが従わずに、たとえば「横田空域」内を飛んだとしても、航空法第一五〇条に定められた「管制指示違反」を犯したことにはならず、むろん罰則も適用されません。**要するに、米軍による航空管制に国内法上の根拠は皆無というわけです。**

ただ、実態としては、「横田空域」などで米軍の管制指示に従わないと、米軍機との衝突などの危険があるため、民間機のパイロットは仕方なく従わざるをえないようになっているのです。

■地位協定にもとづく日米間の合意

このように、国内法上の根拠がなく、国民が従う法的義務も法的根拠もないのに、米軍は「横田空域」などで航空管制をずっと続けています。どう考えてもおかしなことです。奇怪きわまる事態といえます。これは米軍による違法行為ではないのでしょうか。いったい外務省すなわち日本政府は、こうした事態をどう説明しようというのでしょう。

外務官僚の裏マニュアル『日米地位協定の考え方』を、さらに注意深く読んでみることにします。すると、日米合同委員会の「航空交通管制に関する合意」が、この問題に関係してくることがわかります。

『日米地位協定の考え方』は米軍による航空管制について、「航空法上積極的な根拠規定」はないとしたうえで、次のような理屈を持ち出してきます。

「この点は、協定第六条1項第一文及び第二文（行政協定時代もほぼ同文）を受けた合同委員会の合意のみしかなく」（前掲書）

協定とは日米地位協定を指し、その「合同委員会の合意」というのが前述の「航空交通管制に関する合意」のことなのです。ここで「協定第六条1項第一文及び第二文」とあるのは、日米地位協定第六条（航空・通信体系の協調）1項を指し、その「第一文及び第二文」は次のとおりです。要は日米安保という軍事同盟のために必要な措置をとるのだということです。

「すべての非軍用及び軍用の航空交通管理及び通信の体系は、緊密に協調して発達を図るものとし、かつ、集団安全保障の利益を達成するため必要な程度に整合するものとする。**この協調及び整合を図るため必要な手続及びそれに対するその後の変更は、両政府の当局間の取極《とりきめ》によって定める**」

この「集団安全保障」とは日米安保を指し、その利益の達成のためには、民間用と軍事用の航空交通管制と通信のシステムを、日米間で協調・整合させる必要があるというわけです。そして、そのために「両政府の当局間」で取り決めをするというのです。つまり、米軍の軍事活動のために民間の航空・通信体系を協調という名のもとに従わせるということで、軍事優先がその本質なのです。

その「両政府の当局間」の具体的な「取極」（取り決め）が、日米合同委員会の「航空交通管制に関する合意」です。外務省ホームページに載っている「航空交通管制に関する合意」要旨の「1」をもう一度読んでみましょう。

「日本政府は、米国政府が地位協定に基づきその使用を認められている飛行場およびその周辺において引続き管制業務を行うことを認める」

こうしてみると、一見、米軍による航空管制を日本政府が認めているので、地位協定と日米合同委員会の合意が法的根拠であるかのように思えてきます。しかし、『日米地位協定の考え方』には次のような説明があり、それを読むと、やはりその解釈ではおかしいということがわかるのです。

■占領の延長線上の米軍による航空管制

「米軍による右の管制業務は、航空法第九六条の管制権を航空法により委任されて行っているものではなく、合同委員会の合意の本文英語ではデレゲート〔委任する〕という用語を使用しているが、これは『管制業務を協定第六条の趣旨により**事実上の問題として委任した**』という程度の意味（政府の従来の説明、注71）であって、例えば防衛庁長官が同法第一三七条3項により運輸大臣から委任されて行う航空法上の管制とは異なる」（前掲書）

「事実上の問題として委任した」

これが問題の本質に迫るキーワードです。

つまり、米軍による航空管制業務は、航空法にもとづいて日本政府が委任したのでも何でもなく、前記の日米地位協定第六条（⇩127ページ）**の趣旨によって、米軍に事実上、委任しているのだというのです。**

しかも、国際条約である日米安保条約の付属協定として位置づけられる、地位協定第六条に明記された規定によるものではなく、あくまでも**その「趣旨」によって米軍に「事実上」委任しているというあいまいな性格のものなのです。**

「(政府の従来の説明　注71)」とあるのは、過去の日本政府の国会答弁を指しており、その一例として、一九六八年一二月一三日の岩間正男参院議員(共産党・当時)の質問主意書に対する、佐藤栄作内閣(当時)の政府答弁書(六九年一月一六日)があげられています。

「米軍は、米軍に提供された飛行場の周辺において進入管制業務を行っているが、この空域は、日本政府が提供した施設・区域ではなく、地位協定第六条1項に基づく『航空交通管制に関する合意』によって**米軍が進入管制業務を事実行為として行うことを日米間で認めている区域にすぎない。**したがって、このような空域についても必要があるときには、いつでも我が国は進入管制業務を行いうるものである」(前掲書)

「事実上の問題として委任した」
「事実行為として行うことを日米間で認めている区域にすぎない」

要するに、法的根拠はないが、米軍がこれまで事実上やってきたことだから、既成事実として認めているということなのでしょう。

米軍は、一九四五年(昭和二〇年)八月の日本敗戦の結果、日本全土を占領して基地を設け、占領時代、米軍機は自由に日本の空を飛び回り、航空管制も米軍が全面的におこなっていました。

『航空管制五十年史』（航空管制五十年史編纂委員会編　航空交通管制協会　二〇〇三年）によると、日本各地の飛行場を占領して基地とした米軍は、航空管制を担う通信業務隊（ＡＡＣＳ）を各基地に置き、航空管制業務を始めました。

一九四七年一〇月頃には、米第5空軍の一大隊がジョンソン基地（埼玉県入間市。現航空自衛隊入間基地）に東日本管制センターを、板付基地（福岡県福岡市。現福岡空港）に西日本管制センターを設置し、日本周辺上空の広範囲にわたる航空管制も開始しました。以下、同書にもとづいて、一九五八年二月までの経過を整理してみましょう。

■戦後日本での航空管制の歩み

一九五二年四月二八日の対日講和条約（サンフランシスコ講和条約）・日米安保条約・行政協定発効後も、米軍による航空管制は続きました。日本側にはまだ航空管制の能力がなく、実施態勢も整っていなかったからです。民間機の運航も含めて航空管制の権限は全面的に米軍が握っていました。

日米合同委員会の民間航空分科委員会での実務的協議をへて合意し、一九五二年六月二五日の合同委員会本会議で承認された、最初の「航空交通管制に関する合意」（「五二年合意」）では、日本側が航空管制業務を安全に実施できると日米両国によって認められるまでの間は、日本国内の航空管制業務は在日米軍に委任して運用されると決められました。

そしてその合意にもとづき、米軍による日本人航空管制官（運輸省航空局職員）の訓練も、ジョンソン基地や板付基地など各地の基地で実施されることになり、その後、日本人航空管制官が養成されるにつれ、一九五五年から段階的にいくつかの地方空港において「飛行場管制業務」が日本側に移管されるようになりました。

「横田空域」に関連しては、現在の空域よりももっと東側に広く張り出して関東全域をおおっていた旧空域の「進入管制業務」は、従来、ジョンソン基地に置かれた「米軍東京レーダー」という航空管制のセクションが担っていました。しかし、「米軍東京レーダー」は一九五六年に横田基地へ移転し、「横田ラプコン」と改称されました。

一九五七年四月、日米合同委員会の民間航空分科委員会の第二〇回会合で、五九年七月一日を目標日として、米軍基地とその周辺空域を除いた、「飛行場管制業務」、「進入管制業務」、「航空路管制業務」を日本側に移管することが合意されました。

一九五八年二月には、関東全域をおおっていた旧「横田空域」の東半分にあたる、羽田空港などを含む空域の「進入管制業務」が、運輸省（現国土交通省）の航空管制部局「東京センター」（ジョンソン基地内にあった）に移管されました。

一九五八年一二月一五日、米軍横田基地で「進入管制業務」を担う部署「アプローチ・コントロール」と東京航空交通管制部（旧「東京センター」）の間で、「横田空域」の「提供」や「進入管制業務」の手順に関する合意が交わされました（『日米軍事同盟史研究』小泉親司著　新日本出版社　二〇〇二年）。

一九五九年七月には、同年六月の日米合同委員会の「航空交通管制に関する合意」(旧)にもとづき、米軍基地の「飛行場管制業務」とその周辺の「進入管制業務」を除いて、全国の航空管制業務が日本側に移管されました。

■米軍の既成事実としての特権を認める

本来なら、この一九五九年七月に航空管制業務は日本側に全面的に移管されるべきだったところを、「横田空域」のような米軍が「進入管制業務」を継続できる措置を、日米地位協定第六条の趣旨によって認めたわけです。

つまり、**日本政府は占領時代からの米軍による既成事実としての特権を承認したのです。だから「事実上の問題として委任した」という表現になる**のです。

その既成事実承認の手続きが、一九五九年五月の日米合同委員会の民間航空分科委員会の第二九回会合で合意され、同年六月の日米合同委員会本会議で承認された「航空交通管制に関する合意」(「五九年合意」)です。外務省がホームページで公表している、その要旨「1」にはこう記されています。米軍基地とその周辺の空域の航空管制を特別扱いして、米軍にまかせるという内容です。

「**米軍に提供している飛行場周辺の飛行場管制業務、進入管制業務を除き**、すべて、日本側において運営する」

この「五九年合意」が一九七五年五月の日米合同委員会において改正され、現行の「航空交通管制に関する合意」(「七五年合意」)になりました。ただ、米軍による「飛行場管制業務」と「進入管制業務」は、表現を改めただけで継続され、米軍の既成事実としての特権が再認されることになりました。同じく、外務省がホームページで公表している、その要旨「1」は次のとおりです。

「**日本政府は、米国政府が**地位協定に基づきその使用を認められている飛行場およびその周辺において**引続き管制業務を行うことを認める**」

このように外務省機密文書『日米地位協定の考え方』を参照しながら、米軍による航空管制の問題を検証してみると、米軍が占領時代からの既成事実の上にあぐらをかいて、日本の国内法上根拠がなく、地位協定にも法的根拠が明記されていない航空管制を続け、日本政府がそれに追随している実態が浮かび上がってきます。

まさに占領の延長線上にある米軍の行為にお墨付きを与えているのです。それをいいことに米軍は、「飛行場およびその周辺」から遠くはみだした広大な空域、横田基地のある東京都から群馬県や新潟県や長野県にまで達する上空をおおった「横田空域」を我が物顔で管理しているのです。

■法律を超える日米合同委員会の合意

それにしても、「横田空域」のように日本の航空事情の一大障害となり、日本の空の主権を侵害している空域の設置と米軍による航空管制を、航空法という法律上の根拠もなく、地位協定にも法的根拠が明記されていないまま、日米合同委員会の合意のみによって認め、「事実上の問題として委任した」という解釈で済ませてしまってもいいのでしょうか。

いったいこの日米合同委員会の合意なるものは、それほどの効力を有していると考えられるものなのでしょうか。この点について、『日米地位協定の考え方』は、次のような驚くべき解釈を示しています。

「地位協定の通常の運用に関連する事項に関する**合同委員会の決定**（いわゆる『合同委員会の合意事項』）**は、いわば実施細則として、日米両政府を拘束するものと解される**」（『外務省機密文書　日米地位協定の考え方　増補版』）

「**合同委員会の決定は**（略）**いわば実施細則として、日米両政府を拘束するものと解される**」

なんとも異様な表現ではないでしょうか。

日米合同委員会の合意、この場合は「航空交通管制に関する合意」ですが、それが法的定義も不確かであいまいな「いわば実施細則」として、航空法というれっきとした法律を飛び越えて、「日米両政府を拘束する」と解釈され、その結果、米軍による航空管制が認められているというのです。

しかし、これはどう考えてもおかしな解釈です。安保条約や地位協定は全文が公開されています。国会で自民党政府の強行採決によってですが、一応、自然承認というかたちで承認もされました。

一方、「合同委員会の合意事項」は、基本的にその要旨が公開されるのみで、全文は公開されません。憲法で国権の最高機関と定められた国会にさえも、その全文は提出されないのです。

そして、その解釈は国会で審議されて認められたものではなく、あくまでも日米合同委員会に関わる官僚らが、そう解釈しているにすぎないものです。

国民の代表である国会議員に対しても秘密にされ、主権者である国民・市民の目からも隠されて、ごく一部の高級官僚たちが在日米軍高官らと密室で会合を繰り返して取り決めた「合同委員会の合意事項」。その正確な全容も公開されない「いわば実施細則」が、法律を超えて「日米両政府を拘束する」ほどの力を持っている。そんな異常なことがまかり通っていいものでしょうか。

『日米地位協定の考え方』には、

「合同委員会は、当然のことながら地位協定又は日本法令に抵触する合意を行うことはできない」

という説明も書かれています。しかし、たとえば「航空交通管制に関する合意」によって、航空法では認められていない米軍による航空管制を、「事実上の問題として委任」するかたちで認めることは、航空法という日本の法令に抵触するはずです。

日米地位協定第一六条でも、米軍人には「日本国の法令を尊重」する義務があると定めています。

航空法では米軍人による航空管制は認めていないのですから、「日本国の法令を尊重」する義務に従うなら、当然、航空管制の業務をしてはならないわけです。またPART1で述べたように、「刑事部会合意事項」第9項(a)は刑事特別法に明らかに抵触しています（⇩102ページ）。

そして、日米合同委員会の合意の全容が非公開で、闇におおわれているため、本当に「地位協定又は日本法令に抵触する合意」は結ばれていないのか、主権者である国民・市民やその代表である国会議員がチェックできないことも大きな問題です。

そのような黒い霧につつまれた「合同委員会の合意事項」のひとつである「航空交通管制に関する合意」は、「横田空域」や「岩国空域」での米軍による航空管制の法的根拠になるとはいえません。

■秘密合意に拘束される日本政府

しかし、『日米地位協定の考え方』からは、日本政府が日米合同委員会の合意事項（「いわば実施細則」）に法律を飛び越えて「日米両政府を拘束する」ほどの力を持たせるという拡大解釈をほどこして、「航空交通管制に関する合意」を米軍による航空管制の法的根拠に仕立てあげようとする実態がうかがえます。

もちろん日本政府（実際は日米合同委員会に参加する高級官僚たち）だけの判断でそうしたわけではないでしょう。米軍優位の不平等な日米地位協定の実態からして、合同委員会における米軍側の強い要求を受けての拡大解釈によって、「いわば実施細則」によって日本政府が拘束されているというのが実情だと思われます。

そこで、もう一度確認しておきたいのですが、『日米地位協定の考え方』から推測できるように、日本政府が「航空交通管制に関する合意」を、「横田空域」や「岩国空域」での米軍による航空管制の法的根拠と位置づけているのなら、国土交通省は私の文書開示請求に対して、外務省のホームページで公開されている「航空交通管制に関する合意」の要旨を開示してもよかったはずです。

しかし、そうはせずに、全面不開示の決定をした。それはつまり、この合意の要旨では法的根拠にならないと日本政府は判断したからではないでしょうか。要旨はあくまでも要旨にすぎず、合意の日付も、日米合同委員会における日米双方の担当責任者の署名もなく、正式な文書とはいえません。

この事実から推測すると、不開示とされた文書は、おそらく合意の日付も、日米双方の担当責任者の署名も入った、正式な合意文書全文（英文）だと考えられます。ただし、日米合同委員会の合意の全文は情報公開法にもとづく開示請求に対しても、常に全面不開示とされているので見ることができません。

そこで、「航空交通管制に関する合意」（「七五年合意」）要旨の「1」にもどりますが、そこには、

「日本政府は、米国政府が地位協定に基づきその使用を認められている飛行場およびその周辺において引続き管制業務を行うことを認める」

と書かれてあるだけです。『日米地位協定の考え方』の説明に出てくる、航空管制業務の「委任」という言葉は見当たりません。すでにのべたとおり、同書の説明にはこうあります（⇩128ページ）。

「合同委員会の合意の本文英語〔＝正式な合意文書〕ではデレゲートという用語を使用しているが、これは『管制業務を協定第六条の趣旨により事実上の問題として委任した』という程度の意味」（前掲書）

つまり、日米合同委員会の「航空交通管制に関する合意」（一九七五年）の正式な合意文書で使われている「デレゲート」（委任）という言葉は、合意の要旨では使われていないのです。

おそらく日米合同委員会の日本側代表である外務官僚を中心とした高級官僚たちが、正式な合意文書の全文の代わりに公表する要旨を作成するにあたって、実態を隠蔽するために「デレゲート」（委任）という言葉を使わずに、「認める」としたのでしょう。

デレゲート（delegate）の意味は、辞書を引くと、「権限・任務・責任などを委任する」という意味だと説明されています。ただ単に「認める」という幅の広い表現ではなく、「権限・任務・責任などを委任する」という正式な手続きのニュアンスが濃い表現だといえます。そうすると、委任された米軍側には権限や任務などが生じるという解釈になりはしないでしょうか。

『日米地位協定の考え方』では、「『事実上の問題として委任した』という程度の意味」と、いかにも軽く扱うような言い回しですが、委任された米軍側・アメリカ政府側は決して軽く受け取らず、正式に権限を委任されたのだから、米軍が「横田空域」などで航空管制をおこなうのは当然の権利だと考え、そう主張する根拠として重く受け取っているのではないでしょうか。

日本政府、というよりも政治家のよく知らないところで一部の高級官僚たちが、密室で取り決めて、正式な合意文書を恣意的に訳して要旨をつくり、意図的な言い換え、あいまいな表現によって、さも日米が対等であるかのように装っているのではないかと考えられます。

なお、アメリカでは、政府文書は情報自由法にもとづき、大統領命令による外交・国防政策上の秘密指定など特別の理由がある場合以外は、原則として公開されるようになっており、外交文書などは基本的に二五年から三〇年を経ると秘密指定解除のうえ、ワシントンに本拠を置くアメリカ国立公文書館に移管され、公開されるようになっています。

しかも、情報自由法による文書開示請求は外国人にもできます。日米合同委員会の「航空交通管制に関する合意」の正式文書は英文です。当然、アメリカ国務省も保有しているはずです。もしかしたらアメリカ国立公文書館に移管されているかもしれません。

そこで、私はアメリカ国立公文書館に対して、「航空交通管制に関する合意」の全文の開示請求をしてみました。しかし、同公文書館からは「該当する文書は公文書館に存在しない」という返信が届きました。つまり、公文書館には移管されていないということです。「航空交通管制に関する合意」が日米両政府の間で、いかに機密として扱われているかがわかります。

■米軍に治外法権に等しい特権を与える

このように問題の本筋をたどってくると、なぜ国土交通省が文書の全面不開示決定をしたのか、その真相が見えてきます。日本政府はやはり日米合同委員会の「航空交通管制に関する合意」の正式な合意文書を公表したくないのです。

そこには、合意の要旨にはない「**委任する**《デレゲート》」という言葉が書かれてあるはずで、それを公表すると、米軍優位のアメリカ側に有利な取り決め、本来は日本側が行使すべき航空管制権を特定の空域において米軍の手に委ね、日本の空の主権が排除される状態を、日本政府自らが招いている事実が明らかになってしまうからです。

さらに、**日米合同委員会という密室で交わされ、正確な全文は非公開とされる「合同委員会の合意事項」が、法律を超越する力を持って日本政府を拘束している異常な実態**も明らかになってしまうからです。

『日米地位協定の考え方』では、「いわば実施細則」と表現されていますが、その正確な全文が不開示で秘密にされていて、主権者である国民の目からも、国会議員に対しても隠されている以上、「合同委員会の合意事項」はまさに密約にほかなりません。

そのような密約によって、法律（航空法）の枠外で米軍に航空管制を委任することは、米軍に治外法権に等しい特権を与えたも同然です。まさに「航空管制委任密約」といえます。それは憲法を頂点とする国内法の体系すなわち「憲法体系」を密約によって無視する、法治国家としてあるまじき行為としか言いようがありません。

密約により「憲法体系」を無視して、米軍に治外法権に等しい特権を与えるための機関。日米合同委員会の正体とそのシステムが少しずつ見えてきました。

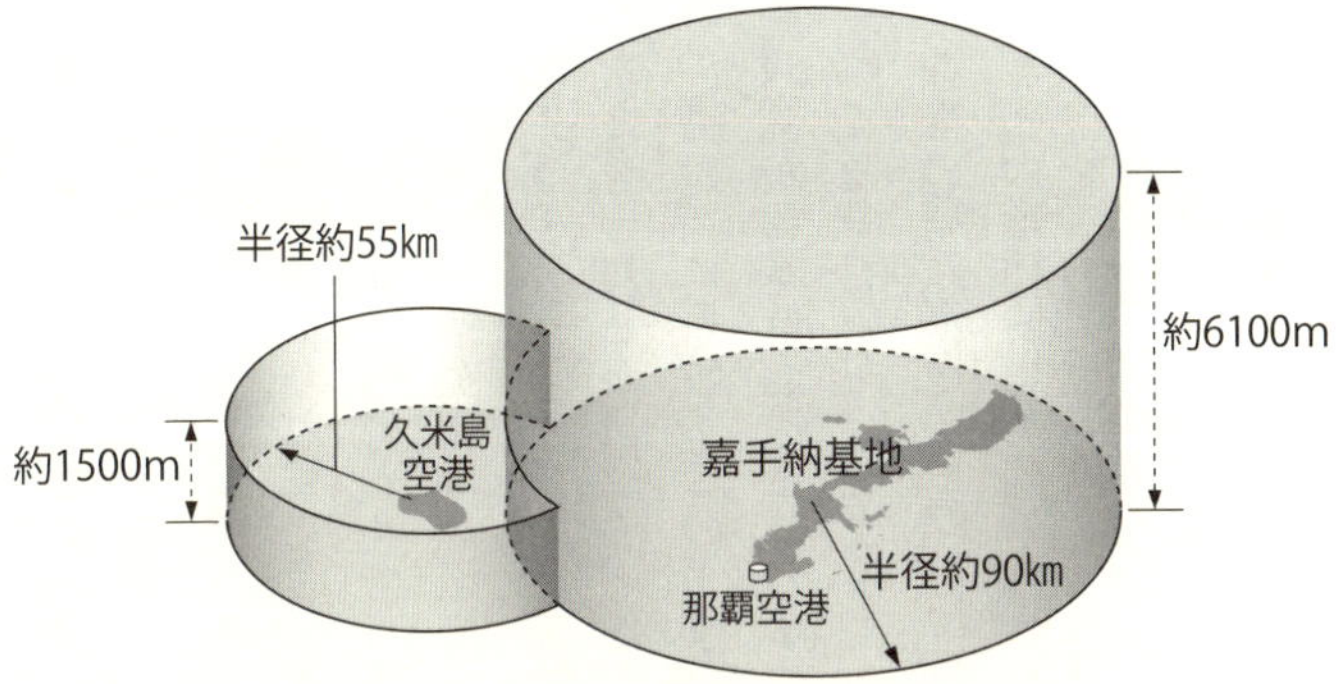

図12　「嘉手納ラプコン」の略図。（『沖縄の米軍基地』をもとに作成）

■沖縄の空で続く米軍優先の航空管制

航空管制に関して米軍の特権を認める密約は、まだほかにもあります。それは、米軍が長年にわたり沖縄本島上空と周辺海域上空の進入管制業務をおこなっていた、「沖縄進入管制空域」が二〇一〇年三月に日本側に移管された際に、密かに日米合同委員会で結ばれたものです。

「沖縄進入管制空域」は従来、図12のとおり、米軍嘉手納基地飛行場を中心に半径約九〇キロ・高度約六一〇〇メートルの円筒状の空域と、久米島空港を中心に半径約五五キロ・高度約一五〇〇メートルの円筒状の空域を組み合わせた広範囲にわたるものでした。その中にある嘉手納基地飛行場、普天間基地飛行場、那覇空港などを発着する米軍機や民間機や自衛隊機に対する「進入管制業務」を、米軍嘉手納基地のレーダー進入管制所がおこなっていたことから、通称「嘉手納ラプコン」と呼ばれていました。

この空域内では米軍機の飛行が優先的に扱われ、民間機も米軍の進入管制の指示に従わなくてはなりませんでした。

たとえば、那覇空港の北側への離陸と北側からの着陸をする民間機は、嘉手納・普天間の両基地に出入りする米軍機の飛行コースを妨げないように、高度約三〇〇メートルという低空飛行を、離陸の場合は空港から約二四キロの地点まで、着陸の場合は空港まで約三二キロの地点から、続ける高度制限を強いられていました。

ジェット旅客機にとってこうした低空飛行を続けることは、大きなリスクがあります。安全運航のためには、離陸後は一気に巡航高度まで上昇し、着陸時は巡航高度からスムーズに降下しなければなりません。不自然な低空飛行では、エンジン・トラブルが起きたり、乱気流に巻き込まれたりしたときの対処が難しく、墜落の危険性が高いのです。

沖縄の空におけるこのような米軍優先は、米軍が沖縄を占領してから、一九七二年五月一五日に施政権が日本に返還されるまで、沖縄の陸海空で自由に基地・訓練場・訓練海域・訓練空域などを設けて使っていた、既成事実の延長線上にありました。

沖縄の施政権返還に際し、日米両政府間で、米軍が使っていた基地・訓練場・訓練海域・訓練空域などの継続使用が認められました。施政権返還後は、沖縄にも日米安保条約や地位協定が適用されます。

そのため、施政権返還当日の一九七二年五月一五日に、日米合同委員会でアメリカ側に提供する施設・区域として、沖縄の米軍基地・訓練場・訓練海域・訓練空域などの使用目的や使用条件などを合意し、承認しました（その合意文書の通称は「5・15メモ」）。そのなかのひとつに、航空管制に関する合意（「沖縄航空交通管制合意」）もありました。これは民間航空分科委員会での合意事項を日米合同委員会で承認したものです。

この合意によって、那覇空港が日本側に返還され、「飛行場管制業務」も移管されました。沖縄における「航空交通管制システムの管理及び運用の権限」は、原則として日本政府にあることが確認され、二年間の準備期間中に航空路監視用レーダーの設置や要員の養成・訓練などをおこなったうえで、「沖縄飛行情報区」（現「福岡飛行情報区」）の航空路の管制業務が日本側に移管されました。

しかし、嘉手納や普天間など米軍基地の飛行場の管制業務は、引き続き米軍の手に委ねられることになりました。さらに、那覇空港を含む「沖縄進入管制空域」（「嘉手納ラプコン」）での「進入管制業務」も、日本政府がおこなえるようになる時まで、暫定的に米軍がおこなうことが認められました。「沖縄進入管制空域」での航空機の安全運航のためには、米軍による単一のレーダー進入管制施設を利用したほうがいいとの理由からでした。

つまり、航空管制権の全面的な返還ではなく、占領時代からの米軍の特権を再認することが、「沖縄航空交通管制合意」の本質だったのです。

■秘密にされた「嘉手納ラプコン」移管の条件

民間機に離着陸時の危険な低空飛行を強いているうえに、那覇空港での民間機の発着の遅れをもたらしたりする、米軍優先の「嘉手納ラプコン」問題は、国会でもくりかえし取り上げられました。日本側への早期移管をアメリカ側に求めるべきだと、沖縄県でも市町村議会、県議会で決議がおこなわれました。

そして、日米両政府間で二〇〇〇年三月から「嘉手納ラプコン」の移管交渉が始まります。当時、交渉にたずさわった国土交通省の管制技術調査官、鈴木暢夫氏によると[註]、移管にいたる動きは次の表のように整理できます。

移管交渉の舞台は日米合同委員会の民間航空分科委員会で、特別作業部会も設置して、運輸省（現国土交通省）側の代表メンバーと米軍側の代表メンバーが具体的な協議をしました。

この一連の交渉について、国会で野党議員から質問があっても、政府はごく簡単に途中経過を報告するだけで、詳しい協議の内容は明かしませんでした。日米合同委員会の議事録などは公表しないという慣例どおりの扱いです。

移管交渉において注目すべきなのは、「嘉手納ラプコン」が日本側に移管されるといっても、それは無条件の全面移管ではなく、米軍の軍事行動に必要な条件（「運用所要」）が満たされることが、大前提になっている点です。つまり、米軍に不都合のない範囲での移管という枠がはめられていたわけです。

だから、「運用所要」の具体的な内容が重要なポイントになってきます。当然、野党議員からもそれを明らかにするよう質問されています。しかし政府は、「緊急事態発生時の対応など、米軍が従来どおり任務を遂行するために必要な事項を示したものだ」とだけ説明し、「具体的内容を公表

「嘉手納ラプコン」移管交渉の経過

2000年3月16日	河野洋平外務大臣（当時）がコーエン国防長官（当時）との会談で、「沖縄ラプコン〔嘉手納ラプコン〕の返還は、長い間の懸案であり、管制能力について我が国は十分な能力を有しているので、速やかに進展することを期待する」と述べた。コーエン国防長官は「米軍の運用所要〔＝米軍が航空管制業務のうえで必要とする条件〕を満たすことを条件に返還する。今後、技術的な問題について日米間で十分に検討してほしい」と答えた。
2000年3月23日	コーエン国防長官の発言を受けて、日米合同委員会の民間航空分科委員会作業部会で、「嘉手納ラプコン」移管を専門的に検討する特別作業部会の設置を合意。
2000年4月12日	第一回民間航空分科委員会特別作業部会が開催。
2001年5月14日	民間航空分科委員会で沖縄進入管制業務の移管に関し、アメリカ側から米軍の「運用所要」文書が提出され、同日開催の特作業部会でアメリカ側から説明があった。それ以降、特別作業部会が計11回開催され、「運用所要」について具体的な検討がなされた。
2002年5月23日	第一二回特別作業部会と民間航空分科委員会が開催され、「運用所要」について日米双方の意見が一致した。
2002年5月30日	日米合同委員会で「沖縄進入管制業務の移管に係る運用所要」が承認され、これを基礎として具体的な移管計画を策定することになった。
2004年12月10日	日米合同委員会で、おおむね3年後の移管を目指し、施設整備や管制官訓練の着手が合意され、同月15日から国土交通省航空管制官の嘉手納基地での訓練が開始。
2008年1月24日	日米合同委員会で、管制官の訓練が計画よりも遅れているため、移管完了の目標時期を一年後に設定することで合意。
2010年3月18日	日米合同委員会において、同年3月31日の移管で合意。

すればアメリカ政府との信頼関係がそこなわれるおそれがある」として公表を拒否しました。

私もこの「沖縄進入管制業務の移管に係る運用所要」と関連文書のすべてを、情報公開法にもとづいて国土交通省に開示請求しましたが、「日米双方の合意がない限り公表されないことが日米両政府間で合意されており、これを公にすることは、米国との信頼関係が損なわれるおそれがある」というもの理由で、全面不開示とされました。政府はいまなお「嘉手納ラプコン」移管の条件を隠しつづけているのです。

註　「嘉手納ラプコン移管〜日米両政府間交渉と施設整備の経過〜」（『航空無線』二〇一〇年秋期号　財団法人航空無線システム協会）による。

■那覇空港に発着する民間機の低空飛行と高度制限

それでは、米軍の必要条件（「運用所要」）を満たすことが移管の大前提だったことが、現実に何をもたらしているでしょうか。

二〇一〇年三月三一日をもって、確かに「嘉手納ラプコン」は日本側に移管されました。図13のように「沖縄進入管制空域」から「那覇進入管制空域」と名称も変わり、那覇空港の沖縄ターミナルレーダー管制所で国土交通省航空局の航空管制官が「進入管制業務」をおこなうようになりました。しかし、那覇空港に離着陸する民間機の飛行高度制限などの問題点はまったく解消されていないのです。

航空安全推進連絡会議の国土交通省に対する二〇一六年の「要請書」では、那覇空港を発着する民間機が依然として危険な低空飛行を強いられている実態が、次のように指摘され、「高度制限の撤廃や軍事空域の削減」など改善の要請がなされています。

「沖縄進入管制区の管制業務については、航空局に移管されたことで、航空管制官と運航乗務員との意思疎通がスムーズになるなど、民間航空の安全性向上の観点から一定の評価はできる。しかし、離陸時の高度制限については、現在でも移管前と同様の高度制限が付加されることも多く、不安全要素が払拭されたとは言い難い」

また、日本弁護士連合会の「日米地位協定に関する意見書」(二〇一四年)でも、次のように問題視されています。

「嘉手納進入管制区(嘉手納空域)は返還されたが、もともと那覇飛行場と嘉手納飛行場が極めて近接して交錯しているため、那覇空港北側を離発着する航空機が低空飛行を余儀なくされる実状には変化がない」

このような状況が続く原因について、沖縄の地元紙が独自に資料を入手し、新たな事実を掘り起

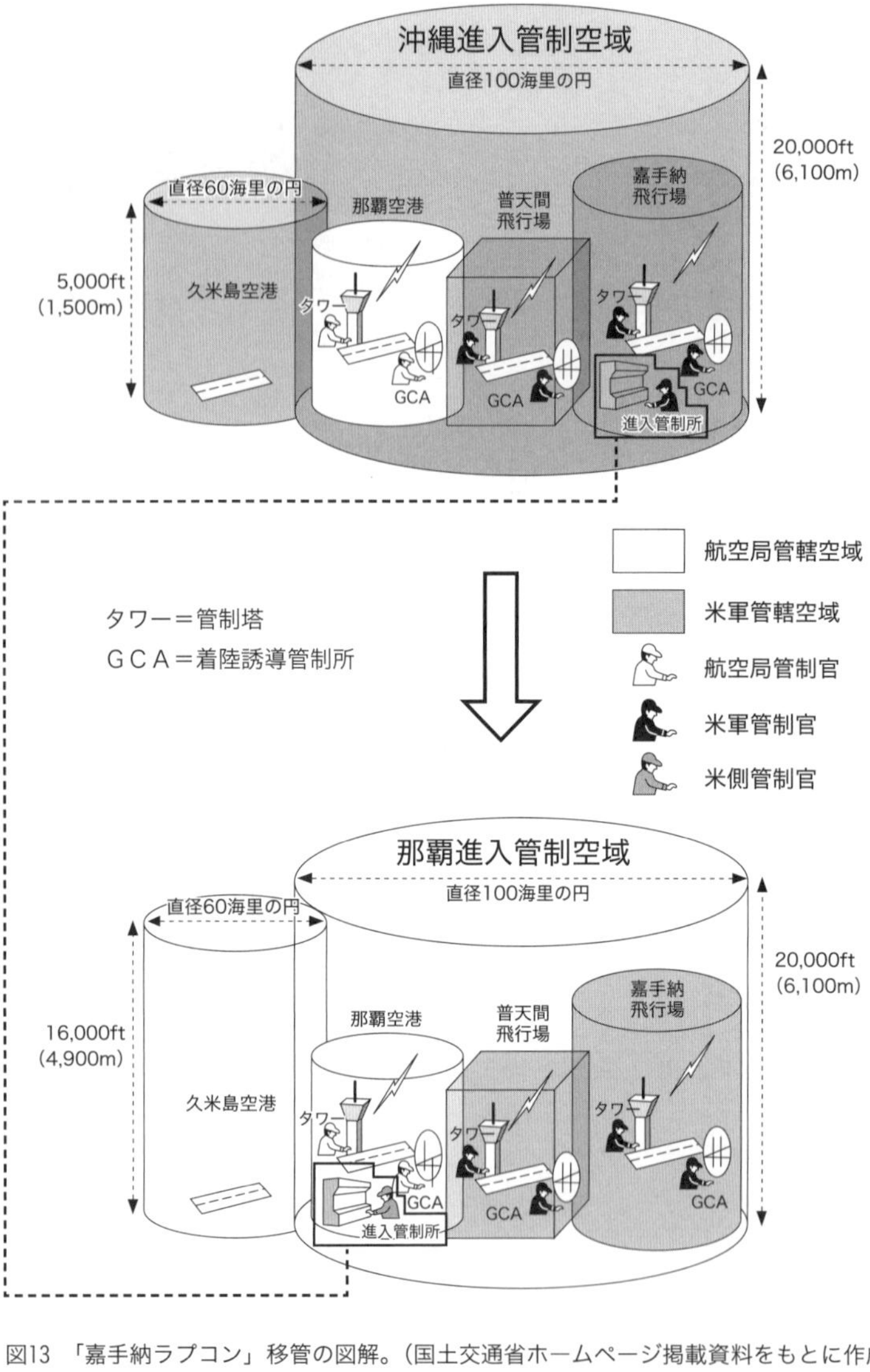

図13　「嘉手納ラプコン」移管の図解。（国土交通省ホームページ掲載資料をもとに作成）

嘉手納基地に着陸する米軍機。（須田慎太郎）

こして報じました。その『琉球新報』（二〇一三年八月一〇日）と『沖縄タイムス』（同年八月一一日）に載った二つの記事をまとめた概要は次のとおりです。

「嘉手納ラプコン」が日本側に返還されたあとも、米軍機の運用が優先されており、那覇空港に発着する民間機は高度制限を強いられている。なぜなら、米軍機が嘉手納基地や普天間基地に優先的に着陸するために、民間機の飛行を制限する空域「アライバル・セクター」が設定されているからだ。

「アライバル・セクター」は嘉手納基地を中心に、滑走路の方向に沿って南北六〇カイリ（約一〇八キロ）、東西二〇カイリ（約三六キロ）の長方形で、高度は約六〇〇〜一八〇〇メートルの空域である。風向きや季節に応じて、米軍機が同基地に北側から進入する場合は空域の北半分で、南側から進入する場合はその南半分で、民間機に対する高度制限がかかる。そのため、民間機は那覇空港に発着する際、「アライバル・セクター」を避けて、その空域よりも下の約三〇〇メートル以下の低空を飛行しなければならない。

「アライバル・セクター」を使って嘉手納基地や普天間基地に着陸する米軍機に対する航空管制業務は、米軍の退役軍人である関係者が那覇空港にある沖縄ターミナルレーダー管制所（沖縄本島周辺の航空管制を担う）に常駐して実施している。

「国土交通省は管制権は日本側にあるとし、アライバル・セクターについて『（米軍関係者が）訓練の調整をする範囲の目安だ』と説明したが、正確な範囲は明らかにしていない。米軍関係者が常駐している根拠について、同省は『日米地位協定に基づいている』としている」（『琉球新報』二〇一三年八月一〇日）

「政府関係者によると、米軍機の飛行経路や専門用語が民間機と異なるため、日本側ではなく米軍側が管制の指示を出しているという。民間機の管制は全て日本側が行っている。米軍優先のセクターがある理由について、政府関係者は『訓練を終えた米軍機は燃料が少なく、操縦士も疲れている。民間機優先で米軍機を空中待機させると墜落の危険がある』と説明。米軍関係者がレーダー管制所にいる理由は『民間機に不利益が生じないよう日本側と調整するために常駐している』と述べた」（『沖縄タイムス』二〇一三年八月一一日）

そして、『琉球新報』の取材に、ある航空関係者は「嘉手納ラプコン返還は表面上だけだった。ラプコンの返還前後も実態は変わっていない」と指摘している。

■明らかになった日米合同委員会の合意文書

こうした米軍優先の変わらぬ実態の背後には、「嘉手納ラプコン」移管交渉でのアメリカ側の要求である米軍の「運用所要」と、日米合同委員会での「運用所要」の承認、そして日米合同委員会での「嘉手納ラプコン」移管に関する合意という一連の動きがあると見られます。

だから、当然問題となってくるのは、二〇一〇年三月一八日に日米合同委員会で承認された、「嘉手納ラプコン」移管に関する合意の内容です。しかし、例によって合同委員会の合意は要旨しか公表されず、国土交通省がホームページなどで発表したものといえば、次のようにたったこれだけで、具体的な内容の説明は何もありません。

「本日開催された日米合同委員会において、現在米軍が嘉手納ラプコンにおいて実施している進入管制業務の移管に関し、下記のとおり承認され、日米両政府間で合意されたのでお知らせします。

本年三月三一日をもって、沖縄本島上空及び周辺の進入管制業務を米国から日本国に移管する」

ただ、添付資料の図解（148ページの図13）の注として、

「ラプコン移管後も、嘉手納飛行場等に着陸又は接近する米軍機に対する連絡調整や誘導のため、数名の米側管制官が那覇空港において業務を行う」

とだけ書かれています。この「米側管制官」とは、前述の『琉球新報』と『沖縄タイムス』の記事に出てきた、那覇空港の沖縄ターミナルレーダー管制所に常駐する米軍の退役軍人である関係者のことを指します。

問題の合意事項の全文を情報公開法にもとづいて国土交通省に開示請求しても、「運用所要」の場合と同じく不開示にされるのは目に見えています。

しかし、私は独自に信頼できるルートを通じて、「嘉手納ラプコン」移管に関する日米合同委員会の合意の正式文書全文（英文）の写しを入手できました。その文書名は次のとおりです。なお、以下の一連の日本語訳は私がおこないました。

「『沖縄航空交通管制合意』（一九七二年五月一五日付け）の改正に関する、民間航空分科委員会の日米合同委員会への覚書」（「CIVIL AERONAUTICS SUBCOMMITTEE MEMORANDUM FOR:The Joint Committee SUBJECT:Amendment to the Okinawa Air Traffic Control Agreement dated 15 May 1972」）

合意文書は、「嘉手納ラプコン」移管にあたって、一九七二年五月一五日の沖縄施政権返還時に、嘉手納や普天間など米軍基地の「飛行場管制業務」と「嘉手納ラプコン」の「進入管制業務」を米軍の手に委ねた、日米合同委員会の「沖縄航空交通管制合意」の改正という形式をとっています。

These Minutes are considered as official documents pertaining to both Governments and will not be released without mutual agreement.

CIVIL AERONAUTICS SUBCOMMITTEE

MEMORANDUM FOR: The Joint Committee

SUBJECT: Amendment to the Okinawa Air Traffic Control Agreement dated 15 May 1972

1. In order to transfer Air Traffic Control (ATC) responsibilities for Approach Control services for the Naha approach control area to the Government of Japan (GOJ), the Civil Aeronautics Subcommittee (CAS) recommends that:

a. the text in Attachment 1 replace Article III of the subject line document
b. the text in Attachment 2 be added to Article VI of the subject line document
c. the text in Attachment 3 be added to the subject line document as Annex A
d. the text in Attachment 4 be added to the subject line document as Annex B

2. The CAS recommends that the Joint Committee approve the Joint Press Release in Attachment 5 for public release.

5 Attachments:

1. Replacement text for Article III of the subject line document
2. Added text for Article VI of the subject line document
3. Annex A: Okinawa Air Traffic Control Procedures and Standards for Safety
4. Annex B: Responsibilities and Procedures for Special Use Airspace, Air Traffic Control Assigned Airspace, Stationary Altitude Reservations, and Drop Zones
5. Joint Press Release

Accepted and referred to the Joint Committee on 18 MAR 2010

Masahiro Muroya
MASAHIRO MUROYA
Director General, ATS Dept, JCAB MLIT
Japanese Chairman
Civil Aeronautics Subcommittee

James B. Hecker
JAMES B. HECKER
Colonel, USAF
United States Chairman
Civil Aeronautics Subcommittee

Approved by the Joint Committee on 18 MAR 2010

Koji Tonita
for KAZUYOSHI UMEMOTO
Japanese Representative
Joint Committee

John A. Toolan Jr.
JOHN A. TOOLAN JR.
Major General, US Marine Corps
US Representative, Joint Committee

「嘉手納ラプコン」移管に関する日米合同委員会の合意の正式文書。

文書の日付けは二〇一〇年三月一八日で、まさに日米合同委員会で承認された日にまちがいありません。日米双方の担当責任者四名の氏名が書かれ、手書きの署名も添えられています。その四名は以下のとおりです。

当時の民間航空分科委員会の日本側代表である国土交通省航空局のムロヤマサヒロ〔室谷正裕〕管制保安部長、アメリカ側代表である米空軍のジェイムズ・B・ヘッカー大佐、日米合同委員会の日本側代表である外務省のウメモトカズヨシ〔梅本和義〕北米局長、アメリカ側代表である米海兵隊のジョン・A・トゥーラン・JR・少将。

A4サイズで計四一枚（表題と目次と署名欄で一枚、覚書本文が二枚、附属書Aが二枚、附属書Bが二枚、報道用共同公式発表が一枚、七種類の付表が三三枚）の英文文書の各ページ上端には、「これらの覚書は両政府に属する公文書と見なされる。双方の合意がない限り公表されない」と書かれています。報道用共同公式発表は前述の国土交通省が発表したものと同じ文面です。

「嘉手納ラプコン」移管合意の正式文書名がわかったので、筆者は情報公開法にもとづき国土交通省に対し、この英文の文書名を請求用紙に記して開示請求をしました。けれども、「日米双方の合意がない限り公表されないことが日米両政府間で合意されており、これを公にすることは、米国との信頼関係が損なわれるおそれがある」という例の理由で、全面不開示でした。

やはり文書開示はされませんでしたが、この合意文書そのものが国土交通省の保有する公文書として確かに存在していることは確認できました。もし存在していないのなら、不開示の理由は「文書不存在のため」と書かれるはずだからです。

■「嘉手納ラプコン」移管後も米軍の特権を保障する合意

さて、合意文書の内容ですが、覚書本文には、アメリカ側が沖縄の米軍基地の「飛行場管制業務」を、日本側が那覇空港の「飛行場管制業務」を引き続きおこなうと明記されています。それは、一九七二年五月の沖縄施政権返還に伴う日米合同委員会「沖縄航空交通管制合意」の再確認です。

そして、「嘉手納ラプコン」移管に関する新しい条項を定めています。それは、移管に必要な施設の設置、要員の訓練など準備が整えば、「那覇進入管制空域」での日本側による「進入管制業務」が、二〇一〇年三月三一日から開始されるというものです。「那覇進入管制空域」と書かれているのは、「嘉手納ラプコン」の正式名称「沖縄進入管制空域」が、移管に伴い名称が変更されるからです。

そのうえで、アメリカ側は沖縄の米軍基地への「最終進入管制業務」もおこなうと新たに付け加えています。この「最終進入管制業務」こそ、「嘉手納ラプコン」移管後も、嘉手納基地や普天間基地に着陸する米軍機への「進入管制業務」を、引き続きアメリカ側がおこなうために導入された新しい仕組みなのです。この米軍の特権を保障する仕組みは「アライバル・セクター」空域の設定につながるもので、その具体的な合意内容は次のとおりです。なお、文中の「アライバル・ファンクション」とは、着陸機への「進入管制業務」の役割を意味します。

「合衆国政府は那覇進入管制空域の施設またはそれを受け継ぐ日本政府の施設において、沖縄の米軍基地飛行場のための『アライバル・ファンクション〔着陸機への進入管制業務〕』の責務を担う。日本国政府は合衆国政府に対し、日米安保条約第六条にもとづく日米地位協定第二条が規定する施設・備品として、『アライバル・ファンクション』の遂行に必要な機器・必需品・役務を含む施設を合衆国政府に提供する。合衆国政府は機器・備品・定着物を付け加えてもよい」

つまり、**この合意によって、嘉手納基地や普天間基地に着陸する米軍機への「進入管制業務」は、引き続きアメリカ側の手に握られることになった**のです。アメリカ側が米軍基地への「最終進入管制業務」もおこなうと新たに付け加えられたのは、この「アライバル・ファンクション」を指していたのです。

しかも、「アライバル・ファンクション」のために必要な備品などを含む施設は、日本側が提供しなければなりません。米軍の退役軍人である「米側管制官」たちが、那覇空港の沖縄ターミナルレーダー管制所に常駐しているのも、この合意があったからです。移管交渉で重視された、米軍の軍事行動の必要を満たすための「運用所要」が、合意に反映された結果の措置でしょう。

この条項には続きがあり、アメリカ側が「アライバル・ファンクション」という「最終進入管制業務」を実施するのは、通常、午前六時から午後一〇時までの間で、それ以後の時間帯すなわち深夜から早朝までは、日本側が代わりに担当することが定められています。

「嘉手納ラプコン」の移管後も、米軍機優先の「アライバル・セクター」空域が設定され、民間機が那覇空港での離着陸時に危険な低空飛行をしなければならない高度制限を余儀なくされている背後には、この「アライバル・ファンクション」に関する日米合同委員会の合意があったのです。

■「嘉手納ラプコン移管密約」

「嘉手納ラプコン」の返還といっても、このように全面的なものではありませんでした。その背後にはまやかしがあったのです。しかも、日本政府はこうした合意内容を非公開にしています。つまりこの合意は、米軍機優先の「嘉手納ラプコン移管後も米軍の特権を認める密約」、すなわち「嘉手納ラプコン移管密約」にほかなりません。

米軍の退役軍人である「米側管制官」たちが、那覇空港にある国土交通省のターミナルレーダー管制所に常駐して、嘉手納飛行場などに着陸や接近をする米軍機への「最終進入管制業務」をおこなうことは、航空法にもとづいて委任されているわけではありません。つまり国内法上の根拠規定はないのです。

私は国土交通省に対し、「米側管制官」が那覇空港のターミナルレーダー管制所に常駐して米軍機への「最終進入管制業務」をしていることの法律上の根拠、法的根拠を記した文書の開示請求をしました。しかし、例によって例のごとく「日米双方の合意がない限り公表されないことが……」という理由で不開示でした。

要するに、ここでもまた、「横田空域」や「岩国空域」での米軍による航空管制のケースと同じように、日米合同委員会の合意という「いわば実施細則」が、法的根拠もなしに国内法を超越して日本政府を拘束するという構図ができあがっています。そして、同じように合意の全文は秘密にされ、密約となっているのです。

また、この「嘉手納ラプコン」移管に関する合意文書に含まれる「附属書A（沖縄航空交通管制の手順と安全基準）」には、移管後の「進入管制業務」の具体的な手順と安全基準について日米間で合意したガイドラインが記されています。

ガイドラインは全部で七項目あり、そのなかには明らかに米軍の優位性を保持するための取り決めが含まれています。それは第六項で、要するに、日本側に移管された「進入管制業務」の具体的な手順や安全基準に関して、米軍の軍事活動に差し障りが生じるような場合は、米軍が用いている手順と安全基準が常に優先されるというものです。

「〔那覇進入管制空域における航空交通管制業務に関する手順に関して〕日米間で何らかの対立、見解の相違が生じた場合において、米軍飛行場における合衆国政府の航空機または軍事行動に直接的あるいは間接的な影響が及ぶときは、常に合衆国政府が採用している手順と安全基準が優先されるものとする」

つまり、「嘉手納ラプコン」が日本側に移管されても、米軍の円滑な軍事活動は常に保障されていなければならないというわけです。

■米軍機に航空管制上の優先的取り扱いを与える秘密合意

日米合同委員会の密室の合意によって、日本の空の主権が侵害されている問題は、実は「横田空域」「岩国空域」「嘉手納ラプコン」といった特定の空域に限ったことではありません。広く日本の領空全体、さらには日本周辺の空にも関わってくる問題なのです。

なぜなら、米軍に対して「航空交通管制の承認に関し優先的取り扱いを与える」という特権を認める日米合同委員会の秘密合意があり、それにもとづいて、一定の空域を航空管制上ブロックして民間機を通れなくし、一時的に米軍専用にする空域制限、アルトラブ（ＡＬＴＲＶ）がひんぱんにおこなわれているからです。ＡＬＴＲＶは Altitude Reservation の略語で、直訳すると高度留保ですが、実質的な意味は空域制限です。このアルトラブによって民間機の運航が悪影響を受けるのです。

私がその秘密合意を知ったのは、日米合同委員会の現行の「航空交通管制に関する合意」（「七五年合意」）の正式文書の写しの一部を、独自に信頼できるルートを通じて入手したからです。その文書名は次のとおりです。以下、日本語訳は私がおこないました。

「航空交通管制に関する合意　一九七五年五月八日の第三一六回合同委員会で修正と承認を受けた民間航空分科委員会の勧告」（「AGREEMENT RELATING TO AIR TRAFFIC CONTROL. CIVIL

AERONAUTICS SUB-COMMITTEE RECOMMENDATION AS AMENDED AND APPROVED BY THE JOINT COMMITTEE AT THE 316TH MEETING, 8 MAY 1975」)

合意文書は全一三条からなります。

第一条「定義」
第二条「航空交通管制業務」
第三条「手順と安全基準」
第四条「証明書と等級」
第五条「飛行場区域」
第六条「管制業務の停止」
第七条「航空交通管制の承認」
第八条「一時的な空域制限」
第九条「違反行為」
第一〇条「民間航空分科委員会」
第一一条「履行合意」
第一二条「合意事項の改正」
第一三条「合意事項の施行」

そのうち私が入手できたのは、この目次と第七条「航空交通管制の承認」だけですが、その第七条に、『日米地位協定の考え方』が言及していた、問題の米軍基地飛行場とその周辺の航空管制を米軍に委任［デレゲート］するとの表現は、含まれていませんでした。おそらく第二条「航空交通管制業務」に含まれているのでしょう。

ただ第七条には、思いもよらなかった重大問題の存在を示す文章が書かれていました。それは、日本政府が米軍に対して「航空交通管制の承認に関し優先的取り扱いを与える」という特権を約束をしていたことです。日本語に訳すと、こうなります。

「日本国政府は、次の各号に掲げる航空機について、アメリカ政府の要請に応じ、航空交通管制の承認に関し、**優先的取り扱いを与える。**

A．防空任務に従事する航空機。

B．あらかじめ計画され、その飛行計画について関係の航空交通管制機関と調整された**戦術的演習に参加する航空機。**」

つまり「A」は、日米安保条約にもとづいて、日本領空の防空任務に従事する米軍機を指します。「B」は、前もって計画された軍事演習に、国土交通省が管轄する日本側の航空交通管制機関と飛行計画を調整のうえ参加する米軍機を意味します。

そして、それらの米軍機に民間機や自衛隊機よりも航空交通管制上の優先的取り扱い、すなわち優先権を与えるというわけです。それは秘密の正式合意文書に記されており、米軍優位の密約にほかなりません。それは後で述べるように、日本の空で民間機の運航や安全に支障をきたす事態が起きる原因にもなっているのです。

なお、この米軍機への優先的取り扱いは、日本領空全体と、場合によっては日本周辺の海洋上空にまで及ぶ事柄です。だから、「横田空域」や「岩国空域」の航空管制を米軍の手に委ねているケースとは異なり、国土交通省の管制官がおこなう「航空路管制業務」に関わるため、日本政府への航空交通管制の承認の要請が必要になるのです。

■米軍機優先の密約をめぐる国会での追及

私はこれを読んで、似たような文章が外務省ホームページで公開されている現行の「航空交通管制に関する合意」（「七五年合意」）の要旨の中にあることに気づきました。それは要旨の「4」です。

「日本政府は、米国政府の要請に応じ、防空任務に従事する航空機に対しては、航空交通管制上の**便宜を図る**」

確かによく似ています。しかし、英文の正式合意文書とは、明らかに違っている点があります。

その正式文書では、「優先的取り扱いを与える」（英文は provide preferential handling ）なのですが、要旨では「便宜を図る」となっています。また正式文書には、優先的取り扱いを与える対象として、「防空任務に従事する航空機」だけではなく、「戦術的演習に参加する航空機」も含まれています。しかし、要旨には含まれていません。「B」の文章が全部抜け落ちているのです。

「優先的取り扱いを与える」と「便宜を図る」では、明らかに意味が違います。航空管制上の米軍機の優先度が、前者のほうが格段に高いわけです。当然、英文の正式文書が合同委員会の合意事項として、前述のように「日米両政府を拘束する」（実態は日本政府を拘束する）と解釈されるので、航空管制上、米軍の特権が保障される仕組みになっています。この意図的な「誤訳」、言い換えも、例によって日米対等をよそおう外務官僚などの考えからきているのでしょう。

また、「戦術的演習に参加する航空機」が優先的取り扱いの対象から欠落しているのも、やはり外務官僚などの意図的な削除にちがいありません。「防空任務に従事する航空機」だけであれば、日本領空を守るためのスクランブル（緊急発進）任務だからやむをえないと受けとられやすいでしょう。しかし、軍事演習に参加する航空機となると、平時でも米軍優先・軍事優先という事実が明らかになるので、その部分は隠したかったのだと思われます。

そして、調べてみると、この航空管制上の米軍優位の密約は、過去に国会でも重大な問題として取り上げられていました。それは一九八四年二月・三月のことで、その発端は八三年一一月三〇日に沖縄周辺から韓国南方にかけての上空で、米軍が大規模な軍事演習をおこなったため、民間機が通常の航空路を飛べなくなって迂回を強いられるなどして、発着が大幅に遅れ、大きな混乱が生じ

新聞　1984年(昭和59年)2月22日　水曜日　35251号　(日刊)

朝日新聞

発行所 東京都中央区築地5丁目3番2号 郵便番号104
朝日新聞東京本社
電話(03)545−0131
©朝日新聞東京本社 1984

日本周辺空域

「米軍優先」文書を追及

衆院予算委、社党質問で紛糾

政府は公表を拒む

二十一日の衆院予算委員会で、社会党の井上一成氏は日米安保条約に基づいて五十年、日米合同委員会で合意された航空交通管制に関する文書の中に「米空軍が一時的に日本周辺空域を優先的に使える、との取り決めがある」として、独自に入手した英文原文コピーをもとに政府に対し、全文公表を迫った。これに対し、政府側は優先的使用ではなく「便宜を図る」意味だとし、また公表を拒否したため、審議は一時間十五分中断。安倍外相が公表について「米国側の意向を照会し、その結果を報告する」と答弁し、ひとまずこの問題は先送りされた。しかし、予算委での質問を終えた後、井上氏は日本側が米空軍による空域の優先使用を断れないことを示す別の文書があると語り、「日本の主権が侵害されている」との立場から、さらに政府を追及する構えなので、わが国の航空管制と日米安保体制のあり方をめぐる論議に発展しそうだ。

井上氏はまず、昨年十一月三十日、沖縄周辺を含む韓国南方での米空軍の大規模演習の影響で、日本や香港、タイなどの民間航空機が大幅に遅れたことを取り上げた。細田運輸相は「[illegible]米側からは、訓練空域の空路を専用使用させてほしい、というアルト・ラブ（空域の一時的保留）方式の要請があったので空の安全を守るため、日本側はこの[illegible]

[illegible]通管制に関する合意文書の要旨が同年六月に国会に提出されているが、文書の七条に、米軍に日本周辺空域の一時的優先使用を認めた記述がある。全文を公表せよ」と迫った。

これに対し、外務省の北村北米局長は「日米合同委員会の関係文書は不公表扱いだ」と拒否するとともに、「国会に提出した合意文書の要旨[illegible]

[illegible]を図る」だ。五十年五月以前には、「優先権を与える」との規定があった。それをこのような表現に変えた」と答えた。

井上氏が「日本側は『優先的取り扱いを図る』ではないか」と反論し、なおも全文公表を求めたため審議は中断。理事会で協議した結果、政府が米側に取り扱いを照会、その結果を[illegible]

[illegible]るわけではないが、平時における努力と理解してもらっていい。有事の際の協力については別にガイドラインがある」と説明している。

井上氏はこの後、衆議院議員会館の自室で記者会見し、米軍から日本側にアルト・ラブを要請したのは五十七年度で九百六十八件ある、と指摘。「日本の航[illegible]

[illegible]年の[illegible]の後、四月、文書の中身が「便宜を図る」と変わった。この点、井上氏は「国内の[illegible]は必要ないが、自衛隊機に与えられていない優先権を米軍機に与えているのは、極秘密だ」として、政府に日米合同委員会の合意の是正を求めていく構えだ。

航空管制上の「米軍機優先密約」に関する国会での追及を報じる、1984年2月22日の『朝日新聞』。

たことでした。当時の各種新聞報道によると、演習のコードネームは「コープゼイド84－1」で、沖縄、韓国、フィリピン、グアムの各米軍基地からB52爆撃機、F15戦闘機、F4戦闘機、KC135輸送機など約一九〇機が参加していました。

国会で当時の自民党・中曾根康弘内閣に対し、この問題を追及したのは当時の社会党衆院議員・井上一成氏で、第一回目が一九八四年二月二一日の衆議院予算委員会。井上議員は独自に入手した「航空交通管制に関する合意」正式文書の第七条の英文コピーを手にして質問に立ちました。

国会会議録をもとに要約すると、

井上議員は「米軍の軍事演習のために民間機の運航が大きく乱れ、空の安全が脅かされている」と指摘したうえで、米軍基地とその周辺を除く日本領空および日本周辺の海洋上空の航空管制にあたる運輸省（現国土交通省）の対応や、米軍との事前の調整は、どのようなものだったのかをまず質しました。細田吉蔵運輸大臣と山本長運輸省航空局長の答弁の内容を整理すると、次のようになります。

①米軍側からは約二〇日前に、軍事演習に関係する一定の空域を航空管制上ブロックして民間機を通れなくし、一時的に米軍専用にするアルトラブ（空域制限）の要請があった。
②しかし、軍事演習での米軍機の移動が大規模なため、民間機の運航の混乱を最小限にとどめ、安全をも確保するには、アルトラブ方式よりも運輸省の航空管制に従ってもらうほうがいいと判断し、民間航空会社に対してノータム（航空機の運航の障害となる事項などが記された飛行情報）を発して、米軍の軍事演習にともなう空域や航空路に関する規制を周知させた。
③演習期間中、民間機が飛行する通常の高度は確保し、米軍にはそれより低い高度または高い高度を使わせた。民間機には通常の航空路を迂回するルートをとらせた。
④その結果、大きな混乱はなかったが、民間機の運航に影響は生じた。

■日米合同委員会の秘密を守ろうとする官僚

それに対して井上議員は、民間機に通常の航空路を迂回させ、大幅な遅れを強いて混乱させる規制をしてまで、米軍機を優先させる根拠は何か、日米両政府間の航空管制に関する合意の内容を明らかにせよと迫ります。

運輸省の山本航空局長の答弁は、日米合同委員会の「航空交通管制に関する合意」の名を挙げて説明するものでしたが、現実に起きた米軍の軍事演習による民間航空の混乱をもとに追及され、**弁解するのに焦ったためか、本来は政府が国会でも明かさないことにしていた、同合意の正式文書の一部を次のように読み上げてしまった**のでした。

「(合意の)第七条に、『日本国政府は、次の各号に掲げる航空機について、合衆国政府の要請があったときは、航空交通管制承認に関し、便宜を図るものとする』。その中に、『あらかじめ計画され、その飛行計画について関係の航空交通管制機関と調整された戦術的演習に参加する航空機』、こういうことになっております」

外務省が公表している「航空交通管制に関する合意」要旨にはない「第七条」の、「あらかじめ計画され、その飛行計画について関係の航空交通管制機関と調整された戦術的演習に参加する航空機」という、それまで隠されていた部分が飛び出してしまったわけです。同合意の正式文書第七条の英文コピーを独自に入手し準備していた井上議員は、鋭い質問の矢を放ちました。

過去に外務省が公表して国会に提出した合意の要旨では、問題の部分が欠落していると示したうえで、正式文書の第七条では、米軍に対する航空交通管制承認に関して、「便宜を図る」という表現ではなく、「優先的取り扱いを与える」という言葉が使われていると指摘したのです。そして、要旨ではなく正式文書の全文の公表を強く求めました。

すると、山本局長に代わって答弁に立った外務省の北村汎《ひろし》北米局長は、「日米合同委員会の合意全文は、アメリカ側との協議の上で不公表扱いにしている」と、全文の公表を拒否したうえで、すでに公表されている要旨の「便宜を図る」が正しい日本語訳だと主張します。

歴代の外務省北米局長は日米合同委員会の日本側代表を務め、日米合同委員会の民間航空分科委員会の日本側代表は、航空局長の部下である航空局管制保安部長が務めています。日米合同委員会に関与する日本の高級官僚たちは、あくまでも日米合同委員会の秘密を守ろうとするわけです。

井上議員は追及の角度を変えて、「それでは、どんな『便宜を図る』という英語を使っているのか、その箇所だけでも読み上げてくれ」と迫りました。正式文書第七条の英文コピーを入手し、さらにそれを予算委員会の場で出席者に配布したうえでの追及でしたから、北村局長も結局、その箇所は「プロバイド・プリフェレンシャル・ハンドリング」だと読み上げることを余儀なくされました。まさに、正式文書にある「provide preferential handling」(「優先的取り扱いを与える」)という英語が使われていることが明らかになったのです。

しかし、北村局長があくまでも「便宜を図る」という日本語訳の解釈で押し通そうとするので、井上議員は正式文書の全文公表を重ねて求めました。そのため、審議は一時中断し、委員会理事会で協議の結果、政府がこの問題についてアメリカ側の意向を問い合わせ、後日報告することになったのでした。

■法的根拠のない米軍への「優先的取り扱い」

そして、三週間後の三月一三日の予算委員会。答弁に立った北村局長は、駐日アメリカ大使館に問い合わせた結果について、「日米合同委員会の合意の原文は従来から不公表扱いとされているという回答があった」と報告しました。それは、日米両政府が日米合同委員会の秘密固守で歩調をそろえていることを表すものです。

しかし、井上議員は納得せず、「優先的取り扱いを与える」という本来の意味を、「便宜を図る」と変えるのはごまかしだと、あらためて追及しました。それに対して北村局長は、「その表現をそのまま訳すと『優先的取り扱いを与える』ということだ」と認めざるをえませんでした。ただし、そのうえで、合意の要旨ではなぜ「便宜を図る」になっているのかを、おおむね次のように説明しました。

一九七五年に日米合同委員会で「航空交通管制に関する合意」が改正されて現行のものにな

る以前、一九五九年の旧合意では米軍に対して、「防空任務に従事する航空機、あらかじめ計画された戦術的演習に参加する航空機」について、「航空交通管制承認の最優先権を与える」と定めていた。それを七五年の改正の協議で、当時の日本政府（具体的には日米合同委員会その民間航空分科委員会の日本側代表ら）が大変努力して、「プリフェレンシャル・ハンドリングを与える」というところにまで持ってきた。それは日本の空と民間航空の安全のために日本側の裁量権を確保するという政府の努力の結果である。だから、そのことをわかりやすく説明するために、合意の要旨を公表するに際して「便宜を図る」という表現にした。

つまり、「最優先権を与える」から「優先的取り扱いを与える」に表現を変えられたことは、日本側の努力の結果なので、それを反映して「便宜を図る」と意訳したというのです。

しかし、「最優先権」と「優先的取り扱い」の違いといっても、五十歩百歩でしょう。米軍優位の合意、米軍の特権を認めているという本質は変わりません。現に、この国会論戦のきっかけとなった軍事演習では、大規模な米軍機の移動のために民間機が何便も通常の航空路からはずれて迂回させられ、発着が大幅に遅れるなど混乱が生じたわけで、それは米軍の都合を優先させた結果にほかならないのですから。

井上議員がこの北村答弁を、「異なった表現を使って、国会に対し、国民に対し、ごまかしをしていた。その事実が明白になった。責任重大だ」と批判し、米軍に対する「優先的取り扱い」そのものを止めるよう、アメリカ側と交渉すべきだと主張したことは、正論といえます。

結局、この問題も、「横田空域」や「岩国空域」の問題と同じ構図です。日米合同委員会の「航空交通管制に関する合意」の正式文書では、米軍に基地飛行場とその周辺の航空管制を「委任する」（デレゲート）という言葉が使われているはずなのに、要旨では「認める」という異なる表現に訳す。米軍機に航空交通管制の承認に関し「優先的取り扱いを与える」（プロバイド・プリフェレンシャル・ハンドリング）と正式文書には書かれているのに、「便宜を図る」という別の訳に変えてしまう。なんとかして米軍優位の実態を隠そうという意図が透けて見えます。

そして、米軍による航空管制が航空法上の根拠規定を何ら持たないのと同じように、米軍に対して航空交通管制承認の「優先的取り扱いを与える」という根拠規定も、航空法にはいっさいありません。また同じように、この場合も航空法特例法に米軍への特例扱いの規定はまったくありません。

まさにこのケースでも、「合同委員会の合意事項」という「いわば実施細則」が、国内法を超越して日本政府を拘束し、その結果、民間航空に混乱をもたらす原因となり、日本の空の主権が侵害されつづけている現実をもたらしているのです。しかも、その合意事項の全文は秘密にされたままで、密約となっています。まさに「航空管制・米軍機優先密約」です。

秘密におおわれた日米合同委員会という不透明な機関に、このような超法規的な措置を可能にする力、憲法を頂点とする法体系を無視する力を与えたままでいいはずがありません。

■米軍に関わる航空管制の公文書を秘密にする政府

この国会論戦で、外務省の北村北米局長は井上議員の追及に対して最終的に、「(米軍に)優先的取り扱いを与えるということは、あくまでも日本の裁量権の範囲内でおこなわれるわけで、そういう意味で『便宜を図る』という範疇に入る」と、拡大解釈としか言いようがない主張をしました。「優先的取り扱いを与える」という合意の存在自体をもはや否定できなくなったので、解釈論を振りかざすしかなかったのでしょう。

運輸省の山本航空局長も、「日本の管制の裁量の範囲内で取り扱う。(米軍の)任務の内容によって、優先的取り扱いをする場合もあれば、(米軍の)要請をそのまま受け入れないこともある」と、やはり「便宜を図る」という解釈でいいのだと主張しました。

それでは実際、具体的にどのような「裁量権の範囲内」で米軍と調整をしているのか。それが明らかにされなければ、政府答弁の「便宜を図る」という中身を検証できません。

そこで、私はその点を明らかにするために、情報公開法にもとづいて国土交通省に対し、「航空交通管制において、米軍機と民間機の間で空域や飛行ルートなど様々な管制上の調整や連絡などが必要な場合に、どのように対処するのかなどの実務について解説などをしている関連文書のすべて」を開示請求してみました。

しかし、「横田空域」関連の文書開示請求などのときと同じく、「日米双方の合意がない限り公表されないことが日米両政府間で合意されており、これを公にすることは、米国との信頼関係が損なわれるおそれがある」という理由で、全面不開示とされました。

また、米軍に対する航空管制承認の「優先的取り扱い」の最たるものが、米軍機の飛行のために一定の空域を航空管制上ブロックして民間機を通れなくし、一時的に米軍専用にするアルトラブ（ALTRV）です。

そのアルトラブの実態を知るために、私はやはり情報公開法にもとづいて国土交通省に対し、「日米合同委員会における航空交通管制に関する合意にもとづき、過去に何度アルトラブが実施されたかなどの記録も含む、米軍機の行動のためのアルトラブについて記した関連文書のすべて」も開示請求してみました。しかし、これもまた前に述べたのと同じ理由で全面不開示とされたのでした。

このように、米軍に関わる航空管制の公文書をことごとく秘密のヴェールでおおってしまうのでは、国会での政府答弁が主張する「日本の裁量権の範囲内」を第三者が客観的に検証したくても、できるはずがありません。

アルトラブの件数に関しては、井上議員が国会でも、「一年間に何件日本は要求され、そして何件提供したのか」と質問していますが、運輸省の山本航空局長は、「日米合同委員会の申し合わせにより、米軍の行動に関する問題については了解がない限り公表しない約束になっている」として、回答を拒否しました。

「米軍の行動に関する問題」については、米軍側の了解がなければ、憲法で国権の最高機関と定めてある国会の場においてさえも公表できないというのです。それを日米合同委員会の申し合わせで決めているというのです。いかに米軍が事実上の治外法権の存在になっているかがわかる政府答弁です。と同時に、米軍にそのような特権を保障する日米合同委員会の闇の深さが伝わってきます。

当時の各種新聞報道によると、井上議員は国会質問後の記者会見で、独自に入手した資料にもとづき、アルトラブの件数は一九八二年度に限っても「九六八件もあった」と述べました。

米軍に対する「優先的取り扱い」の象徴であるアルトラブは、その後も続いており、二〇一四年に日本弁護士連合会が発表した「日米地位協定に関する意見書」では、「アルトラブの設定は年間一〇〇〇件以上に及んでいるといわれている」と指摘されています。

■米軍専用の空域制限「アルトラブ」

アルトラブには次の二種類の型があります。

①軍事演習や航空部隊の移動などに際し、米軍機の飛行ルートに合わせて、順番に次々と一定の空域を航空管制上ブロックして民間機を通れなくし、一時的に米軍専用にしていく「移動型」。
②米軍機の訓練や空中給油や各種の飛行試験などのために、一定の空域を常時、固定的に設定し、航空管制上ブロックして民間機を通れなくし、米軍専用とする「固定型」。

米軍がアルトラブの提供を望んで日本側に要請するときの手続きについては、やはり日米合同委員会の「航空交通管制に関する合意」で取り決められており、外務省公表の要旨の「5」にその概略が記されています。

「米国政府は、軍用機の行動のため空域の一時的留保を必要とする時は、日本側が所要の調整をなしうるよう、十分な時間的余裕をもって、その要請を日本側当局に対して行う」

この要旨では、アルトラブのことを「空域の一時的留保」と表現していますが、実際は民間機に特定の空域に入らせない制限を課すわけなので、一時的な「空域制限」としたほうが正確です。

現に、一九七五年に改正される前の「航空交通管制に関する合意」の旧合意（「五九年合意」）の正式文書では、アルトラブは「空域制限（高度制限）」と訳され、「第二章　定義」の「第二条」で、「計画された任務を遂行する戦術的航空機に独占使用させるため、航空交通管制本部によってあらかじめ指定された一定の空域」と定義されています。

そして、同じく「第三章　方針」の「第二条J項」では、「在日合衆国軍の要求にもとづき、民間、軍を問わず、すべての航空機関に優先する空域制限（高度制限）を航空交通管制本部をして提供せしめること」と合意されていました（なお、この旧合意の全文はＰＡＲＴ１で述べた日本政府省庁の秘密文書を一部収録している公刊書籍⑫『日米安保条約全書』に掲載されています）。

アルトラブについて、現行の合意の正式文書でも、目次に「第八条　一時的な空域制限」という表記があるので、おそらく旧合意と同じように米軍機を優先させる「空域制限」の取り決めがなされていると思われます。しかし、全文が公開されていないので確認できません。

外務省公表の要旨の「5」（⇩前ページ）は、「空域制限」のための調整の手順の概略だけを示したものでしょう。より詳細な実務的な取り決めがあるはずですが、国土交通省は私の文書開示請求に対し関連文書を全面不開示にしています。

外務省公表の要旨の「5」で、アルトラブの調整のために米軍側が要請する先の「日本側当局」とは、国土交通省航空局のことです。そして、調整の実務を担当するのは、航空局が運営する航空交通管理センター（以下、ATMセンター）です。

■日本の空の主権を排除し侵害するアルトラブ

二〇〇五年発足のATMセンターは福岡市にあります。日本領空と日本周辺の海洋上空を含む福岡FIR（国際的な航空管制区分）内での、航空機の発着・飛行状況などをレーダーや無線通信や衛星データリンク通信などを使って把握しています。そして、全国各地の飛行場、周辺空域、航空路の混雑や悪天候を回避するため、航空機の出発時間、飛行ルート、高度などを指示し、航空交通全体の流れを調整・管理しています。

また、ATMセンターに常駐する自衛隊の担当官と連携し、米軍とも連絡を取り合って、自衛隊・米軍の訓練空域が空いている時間帯に、民間機が悪天候の回避や飛行距離の短縮のため臨時に通過できるよう「調整経路」（CDR）の設定をするなど、空域の有効利用を図る「空域管理」（A

SM）もおこなっています。

アルトラブの調整はこの「空域管理」の担当事項です。しかし、国土交通省は「空域管理」に関する米軍との合意やアルトラブの調整に関連する公文書を全面不開示にしているので、詳しい調整方法はわかりません。

ただ、国土交通省航空局の資料「Overview of ATM Center in Japan」（二〇一二年）に、ＡＴＭセンターの航空交通管制官が空域のモニター画面を見ながら、米軍と電話で調整をしているイラスト入りの簡単な説明があり、「ＡＴＭセンターは米軍のＰＡＣＭＡＲＦからのアルトラブの要請に対して、航空交通にもたらされる影響を精査したうえで承認する」とだけ書かれています。

ＰＡＣＭＡＲＦはPacific Military Altitude Reservation Function（太平洋軍空域制限機関）の略で、米軍側の調整機関です。アルトラブの調整は、ＡＴＭセンターの発足以前は、ＰＡＣＭＡＲＦから、航空路管制を分担する四つの航空交通管制部に個別に要請されていました。

この国土交通省航空局の資料（図14）には、日本列島の地図が添えられ、沖縄から九州・中国地方を縦断し、山陰、北陸を経て東北地方を斜めに横切る「移動型」アルトラブ・ルートの一例が長い矢印の線で引かれています。

このように**日本列島を縦断しながら順々に、一定の幅と高度を持った立体的な空域が、民間機を排除して米軍専用に設定されてゆく**わけです。また、沖縄周辺の空にいくつも設定された、台形や長方形の「固定型」アルトラブの広大な空域を示す図も添えられています。

これを見るだけでも、米軍専用のための空域制限アルトラブが、いかに民間機の安全かつスムー

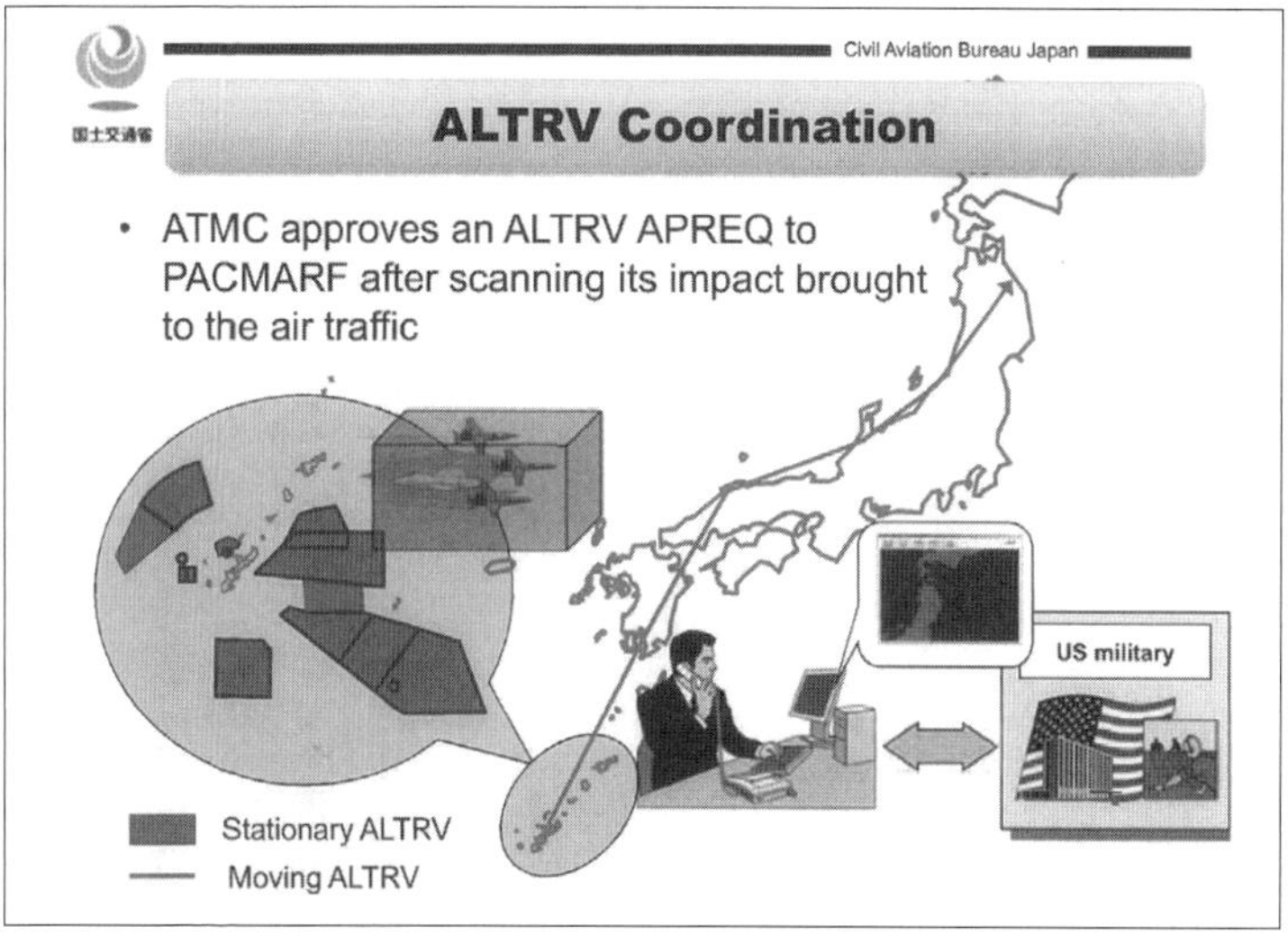

図14　アルトラブの調整・空域・ルートの図解。地図上の長い矢印が「移動型」アルトラブのルート。「固定型」アルトラブの空域は沖縄本島周辺の拡大図に示されている。112ページの沖縄周辺の米軍の訓練空域の図と比べると、「固定型」アルトラブの空域が設定されているのがわかりやすい。(国土交通省の関連資料より)

ズな運航の妨げになっているかが推測できます。航空安全推進連絡会議の二〇一六年の「要請書」でも、アルトラブや訓練空域など「民間航空機の安全かつ効率的な運航を阻害している軍事空域の削減」を強く求めています。民間機が自由に飛べない軍事空域があると、悪天候の回避ができなかったり、遠回りや低空飛行を強いられたり、さまざまなトラブルが発生するのです。**日本弁護士連合会によると、アルトラブは「年間一〇〇〇件以上」も提供されている**といいます。

そして、「横田空域」などと同じように日本の空の主権を排除し侵害する、アルトラブが続いているのも、日米合同委員会の「航空交通管制に関する合意」で、米軍に「優先的取り扱いを与える」と特権を約束した「航空管制・米軍機優先密約」があるからなのです。

以上、検証してきたように、日本国憲法（＝憲法体系）を無視して、米軍に治外法権に等しい特権を与える秘密合意＝密約を生み出す機関。こうした日米合同委員会はいったいどのようにしてできあがったのでしょうか。ＰＡＲＴ３では、米軍による日本占領時代にまでさかのぼって探ってみましょう。

PART 3

日本占領管理はどのようにして継続したのか

「占領管理法体系」から「安保法体系」へ

日米合同委員会は、
米軍の日本占領時代からの特権を維持するためにつくられた組織です。
それは「安保法体系」と「密約体系」によって「憲法体系」を侵食し、
日本国家のなかに憲法の力の及ばない闇の領域をつくりだしています。

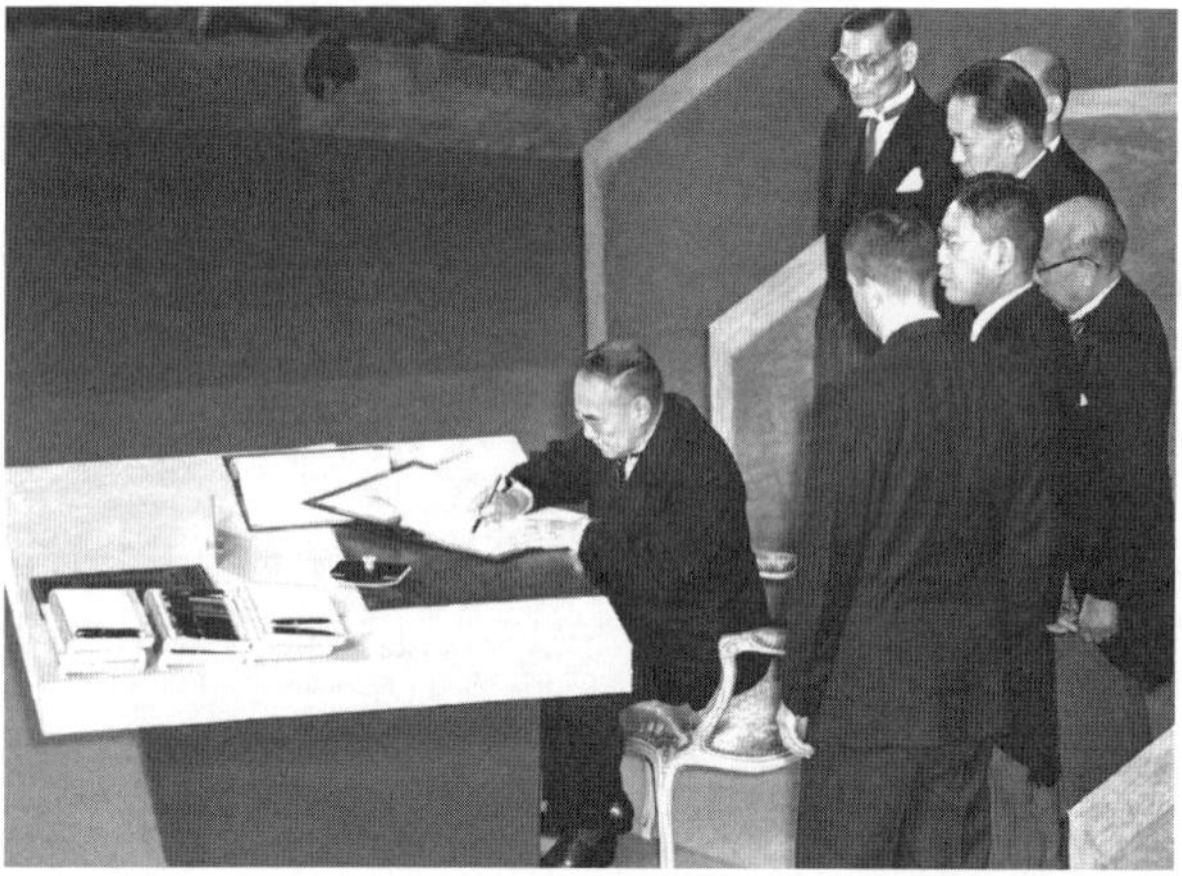

1951年9月8日、サンフランシスコ講和条約に調印する吉田茂首席全権と全権委員。日米合同委員会は翌年の4月28日、対日講和条約と日米安保条約、日米行政協定（現・地位協定）の発効とともに発足した。（共同通信社）

■米軍の特権を認めた日米行政協定

日米合同委員会は一九五二年（昭和二七年）四月二八日、対日講和条約と日米安保条約と日米行政協定（現在の地位協定）の発効とともに発足しました。

対日講和条約は、第二次世界大戦の敗戦国日本と連合国との間の戦争状態を法的に終結させ、日本の主権を回復させるための条約です。一九五一年九月八日、ソ連や中国などを除くアメリカやイギリスなど大半の連合国四八ヵ国と日本が、アメリカのサンフランシスコで開かれた対日講和会議において調印しました。ただし、沖縄や奄美など南西諸島と小笠原諸島は切り離され、アメリカの施政権下（軍政下）におかれることになりました。

対日講和条約と同時に結ばれた日米安保条約と、米軍の基地使用の権利などを定めた日米行政協定（一九五二年二月二八日調印）にもとづいて、米軍は、占領軍から駐留軍へと法的な地位を切り替えたうえで、第二次世界大戦後の日本占領時代に引き続き、基地や演習場などの使用を継続できることになりました。

当時は朝鮮戦争（一九五〇年六月〜五三年七月）の最中で、在日米軍基地は出撃・兵站《へいたん》・訓練などの一大拠点として、アメリカの対共産主義陣営の軍事戦略上、重要な位置を占めていました。アメリカは日本を共産主義陣営に対する前線基地として重視し、在日米軍基地を占領時代と同じように自由に使いつづけることを望んでいたのです。

当時の自由党・吉田茂政権は、冷戦下において共産主義陣営と対立するアメリカの世界戦略に従って、日米安保条約を結び、資本主義陣営の一員としての安全保障の路線を選びました。それは、保守政権の基盤を固めるためにも必要とされた政策決定だったのです。

安保条約と行政協定により、米軍は占領時代と同じような基地の自由使用を保障されました。基地（条約上は「施設及び区域」）の場所や使用期間を限定する条文もなく、必要であれば日本国内のどこにでも基地の設置を要求できるようになっていました。これを「全土基地方式」といいます。行政協定では米軍にさまざまな特権が認められました。たとえば次のようなものです。

朝鮮戦争。1950年10月、ソウル市内で、朝鮮人民軍を攻撃する米海兵隊員。（共同通信社）

①日本政府の出入国管理を受けず、日本に自由に出入りできる。
②基地や演習場を自由に使用でき、そこに自由に出入りして、日本国内を移動できる。
③基地や演習場のために国有地が無償で提供される。
④基地や演習場のために必要な民有地は日本政府が借り上げて提供するので、米軍は経済的負担を負わなくていい。

⑤米軍が基地や演習場を返還する際、原状回復や補償の義務を負わない。
⑥一九五三年の行政協定第一七条改定までは、米軍人・軍属・それらの家族（日本国籍のみは除き）が犯罪を犯した場合、公務中でも公務外でもすべて裁判権はアメリカ側が行使した。改定以後は、公務中の犯罪の裁判権（第一次裁判権）はアメリカ側、公務外の犯罪の裁判権（第一次裁判権）は日本側が行使するようになった。公務中か否かの認定は米軍に委ねられる。
⑦基地・演習場内のすべての者や財産について、また所在地のいかんを問わず米軍の財産について、日本政府当局に捜索や差し押さえをする権利はない。

このように日本の独立回復後も、米軍は占領時代と同じように、事実上の治外法権を維持できたのです。それは一九六〇年の安保改定で、行政協定が地位協定へと改定された現在でも続いています。

■日米合同委員会の前身にあたる予備作業班

日米合同委員会は、行政協定・第二六条の「［米軍が必要とする］日本国内の施設又は区域を決定する協議機関」として設置されました。そのためこの委員会で、日本政府の高級官僚と在日米軍の高級軍人が話し合い、アメリカ側の要求にもとづいて日本側が提供する米軍基地（「施設及び区域」）の場所や範囲を決めることになったのです。

行政協定には、米軍基地の決定や提供について、国会が関与するという規定はありません。そもそも行政協定をめぐる日米交渉の過程で、国会の承認なしに政府間で結べる行政協定という法形式をとることを、アメリカ側が提案し、日本側も好都合だと受け入れたのでした。しかも行政協定の条文は調印されるまで徹底的に秘密にされていました。

当時、占領時代から続く米軍人による犯罪や米軍機墜落事故などに反発する世論も根強く、日本政府は基地反対運動が高まることを懸念していました。基地提供の手続きの権限を政府だけが握り、国会をいっさい関与させない行政協定という仕組みは、基地の提供を円滑に進めるためには都合がよかったわけです。

そのため、外国軍隊への基地提供という国家の主権に関わる重大な問題が、国会や国民・市民の目も手も届かない日米合同委員会の密室で、米軍の要求にもとづき決定される構造ができあがってしまいました。それは一九六〇年の安保改定をへて、行政協定が地位協定へと名前を変えたあとも変わっていません。

米軍にとっては、対日講和条約が発効して占領が終結し、ポツダム宣言にもとづく駐留から、安保条約・行政協定にもとづく駐留に切り替わると同時に、占領時代からの基地や演習場を、「施設及び区域」という新しい名目のもとで、切れ目なく使用しつづけることがもっとも重要でした。

そのためには、対日講和条約の発効前から、米軍基地の場所を決定し、日本に提供させるための手続きを進めておかなくてはなりません。そこで設けられたのが、日米合同委員会の前身となる日米間の協議機関「予備作業班」です。

朝日新聞　昭和27年（1952年）3月4日（火曜日）　第23724号（日刊）

「予備作業班」きょう発足

米側代表　ウィリアムス代将

施設返還など要請

調達、課税問題も協議

伊関局長　ウィリアムス代将

モスクワ経済会議

英は多数参加

米人二人も出席受諾

"限定講和"を明

日本高周波鋼業

日米合同委員会の前身である「予備作業班」の発足を報じる、1952年3月4日の『朝日新聞』。

予備作業班は一九五二年三月四日に設置され、その日に第一回会合が外務省で開かれました。日本側代表は外務省の伊関佑二郎・国際協力局長で、それを補佐する委員として大蔵省の鈴木源吾・財務官と石原周夫《かねお》・主計局次長、特別調達庁の甲斐文比古・契約部長、外務省の田中弘人・国際協力局第三課長が就任しました。なお特別調達庁とは、占領軍関係の土地や物資や役務の調達、基地の工事などの業務を管轄していた官庁です。

一方、アメリカ側代表は連合国最高司令官総司令部（GHQ）の主任経理官ウィリアムス准将（陸軍）で、それを補佐する委員として、空軍のライアン大佐、海軍のシュレイバー大佐、国務省のサリヴァン二等書記官が就任しました。

以上の予備作業班本会議の下に、各専

門分野ごとに一四の分科委員会が設けられ、それらの委員には、日本側からは関係各省庁の高級官僚が、アメリカ側からは米占領軍の各担当官である高級将校などが就きました。この分科委員会で協議し合意に達した内容を本会議にかけて決定するという方式でした。

予備作業班の組織

予備作業班本会議		
分科委員会		
海上演習場	民間航空	財務
住宅	調達	税
賠償	商港	通信
裁判管轄権	工場	出入国
	陸上演習場	気象

■日米合同委員会で決められる基地の提供

　予備作業班は米軍基地の決定・提供の手続きのため、設置されてから占領終結までに九回の本会議会合を外務省などにおいて開催し、協議を進め、日本各地での現地視察や測量などの作業もおこないました。各分科委員会でも協議がおこなわれました。

　一九五二年四月二八日に対日講和条約と日米安保条約・行政協定が発効すると、予備作業班はそのまま日米合同委員会に移行します。合同委員会はその九日後の五月七日に第一回会合を開いて、予備作業班のそれまでの協議や合意や作業をすべて継承しました。

　そして、各分科委員会と本会議での協議を重ね、同年七月二六日に「行政協定に基く日本国政府とアメリカ合衆国政府との間の協定」を結び、米軍に提供する基地と演習場を決定しました。**その**ことから、**同協定は「日米施設協定」とも呼ばれます**。日米両政府を代表して、合同委員会の日米双方の代表である伊関外務省国際協力局長とウィリアムス准将が協定に署名し、即日発効しました。

　こうして米軍に提供することになった基地・演習場としては、無期限使用の兵営・飛行場・軍港・高射砲陣地・射撃場・陸上演習場・通信施設・弾薬庫・倉庫・貯油所などが三〇〇ヵ所、一時使用の倉庫・病院・宿舎などが三〇三ヵ所でした。要するに軍事施設はほぼすべて無期限使用となったのです。それらの総面積は約一四〇〇平方キロに及び、大阪府の面積のほぼ八割に相当しました。さらに海軍の訓練海域が一七区域、空軍の訓練空域が一二区域提供されました。なお、提供といっても、占領時代からの継続使用をそのまま認めたというのが実態です。

この時点で無期限使用の三〇〇ヵ所のうち五一ヵ所は、日米双方の合意が間に合わず保留となっていましたが、行政協定の締結時に、「対日講和条約発効後九〇日以内に合意に達しなくても、米軍による継続使用を認める」という主旨の取り決め（交換公文）が、当時の岡崎勝男国務大臣とラスク特使の間で交わされていたので、保留はかたちだけで継続使用が認められたわけです。「九〇日以内」と期限が一応設定されたのは、対日講和条約において条約発効後九〇日以内に米占領軍は日本から撤退しなければならないと定められていたのに合わせて、同じ日数を設定したと考えられます。

日米施設区域協定調印さる

日米施設協定に調印する伊関国際協力局長（右）とウィリアムス代将＝外務省で

「日米施設協定」の調印を報じる、1952年7月26日の『朝日新聞』夕刊。

　ただ、実際は安保条約によって米軍は占領軍から駐留軍へと法的地位を切り替えただけで、どこからも撤退する必要はなかったわけですから、この「九〇日以内」という期限設定は、基地提供の交渉の体裁を整えるものにすぎませんでした。

以上のほかに、軍事機密に属するとして公表されなかったレーダーなどを含む通信施設、CIC（米軍特別情報部）関係の施設が、一〇〇ヵ所前後あったといわれています（『講和から高度成長へ』柴垣和夫著　小学館　一九八九年）。

この「日米施設協定」が調印された翌日の一九五二年七月二七日付け『朝日新聞』は、

「全国に六百余件のずらりと並べられた軍事施設の分布地図に見入っていると、かつての租借地などというものはまだなまやさしかったように思われる。（中略）**日本という国全体が基地化されているといっても過言ではないだろう**」と報じました。

全国に無期限使用の米軍基地が並ぶこのような状態は、まさにアメリカの狙いどおりでした。一九五〇年九月八日に当時のトルーマン大統領が承認した、アチソン国務長官とジョンソン国防長官の対日講和条約に関する共同覚書――アメリカ政府の外交・軍事部門のトップどうしの合意――にある、

「条約は、米国に対し、日本のどこでも、長期間、米国が必要と思う程度に、軍隊を維持する権利を与えねばならない」（『戦後日本外交史Ⅰ』石丸和人著　三省堂　一九八三年）

という目的は、対日講和条約・安保条約・行政協定というセットを通じて実現されたわけです。

このようなアメリカの狙いをスムーズに実現させるために、米軍基地・演習場の決定と提供の手続きに国会を関与させない、「予備作業班→日米合同委員会」という仕組みが必要とされたのでし

た。しかも、「日米施設協定」で公表されたのは、米軍に提供する基地や演習場の名称と所在地などの一覧表だけで、それぞれの基地の詳細な範囲や用途や使用条件などの合意文書は現在まで秘密にされたままなのです。

■米軍の特権を保障するための国内法の制定

予備作業班と発足当初の日米合同委員会には、米軍に基地や演習場を提供する作業のほかにも、もうひとつ重要な任務がありました。それは、日米行政協定で定めた米軍のさまざまな特権を保障するために、関連する日本の国内法令を新たに制定するための準備作業でした。

行政協定の第二七条（地位協定では第二六条）に、

「この協定の各当事者は、この協定の規定中その実施のため予算上及び立法上の措置を必要とするものについて、必要なその措置を立法機関に求めることを約束する」

と定められていたからです。

では、なぜそのような国内法令を制定しなければならないのでしょうか。それは、安保条約・行政協定で日本がアメリカに対して米軍基地・演習場を提供する国際法上の義務を負ったため、その義務を果たすために国内法上、適法な措置を講じなければならなかったからです。

というのも、そもそも安保条約や地位協定（一九五二年〜六〇年は行政協定）にもとづく基地の提供などは、あくまでも日本政府のアメリカ政府に対する義務であって、国民や自治体の義務ではありません（『基地と人権』横浜弁護士会編　日本評論社　一九八九年）。安保条約や地位協定が直接、国民や自治体に何かの義務を課すわけではないのです。それが条約・協定と国民の関係に関する国際法の原則です。

したがって、日本政府が安保条約と地位協定上の義務を履行するために、国民や地方自治体の権利を制限するなどの必要がある場合は、新たに国内法令を制定しなければなりません。

たとえば、政府が米軍に基地や演習場を提供するために、民有地や公有地を強制収用する場合、当然、国民や自治体の権利が侵害されます。そこで、その行為を法的に正当化するための国内法令が必要となります。それが、後述する「土地等使用特別措置法」（別称：駐留軍用地特措法）です。

こうした国内法令案の準備作業に、「予備作業班＝日米合同委員会」は大きな役割を果たしました。予備作業班の日本側代表からそのまま日米合同委員会の初代代表となった伊関外務省国際協力局長が、次のように証言しています。

日米合同委員会（予備作業班）の重要な任務のひとつは、行政協定の実施に伴う「国内立法措置の緊急処理」であって、「合同委員会で合意した細目にもとずいて」一七の法案が国会に提出され、可決、制定された（「日米行政協定にもとずく合同委員会の交渉経過の概要」／『財政経済弘報』一九五二年八月一一日号）。

それは、一九五一年一二月一〇日から五二年七月三一日まで開かれた第一三通常国会でのことでした。制定されたのは、国有財産管理法、土地等使用特別措置法、航空法特例法、刑事特別法、民事特別法、電波法特例法、道路運送法等特例法など一七の法律で、法律名の最初に「行政協定の実施に伴う」（後に「地位協定の実施に伴う」と改称）という文言が付いています。

これら一連の法律は、米軍を特別扱いして、さまざまな特権を保障するためのものです。その特権は元をたどれば安保条約に行き着くことから、「安保特例法・特別法」と総称されています。

■基地のために土地を提供する特別法

それではそうした「安保特例法・特別法」は、どのように米軍の特権を保障する仕組みになっているのでしょうか。代表的な例をあげてみます。

たとえば「国有財産管理法」は、米軍の基地・演習場のために国有地などを無償で提供するための法律です。行政協定第二五条では、日本政府はアメリカ政府に財政的負担をかけないで、米軍基地などを提供しなければならないと定められました。だから、米軍に国有財産を無償で、しかも期限を設けずに提供するために、このような特別な法律が必要とされたのです。

そして同法では、米軍は基地を返還する際、環境を破壊したりしていても、元どおりに回復させる義務を負わないし、補償の義務も負わなくていいことになっています。それも行政協定第四条で、アメリカ政府は、米軍基地の返還に際し、原状回復の義務や補償の義務を負わないと定めていたからです。

しかし、一般国内法である国有財産法では、政府が国有財産を民間に貸し付けする場合は有償であり、期限も設けることになっています。また、原状回復やそれに代わる補償については、民法など関連する法令を適用して国（政府）が借り主に対し原状回復や補償を請求できるようになっています。

だから、米軍への国有財産提供を無償・無期限でおこない、しかも原状回復・補償の義務を免除するためには、それらの規定を、米軍に対しては適用除外にする、つまり特例を設けるための新たな立法措置が必要だったのです。

安保条約と行政協定が発効した一九五二年当時、米軍の基地や演習場として使われていた土地の半分は国有地で、あと半分が民有地と公有地でした。国有地は旧日本軍が使っていた兵営、飛行場、軍港、演習場などで、それらを米軍が占領時代に接収してから使いつづけていました。占領が終わったあともそれらを米軍が継続使用できるように、また基地や演習場を拡張したりする場合に備えて、この国有財産管理法という特例法がつくられたわけです。

同じく民有地の提供に備えて、「土地等使用特別措置法」がつくられました。やはり米軍に有利な条件を保障するための法律で、その第三条では左のように、基地提供に際して所有者との契約が結べない場合、日本政府が強制収用できると定められました。

「駐留軍の用に供するため土地等を必要とする場合において、その土地等を駐留軍の用に供することが適正かつ合理的であるときは、この法律の定めるところにより、これを使用し、又は**収用することができる**」

民有地の賃貸借契約が成立しない場合は、総理大臣による認定などの手続きを経たうえで、たとえ所有者や住民の反対があろうとも、強制的に土地を収用できるというわけです。

土地等使用特別措置法が定める**土地の強制収用の条件は、その土地を米軍基地にすることが、「適正かつ合理的」であるか否かという点だけで、土地の所有者の事情はまったく考慮に入れられていません。**しかも「適正かつ合理的」であるか否かという判断は、基地を使用する米軍の軍事目的についての、日本政府による高度な政策的判断とされ、事実上、一般国民が異議をさしはさむことはできないのです（『日米安保体制と日本国憲法』渡辺洋三著　労働旬報社　一九九一年）。

本来、日本には土地収用法という法律があり、これは「公共の利益となる事業に必要な土地」の収用について、「公共の利益の増進と私有財産との調整」を図ることを目的としてつくられたものです。しかし、この米軍に基地を提供するための特別措置法は、そうした私有財産との調整を図る必要は認めていません。あくまでも軍事目的を最優先させ、米軍のための土地収用をやりやすくするための法律なのです。そのために米軍を一般の国内法である土地収用法の適用から除外して、その特権的地位を保障しているのです。

そもそも、戦後、一九四六年に平和主義を基本原理とする日本国憲法が制定され、そのもとで土地収用法が新たに五一年に制定された際、旧土地収用法にあった軍事色は払拭されていました。

戦前、明治時代（一九〇〇年）につくられた旧土地収用法では、土地収用の対象である「公共の利益にして必要なる」土地の第一番目に「国防その他兵事〔軍事〕に要する土地」があげられていました。しかし、戦後の新土地収用法ではそれは削除されたのです。したがって、軍事優先の土地等使用特別措置法は、日本国憲法の原理とは相容れない性質の法律だといえます。

■米軍機の危険な低空飛行も認める航空法特例法

また「刑事特別法」は、米軍基地への許可なしでの立ち入りや、兵器・弾薬など軍用物の損壊、軍事機密の探知・収集などについての罰則と、それらの犯罪や米軍関係者がかかわった犯罪の刑事手続き（捜査・捜索・差し押さえ・逮捕・身柄引き渡し・証人の出頭・書類や証拠物の提供など）について定めています。

刑事特別法による米軍への特別扱いの例としては、次のようなものがあります。

たとえば米軍基地・演習場への許可なしでの立ち入りは、「一年以下の懲役又は二〇〇〇円以下の罰金若しくは科料に処する」と定めています。しかし、一般の国内法である軽犯罪法では、たとえば日本政府や地方公共団体の管理する飛行場など、「入ることを禁じた場所に正当な理由がなくて入った」場合は、拘留又は罰金だけで済み、懲役を課されることはありません。立ち入り禁止区域に入るという同じ行為なのに、米軍基地・演習場への立ち入りをより重く罰するという、米軍関係の事件での特例が設けられたのです。

また、日本国憲法第九条のもとでは本来、旧憲法下にあった軍機保護法など軍事機密を特別に保護する法規は設けられないのが当然です。しかし刑事特別法では、その基本原理に反して、米軍の軍事機密の探知・収集などについて、軍事機密保護のための特別な罰則が設けられました。

さらに、航空法特例法では米軍に対して、一般の国内法である航空法が定める規定のうちさまざ

民家をかすめるように、危険な低空飛行を繰り返す米軍機。（須田慎太郎）

まな項目について適用除外にしています。その主な項目は次のとおりです。

①飛行場・航空保安施設設置の許可を得る義務
②「耐空証明（＝安全証明）」のない航空機の飛行禁止
③「騒音基準適合証明」の義務
④外国航空機飛行の許可義務
⑤国籍等の表示義務
⑥夜間飛行の際の灯火義務
⑦飛行禁止区域の遵守
⑧最低安全高度の遵守
⑨速度制限の遵守
⑩衝突予防義務

このように航空法の適用除外があるから、米軍機は騒音基準など関係なしに、騒音公害をもたらす爆音を放ちながら、最低安全高度（人口密集地では航空機から水平距離六〇〇メートルの範囲内の最も高い障害物（建築物など）の上端から三〇〇メートルの高度、それ以外の所では地面や水面などから一五〇メートルの高度）も守らずに、日本全国各地で危険な低空飛行訓練などを続けていられるのです。米軍機の行動に日本政府の規制は及びません。

■日米合同委員会とアメリカ統合参謀本部の秘密文書

これら「安保特例法・特別法」の法案づくりに、予備作業班と日米合同委員会が重要な役割を果たしたことは、当時の政府による国会答弁からもわかります。

まず占領終結直前の一九五二年四月三日、衆議院議員運営委員会で吉田茂内閣の菅野義丸・内閣官房副長官が、法案提出の準備をしている一連の特例法・特別法として、土地等使用特別措置法、電波法特例法などの名をあげたあと、航空法特例法の法案について、

「これは現在、予備作業班等でもって先方と交渉を進めており、多少まだ時間がかかる」

と説明しました。「先方」とは、むろん予備作業班（後の日米合同委員会）のアメリカ側代表や委員である米軍の高級軍人らのことです。

そして、航空法特例法案の審議が衆議院運輸委員会で始まった同年五月七日、村上義一運輸大臣が法案の提出理由を述べました。その主旨は次のとおりです。

「日本に駐留する米軍の飛行場や航空機などに対し、航空法の適用に関して特例を設ける必要があるので、この法案を提出した。飛行場などの使用方法や、その他の具体的な実施細目については、

CIVIL AERONAUTICS SUB-COMMITTEE

MINUTES OF THE THIRD MEETING:

19 March 1952
Foreign Ministry Bldg.
Tokyo, Japan

Members Present

Mr. Ichiro Narahashi
Mr. Kaneyama, CAA
Mr. Yamaoka, CAA
Mr. Nishigoori, CAA
Mr. Izumi, CAA
Mr. Seki, CAA
Mr. Miura, Weather Division
Mr. Shibuija, TRM
Mr. Agematsu, CMO
Mr. Iwazato, Liaison Office
Mr. Hirato, Finance Ministry

Colonel C. E. Cole
Lt. Col. C. V. Burns
Cmdr, J. A. Masterson
Major E. R, Meeker
Lt. R. I. Hughes

The third meeting covered the following items of discussion:

a. Review and confirmation of the brief summary of the second meeting held 14 March 1952.

b. Scope, definition and responsibilities of the "Civil Aeronautics Sub-committee " (See incl. No. 1).

c. Interpretation of Article V, Paragraph 1, of the Administrative Agreement under Article III of the Security Treaty between the United States of America and Japan, referred from the Immigration Subcommittee (See Incl, No. 2)

d. Plan for the use of Hanedo Airport by the Japanese Government.

e. Radio Aids to navigation at point X, referred from the Meteorological Sub-committee. The problem presented in this item was, "who will bear the burden of expense for this facility".

f. Report on the establishment of "Navigational Aids Panel" in the Communications Sub-committee.

g. Bill for making exceptions from the Civil Aeronautics Act for implementation of the Administrative Agreement.

The third meeting covered items which are pertinent to the mission of the Civil Aeronautics Sub-Committee and it is anticipated that recommentations for action will be forthcoming after the fourth meeting

ICHIRO NARAHASHI
Japanese CAA

CLIFFORD E. COLE
Colonel, USAF

1952年3月19日に外務省で開かれた、予備作業班の民間航空分科委員会の第3回会合で、航空法特例法案について協議したことを記した、アメリカ統合参謀本部の秘密文書。（『アメリカ合衆国対日政策文書集成・アメリカ統合参謀本部資料1953－1961年』第9巻　石井修・小野直樹監修　柏書房より）

目下、予備作業班の航空分科委員会において協議を進めている」

この航空分科委員会とは、後の日米合同委員会の民間航空分科委員会のことです。

そして、航空法特例法案が予備作業班や日米合同委員会での協議を通じてつくられたことを裏づける、アメリカ側の英文資料も存在します（⇩前ページ）。それはアメリカ統合参謀本部（ＪＣＳ）の解禁秘密文書のひとつです（「民間航空分科委員会第三回会合覚書」一九五二年三月一九日、外務省ビル、東京、日本）。

その文書には、予備作業班の民間航空分科委員会の第三回会合で協議された、航空・気象関連の事項が七つあげられ、そのひとつが「行政協定の実施に備えて航空法からの特例を設けるための法案」〔吉田訳〕だったと書かれています（『アメリカ合衆国対日政策文書集成・アメリカ統合参謀本部資料１９５３－１９６１年』第９巻　石井修・小野直樹監修　柏書房　二〇〇〇年）。

会合の出席者は、日本側が航空庁（後に運輸省航空局）の奈良橋・管理課長ら航空庁や中央気象台や大蔵省などの官僚一一名、アメリカ側がコール大佐やバーンズ中佐など米空軍の将校五名で、それぞれの名前も記されています。

「行政協定の実施に備えて航空法からの特例を設けるための法案」とは、まさに航空法特例法の法案にほかなりません。「特例を設けるため」とあるように、航空法のさまざまな規定のなかから、どれとどれを米軍に対しては適用除外にするのかが、外務省の密室において日米間で話し合われていたのです。

当時、国会では航空法の法案も審議中でした。つまり予備作業班では、米軍のために「航空法からの特例を設けるための法案」すなわち航空法特例法案について、航空法の法案段階からすでに協議をしていたわけです。後に、一九五二年七月一五日に航空法と航空法特例法は同時に公布されます。

■日米合同委員会の密室協議と米軍の特権

ただ残念ながら、この件について協議されたことはわかっているのですが、具体的な協議内容の記述はありません。それは、この文書が分科委員会の詳細な議事録ではなく、当時、日本に駐留していた米軍当局からアメリカ統合参謀本部に送られた、予備作業班の概要報告書の一部だからです。アメリカ統合参謀本部とは、陸・海・空の三軍と海兵隊のトップクラスの将官によって構成された米軍の最高機関です。国防長官の指揮下におかれ、大統領と国家安全保障会議（ＮＳＣ）に軍事上の助言をします。

予備作業班と日米合同委員会の活動の概要報告書は、統合参謀本部に定期的に送られていました。対日講和条約発効後、日本において米軍が占領時代と同じような特権、軍事活動のフリーハンドを維持できるかどうか、米軍首脳部も強い関心を持っていたことがうかがえます。

一九五二年五月七日に外務省で開かれた、日米合同委員会の第一回会合についても、その「覚書」が概要報告書として統合参謀本部に送られています（前掲書）。

「午前一〇時一五分から、伊関佑二郎議長のもと開かれた」

と書かれたその会合の出席者は、日本側が代表の伊関佑二郎・外務省国際協力局長と、委員の甲斐文比古・特別調達庁契約部長、石原周夫・大蔵省主計局次長、鈴木源吾・同省財務官、田中弘人・外務省国際協力局第三課長など計七名、アメリカ側が代表のウィリアムス准将（陸軍）と、委員のシュレイバー大佐（海軍）、ライアン大佐（空軍）、サリヴァン二等書記官（駐日アメリカ大使館）など計五名です。

かれらはほとんどが予備作業班のメンバーで、同年四月二八日の日米安保条約・行政協定発効と同時にそのまま日米合同委員会の代表・委員に横すべりしました。

この会合では、予備作業班の各分科委員会の協議の要点が報告され、承認されています。前述の「民間航空分科委員会第三回会合覚書」もそのひとつでした。

さらに、一九五二年五月二〇日の「日米合同委員会　第二回会合覚書」（前掲書）にも、五二年五月二日の「民間航空分科委員会第七回会合」での協議事項として、「行政協定の実施に備えて航空法からの特例を設けるための法案」が再び登場し、「次回もまた協議事項とする」と書かれています。この件で繰り返し日米間の協議がおこなわれたことがわかります。

おそらく一連の協議を通じて、日米合同委員会（予備作業班）の民間航空分科委員会のアメリカ側委員である米空軍の将校たちから、米軍機の飛行が日本の航空法に束縛されないための特例を設けることが要求されたのでしょう。

その結果、日米間で合意が成立し、飛行場・航空保安施設設置の許可義務、「耐空証明」や「騒音基準適合証明」の義務、飛行禁止区域や最低安全高度の遵守などに関して、米軍に対する数々の適用除外が、航空法特例法案に盛り込まれたのだと考えられます。

当時は、対日講和条約が発効して日本の主権・独立が回復されたといっても、まだ占領が終わった直後です。民間航空分科委員会での協議も占領中と占領後をまたいでおこなわれており、米軍の命令が絶対だった占領体制の影響下の協議だったと見ていいでしょう。日本側がアメリカ側の要求に異論を唱えるのは難しかったにちがいありません。

■占領時代の既成事実の延長として特権を承認

発足時の日米合同委員会の日本側代表だった伊関・外務省国際協力局長は、「合同委員会で合意した細目にもとづいて政府が〔法案を〕提出」したという証言を残しています。その「合意した細目」こそが、航空法特例法案の場合は、米軍への数々の適用除外だったと思われます。

しかし、それら米軍への広範囲にわたる適用除外は、実は行政協定の条文上の根拠が不明なのです。はっきりした根拠は明記されていないにもかかわらず、航空法特例法ではなぜか広範囲にわたる米軍機への適用除外が認められているのです。

その点に注目してみると、ＰＡＲＴ２で指摘した「横田空域」での米軍による航空管制の問題との共通性が浮かび上がってきます。

「横田空域」での米軍による航空管制には、国内法上の根拠がなく、地位協定（旧行政協定）に明文規定があるわけでもありません。しかし、**「航空交通管制に関する合意」という日米合同委員会の合意事項が、「いわば実施細則」として、航空法という国内法を超えて米軍による航空管制を認**

めさせています。

航空法特例法のケースでは、行政協定（地位協定）上に根拠となる明文規定がなく、条文との関連性も不明確なのに、**日米合同委員会で「合意した細目」が力を持って、航空法という国内法を超えて、米軍機への広範囲にわたる特例――最低安全高度や速度制限など関係なく自由に日本上空を飛ぶ権利――を、航空法特例法を通じて認めさせて**います。

どちらも、日米合同委員会の日本側官僚とアメリカ側軍人による**密室での合意が、米軍の特権、要するに占領時代の既成事実の延長としての特権の承認、事実上の治外法権の確保につながるという構図**なのです。

このように航空法特例法は日米合同委員会の密室の合意から生まれました。それが今日まで、米軍の戦闘機やオスプレイなどが日本各地で爆音を放ちながら、米軍機以外には許されない最低安全高度以下の危険な低空で飛び交い、住民の生活と安全を脅かす元凶になっているのです。

■「安保法体系」と「憲法体系」の矛盾・対立

こうして航空法特例法をはじめ、米軍に対する特例すなわち軍事優先の特権を保障するための、行政協定の実施に伴う一連の「安保特例法・特別法」が、「合同委員会で合意した細目」にもとづいて日本政府の関係省庁で作成された法案どおりに制定されていきました。まず日米合同委員会の密室協議による合意ありきだったのです。

「安保条約――地位協定（旧行政協定）――安保特例法・特別法」
の法的構造を「安保法体系」、
「憲法――一般の法律――命令（政令など）」
の法的構造を「憲法体系」と位置づける憲法学の理論があります。それは「二つの法体系」論といい、提唱したのは、憲法学者で名古屋大学法学部教授だった長谷川正安です。

その著書『憲法現代史』（日本評論社　一九八一年）などによると、日米安保条約と地位協定（旧行政協定）と「安保特例法・特別法」が、米軍の事実上の治外法権を保障しているため、「出入国管理権」「関税自主権」「刑事裁判管轄権」などの国家主権が制限を受けるとともに、憲法が保障する「法の下の平等」（第一四条）が侵害され、「安保法体系」と「憲法体系」が矛盾・対立する事態になっているといいます。

この「安保法体系」によって米軍は、「憲法体系」に制約されない基地使用や訓練実施や戦闘作戦への出動など軍事活動の自由という特権を保障されています。たとえば、「憲法体系」に属する航空法のさまざまな規定を、「安保法体系」に属する航空法特例法によって米軍に対して適用除外にし、米軍を事実上の治外法権扱いしている。そのことで米軍は、最低安全高度以下の低空飛行訓練など軍事活動の特権を保障されているのです。

つまり、**「安保法体系」によって、日本国憲法を頂点とする「憲法体系」にもとづく法治国家構造のなかに、米軍に関する「事実上の治外法権ゾーン」が形成されてしまっています。それは「安保法体系」によって「憲法体系」が侵食され、空洞化されている**ことを意味します。

このように米軍に事実上の治外法権を認める軍事優先の「安保法体系」は、平和主義と国民主権にもとづく「憲法体系」と明らかに矛盾しています。「戦争の放棄・戦力の不保持・交戦権の否認」（第九条）という平和主義を基本原理とする日本国憲法は、安保条約のような軍事同盟を想定して制定されたものではなかったのです。長谷川正安はその著書の中で、こう指摘しています。

「〔日本国〕憲法には、およそ軍隊の存在を前提とした条文がなく、したがって、軍事機密を保護したり、軍人の権利・義務を特別にあつかったりする法令を生みだすはずがない。しかし、安保条約から生まれる行政協定〔地位協定〕、それにもとづく刑事特別法などをみると、憲法では予想しえない、軍人の特権や軍事機密の保護があつかわれている。このように憲法体系と安保法体系とは、全面的にあい容れない二つの法体系であることは、虚心にこれをみればだれも否定できないところである」（『昭和憲法史』岩波書店　一九六一年）

したがって長谷川によれば、刑事特別法などは違憲立法の法律だと位置づけられるのです。航空法特例法にしても、行政協定上の根拠も不明確に米軍を特別扱いする、軍事優先の特例法です。日本国憲法の平和主義と「法の下の平等」に反しており、違憲立法といえるのではないでしょうか。

こうした航空法特例法など一連の「安保特例法・特別法」を生みだすのに、日米合同委員会（予備作業班）は密室での合意細目づくりを通じて関与しました。「憲法体系」を侵食し空洞化する「安保法体系」という法的構造をつくりだすのに、大きな役割を果たしたのです。

■「安保法体系」の前身となった「占領管理法体系」

「安保法体系」には、実はその前身といえる法体系がありました。それは「占領管理法体系」（「占領法体系」や「管理法体系」ともいう）です。憲法学者の長谷川正安もそう指摘しています。

「占領管理法体系」とは、第二次世界大戦に敗北した日本が連合国（実質的にはアメリカ）に占領されていた時代、最高権力を持っていた連合国最高司令官（ＳＣＡＰ）が日本政府に対して発した「指令」や「覚書」などの命令と、それらを実施するための日本政府による勅令（天皇が制定する命令）・政令（内閣が制定する命令）などの総体を指します（『資料・戦後二十年史3』末川博編　日本評論社　一九六六年など）。

詳しく説明すると、まず「占領管理法体系」の頂点には「ポツダム宣言」がありました。「ポツダム宣言」は第二次世界大戦末の一九四五年七月二六日に、アメリカ・イギリス・中国（後にソ連も参加）が日本に対し無条件降伏を求めたもので、日本占領の基本目的と戦後の対日処理[註1]の方針を定めていました。

同年八月一四日、当時の日本政府は「ポツダム宣言」を受諾。翌一五日に「終戦の詔書」を天皇が発表し、八月二八日から米軍の日本占領が始まりました。八月三〇日にはマッカーサー連合国最高司令官らが厚木基地飛行場に到着し、まず横浜に米太平洋陸軍総司令部を設置します。そして九月二日、東京湾に停泊した米軍戦艦ミズーリ号艦上で「降伏文書[註2]」が調印されました。

1945年9月2日、米軍艦ミズーリ号上でおこなわれた「降伏文書」調印式。(共同通信社)

この「降伏文書」の調印により、日本は「ポツダム宣言」の受諾をあらためて確認したうえで、同宣言の条項を「誠実に履行する」国際法上の義務を負いました。「ポツダム宣言」の条項は、その誠実な履行義務が「降伏文書」に盛り込まれることで、正式に日本を拘束する法的効力を持ったのです。「ポツダム宣言」と「降伏文書」は日本占領の基本法的な位置を占めています。

そこで、その義務を日本政府が果たすためには、官庁職員と陸海軍職員が連合国最高司令官の発する「布告、命令及び指示」(以下、命令と総称)に従わなければならないわけです。そして、「ポツダム宣言」の条項を誠実に履行するために、連合国最高司令官からの命令に応じて、国内法上の手続きなど必要な措置をとらなければなりません。

それは、連合国による日本占領管理が、直接、軍政(占領行政)をしく方式ではなく、日本政府の機構を通しておこなう間接統治の方式をとったからで

す。「降伏文書」に、

「天皇及び日本国政府の国家統治の権限は、本降伏条項を実施するため適当と認むる措置を執る連合国最高司令官の制限の下に置かるるものとす」

とあるように、天皇と日本政府の国家統治権は、連合国最高司令官の下に置かれました（「制限の下に置かるる」は原文では「be subject to」で、「従属する」が正確な意味です）。

註1　「ポツダム宣言」の主要な条項　①軍国主義勢力の除去、②連合国軍による日本占領、③日本領土の限定、④日本軍の武装解除と復員、⑤戦争犯罪人の処罰、⑥日本の民主化、⑦人権尊重の確立、⑧再軍備につながるものを除く産業と貿易の容認、⑨日本国民の自由意思による平和的かつ責任ある政府樹立後の占領軍撤退など。

註2　「降伏文書」の主要な項目　①日本軍の無条件降伏、②敵対行為の停止、③連合国最高司令官の命令などを日本政府官庁職員と陸海軍職員が遵守し、その内容を実施する義務、④「ポツダム宣言」の条項の誠実な履行とそのための措置を日本政府がとる義務、⑤連合国の捕虜と被抑留者の解放、⑥天皇と日本政府の国家統治権の制限など。

■連合国最高司令官の命令とポツダム緊急勅令

連合国最高司令官の最初の命令は、「降伏文書」調印の当日、九月二日に出された有名な「指令第一号」（「一般命令第一号」）です。

連合国最高司令官、ダグラス・マッカーサー（アメリカ国立公文書館）

それは日本軍に対し武装解除・軍事情報の提供・軍事施設と軍事物資の保全などさまざまな命令を下したものです。そして日本の軍人・行政官憲・私人に対し、連合国最高司令官と連合国軍官憲の指示に服するよう命じました。さらに日本政府に対し、占領軍への援助を命じ、連合国最高司令官の命令の規定を遵守しない行為や連合国に対する有害な行為には厳重な制裁を加えるよう命じました。

その後、連合国最高司令官の命令は、「指令」「覚書」「書簡」などの形式で、次々と発せられてゆきます。それらは軍事、政治、経済、司法、社会、文化、教育、宗教など多方面にわたり、日本の非軍事化と民主化など占領政策の遂行に活用されていったのです。また連合国最高司令官総司令部（ＧＨＱ）も東京に設置されました。

そして、連合国最高司令官の従属下に置かれた日本政府は、同司令官の命令に応じるための国内法上の措置として、一九四五年九月二〇日、緊急勅令「ポツダム宣言の受諾に伴い発する命令に関する件」（勅令五四二号）を制定しました。

緊急勅令とは、大日本帝国憲法（明治憲法）第八条にもとづき、天皇が帝国議会の閉会中に発することができる命令で、法律に代わる効力を持ちます。議会の事後承諾が必要とされ、このポツダム宣言に関する緊急勅令も同年一一月末からの第八九臨時議会で承認されました。「ポツダム緊急勅令」や「ポツダム受諾勅令」と呼ばれたりもします。

「ポツダム宣言の受諾に伴い発する命令に関する件」の条文は一条だけで、次のとおりです。

「政府はポツダム宣言の受諾にともない、連合国最高司令官のなす要求にかかる事項を実施するため、特に必要ある場合においては命令をもって所要の定め〔＝必要な法的措置〕をなし、および必要なる罰則を設くることを得る」

つまり、日本政府には「ポツダム宣言」の受諾にともない、同宣言を誠実に履行する義務があり、連合国最高司令官が発する「指令」や「覚書」などの命令に従わなければなりません。また、その命令を実施するために、既存の法規の廃止、改正、新たな法規の制定が必要となる場合もあります。

そこで、連合国最高司令官の「指令」や「覚書」などに速やかに応じるため、大日本帝国憲法に規定のあった勅令（天皇の命令）・閣令（内閣総理大臣の命令）・省令（各省大臣の命令）といった形式の「命令」によって、法的な措置[註]をとることにしたわけです（なお、日本国憲法が施行された一九四七年五月三日以降は、勅令・閣令・省令ではなく、政令という形式になりました。「ポツダム宣言の受諾に伴い発する命令に関する件」にもとづく諸々の勅令や政令などは、いわゆる「ポツダム勅令」や「ポツダム政令」とも呼ばれます）。

このような「占領管理法体系」を図式化すると、次のようになります。

「占領管理法体系」

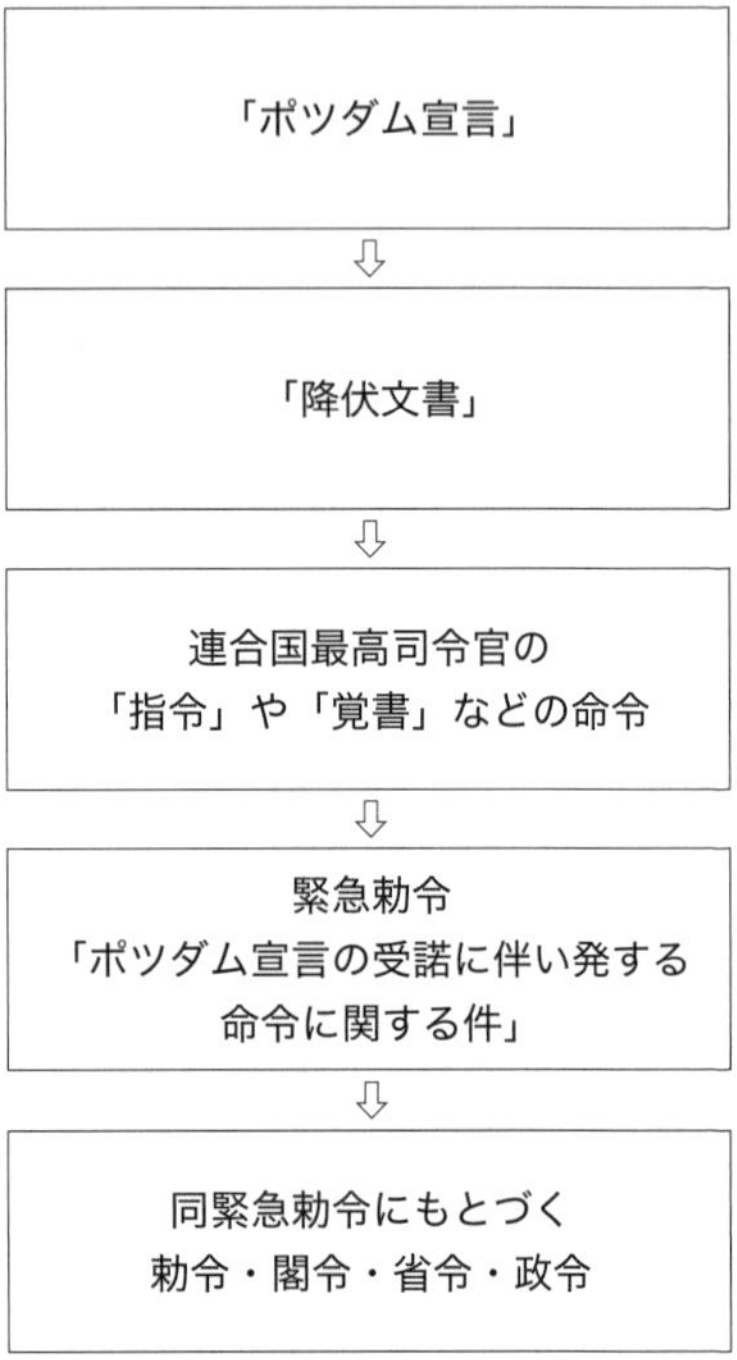

この「占領管理法体系」は占領時代、大日本帝国憲法に優越し、日本国憲法が施行されたあとでも、やはりその「憲法体系」に優越し、日本政府と国民を法的に拘束していたのです。

註

たとえば、民主化と人権尊重の確立をもたらす「戦後改革」の一環として、一九四五年一〇月四日に連合国最高司令官が発した「政治的・市民的及び宗教的自由に対する制限の撤廃に関する覚書」（通称「人権指令」）では、思想・宗教・集会・言論の自由を制限する法規すべての廃止とその効力の即時停止、政治犯の即時釈放、特高警察など思想弾圧に関わった警察機関および類似機関の廃止、内務大臣と警察関係の幹部と特高警察課員などの罷免などが命じられた。

それを受けて日本政府は、治安維持法・思想犯保護観察法・予防拘禁手続令・国防保安法・軍機保護法などの廃止をはじめ、必要な法的手続きをとるため、緊急勅令「ポツダム宣言の受諾に伴い発する命令に関する件」にもとづき、勅令「治安維持法・思想犯保護観察法など廃止の件」（一九四五年一〇月一五日）などを発して、それらの法令を廃止した。

また、一九四五年九月二日の「指令第一号」で、連合国に対する有害な行為には厳重な制裁を加えるよう日本政府に命じられていたことを受けて、日本政府は「ポツダム宣言の受諾に伴い発する命令に関する件」にもとづき、連合国最高司令官や占領軍の各司令官の命令の趣旨に反する行為を処罰するための、「連合国占領軍の占領目的に有害な行為に対する処罰等に関する勅令」（四六年六月一二日）を新たに発した。

■占領軍に日本の一切の「資源」の提供を命じた「指令第二号」

「占領管理法体系」において、連合国最高司令官の命令とそれにもとづく勅令や政令などには、日本の非軍事化・民主化・人権尊重の確立など、いわゆる「戦後改革」をおこなうためのもの以外に、占領軍（実質的には米軍）の基地使用、物資や土地・建物や労務の調達、占領経費のための資金、出入国管理、税関、航空機の飛行、米軍関係者の裁判権など、米軍の活動全般に関わる命令も含まれていました。**それらは占領軍としての米軍の特権を保障するものであり、そうした「占領管理法体系」のなかから「安保法体系」が生みだされていくことになったのです。**

占領軍としての米軍の特権を保障する連合国最高司令官の命令は、一九四五年九月三日に出された「指令第二号」から始まりました。この指令は前述の「指令第一号」ほどは知られていませんが、非常に重要な内容です。つまりこれは日本政府に対し、占領軍が使用するための一切の「資源」の提供を命じるものだったのです。

その「第四部　資源」には次のように書かれています。

「日本帝国政府は連合国最高司令官の委任を受けたる代表者または各自の区域における占領軍指揮官の指示するところに従い、**連合国占領軍の使用のため必要な一切の地方的資源を連合国占領軍の処分に任さねばならない**」

占領軍用の土地や物資の調達、基地の工事などの業務を管轄していた政府機関、調達庁（一九五二年までは特別調達庁）が編纂・発行した『占領軍調達史』（一九五六年）によると、この指令が根本的な法的根拠となり、土地、建物、飛行場、物資、労務など占領軍が要求する「資源」を提供しなければならなくなったのです。

たとえば、一九四五年九月二五日に連合国最高司令官の覚書「日本における調達手続に関する件」が出され、土地・建物に関して占領軍の調達要求は、「調達要求書」（ＰＤ）を通じておこなわれることになりました。基地や演習場のためには、国有地の提供だけではたりないので、「調達要求書」にもとづき、日本政府が民間の土地・建物などの所有者との間に賃貸借や売買の契約を結び、使用権を取得して提供する方式がとられました（前掲書）。

そして所有者との合意が得られず、賃貸借や売買の契約ができない場合に備えて、日本政府は必要な土地・建物を強制的に使用し、所有者に補償金を支払う措置として、一九四五年一一月一七日に勅令「土地工作物使用令」を発しました。

ただ、その使用令を発動する事態は起きませんでした。なぜなら、占領時代、国民の間には「最高司令官の要求は絶対」との考えが浸透しており、土地・建物の所有者は意に沿わない場合でも、契約に応じる者がほとんどだったからです（前掲書）。

また、占領の経費も日本政府が提供しなければなりませんでした。「指令第二号」にもとづき、一九四五年九月四日に連合国最高司令官の覚書「占領軍の資金に関する件」が出され、占領軍が必要とする資金を日本円で提供するよう日本政府に命じたのでした。

■「占領管理法体系」と「安保法体系」のつながり

一九五一年九月八日にサンフランシスコで対日講和条約・日米安保条約が調印され、翌年四月二八日に発効し、日本は主権、独立を回復することになりました。約六年七ヵ月にわたる占領が終結したのです。

占領が終われば当然、「占領管理法体系」はなくなり、一連の「指令」や「覚書」なども効力を失います。しかし、占領軍から安保条約にもとづく駐留軍へと衣替えする米軍にとって、基地・演習場の継続使用と、拡張や新設のための土地収用は依然として必要です。軍用物資の調達の継続ももちろん必要ですし、駐留経費もできるかぎり少ないほうがいいわけです。

そのためには、占領時代の米軍の特権を保障した「占領管理法体系」に代わって、同じ特権を保障する法体系が必要となります。それが「安保条約――行政協定――安保特例法・特別法」という構造をもつ「安保法体系」だったのです。

一九五二年二月二八日に調印され、「安保法体系」の要となった行政協定は第二五条で、米軍駐留に関わる経費負担について、「日本国が負担すべきもの」を除いてアメリカ側が負担すると定めました。駐留軍費（防衛支出金）と呼ばれた、「日本国が負担すべきもの」としては次のように規定されています。

①日本側が米軍に提供する基地や演習場などのための土地の借り上げ料と補償費。
②米軍が必要とする輸送業務などの役務（労務）と米軍が必要とする需品（物資）の調達の費用として、日本政府が毎年提供する一億五五〇〇万ドル相当の日本国通貨。

つまり、「占領管理法体系」の連合国最高司令官の覚書「占領軍の資金に関する件」などによって占領経費をすべて日本側に負担させていた仕組みから、「安保法体系」の行政協定第二五条によって、駐留経費のすべてではないが、相当部分を日本側に負担させる仕組みへと、外観を変えながら米軍の特権を実質的に確保したというわけです。

なお右の②の規定は、一九六〇年の安保改定に伴う行政協定から地位協定への移行の際になくなりました。しかし、一九七八年度から自民党政権により「思いやり予算」と称して、在日米軍基地の日本人従業員の労務費や施設整備費などを日本側が負担する仕組みがつくられ、米軍の特権が復活しました。このように装いを改めながら、占領時代の米軍の特権が実質的に確保される構造が現在も続いているのです。

■米軍の占領から駐留への切り替えに合わせて

行政協定では、日本政府はアメリカ政府に負担をかけずに、基地・演習場のための土地などを提供しなければならないと定められました。そこですでにのべたとおり、国有地を基地・演習場のために無償で提供するための「国有財産管理法」が制定され、対日講和条約の発効と同じ一九五二年四月二八日に公布・施行されました。

国有財産の土地・建物の提供については、すでに占領時代、米軍に無償で提供されていました。その特権を、占領から駐留への、「占領法体系」から「安保法体系」への切り替えに合わせて、実質的に継続したのです。

民有地に関しては、占領時代と同じように、日本政府が所有者との間に賃貸借や売買の契約を結び、使用権を取得してから米軍に提供するという方式がとられます。日米合同委員会で米軍側から要求が出され、協議・合意したうえで提供する方式です。

占領時代は、契約ができない場合のために、勅令（「土地工作物使用令」）が制定されていましたが、それを発動して土地・建物を強制的に使用したケースは起こりませんでした。前に述べたとおり、連合国最高司令官の命令は絶対的なものだという意識が、国民の間に浸透していたからです。

しかし、占領が終わり、日本が主権を回復し、独立を取りもどしたということになれば、「占領から解放されたという国民意識等によって、万一これができない場合には、やむをえず強制権をもって土地建物等を使用収用しなければならない事態が発生すること」が予測されました（『占領軍調達史』）。だから、「土地工作物使用令」に代わる新たな国内法上の措置が必要でした。それが、ここまで何度もご説明した「土地等使用特別措置法」の制定です。公布・施行は一九五二年五月一五日で、対日講和条約・安保条約・行政協定の発効直後のことでした。

すでに述べたとおり、この法律では、その土地を米軍基地・演習場にすることが「適正かつ合理的」であると総理大臣が認めれば、強制的に土地を使用・収用できることになっています。

この土地等使用特別措置法は、後に米軍立川基地の滑走路拡張計画において、旧砂川町の農民の土地を強制収用しようとする日本政府により発動され、大規模な反対闘争（「砂川闘争」）を引き起こすことになります。

■占領時代の米軍の特権を継続するための安保法体系

このように占領から駐留へと日本における米軍の法的地位が切り替わるのに合わせて、「占領管理法体系」と「安保法体系」がどうつながっていたか、基地・演習場のための土地・建物の調達を例にとって図式化すると次のようになります。

「占領管理法体系」

＊日本政府に対し占領軍への援助、占領軍が必要とする土地・建物の調達要求を規定した一連の「指令」や「覚書」。

「指令第一号」「指令第二号」「日本における調達手続に関する件」

⇩

＊日本政府が連合国最高司令官の命令に応じるための国内法上の基本的な措置。

緊急勅令「ポツダム宣言の受諾に伴い発する命令に関する件」

⇩

＊基地・演習場の提供に必要な民有地の賃貸借や売買の契約ができない場合、政府が土地・建物を強制的に使用・収用できる。
勅令「土地工作物使用令」

⇩

「安保法体系」

＊米軍の日本国内とその付近への配備を規律する条件を行政協定で決定する。／日米安保条約第三条

⇩

＊米軍への「施設及び区域」すなわち基地・演習場の提供に日本政府が合意した。／日米行政協定第二条

＊日本政府はアメリカ政府に負担をかけずに基地・演習場のための土地などを提供なければならないと定めた。／日米行政協定第二五条

⇩

＊米軍の基地・演習場のために国有地を無償で提供するための法的措置。／行政協定の実施に伴う国有財産管理法

＊民有地を米軍基地・演習場にするため強制的に土地を使用・収用できる法的措置。／行政協定の実施に伴う土地等使用特別措置法

こうした「占領管理法体系」から「安保法体系」への移行において、占領時代の米軍の特権を維

持させる国内法上の措置の一環として、「国有財産管理法」や「土地等使用特別措置法」の制定を位置づけることができます。

そして、どちらも、日米合同委員会の日本側代表、伊関外務省国際協力局長が述べたように、行政協定の実施に伴う「国内立法措置の緊急処理」として日米合同委員会（予備作業班）が関与したものであり、行政協定の実施に伴う一七の法律に含まれていたのです。

■アメリカによる「日本占領管理」は終わったといえるか

「占領管理法体系」と「安保法体系」のつながりを具体的にトレースしてみると、日米合同委員会が「安保特別法・特例法」の法案づくりという「国内立法措置の緊急処理」、すなわち「占領管理法体系」から「安保法体系」への移行に深く関与していたことがわかります。

つまり日米合同委員会は、「占領管理法体系」を「安保法体系」に衣替えさせて、日本占領管理下での米軍の特権を、占領終結後も外観を変えて「合法化」し、維持するための法的構造をつくりだす、一種の「政治的装置」として誕生したのだといえます。

そして、その機能は「安保法体系」による米軍の特権、事実上の治外法権の維持のために、今日まで連綿と続いているのです。対日講和条約の発効で日本は主権を、独立を回復したことになっていますが、はたしてアメリカによる「日本占領管理」は終わったといえるのか。日米合同委員会について調べれば調べるほど、そうした疑問は深まるばかりです。

PART 4

最高裁にもあった裏マニュアル

『最高裁部外秘資料』という裏マニュアルに書かれていた
日米合同委員会の密約。
それは、米軍機墜落事故や米兵による
殺人事件の損害賠償を求める裁判において、
真相の解明と責任の追及を阻む大きな壁となっているのです。

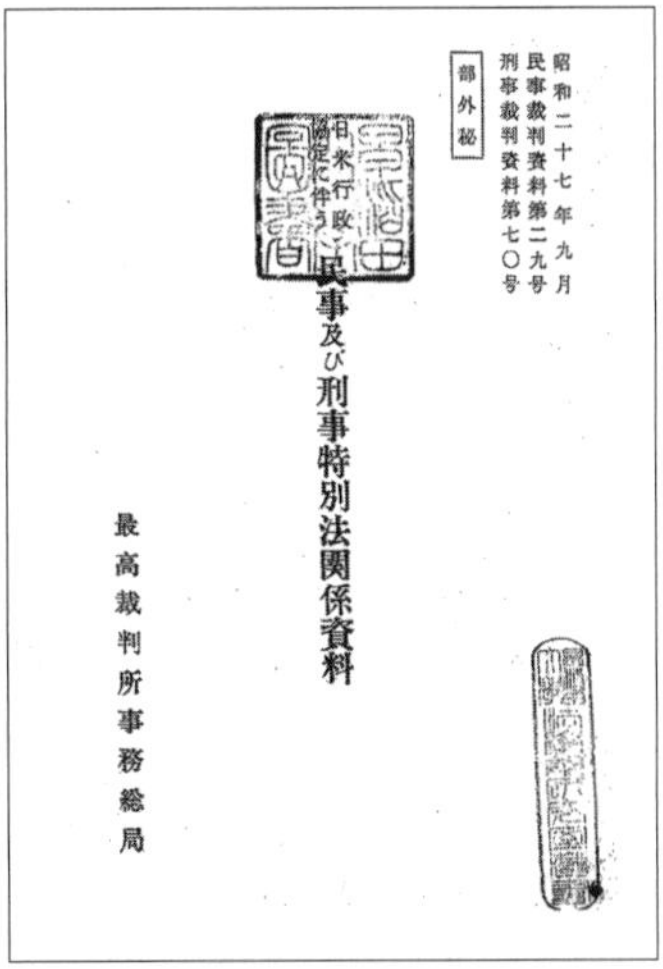
昭和二十七年九月
民事裁判資料第二九号
刑事裁判資料第七〇号

部外秘

日米行政協定に伴う民事及び刑事特別法関係資料

最高裁判所事務総局

『最高裁部外秘資料』。最高裁事務総局も
この資料の編集・発行を認めている。

■『最高裁部外秘資料』に載っていた密約

これまで検証してきたように、日米合同委員会は「占領管理法体系」を「安保法体系」へと橋渡しする役割を果してきました。占領時代の米軍の特権を既成事実として占領後も維持し、事実上の治外法権を保障する法的構造をつくりだす、一種の「政治的装置」として生み出されたわけです。

そして、その構造をより強固なものとするために、「安保法体系」に加えて、地位協定（旧行政協定）の米軍優位の取り決めを絶対化する仕組みがつくられてきました。それが日米合同委員会の秘密の合意なのです。

たとえばPART1で述べた、米軍関係者の犯罪の「裁判権放棄密約」、米軍人・軍属の「身柄引き渡し密約」がそうです。

またPART2で述べたように、「航空管制委任密約」もそのひとつです。航空法上も、航空法特例法上も根拠がないのに、米軍基地飛行場とその周辺において米軍に航空管制の権限を事実上委任してしまっているのです。そのため、「横田空域」や「岩国空域」のように、日本の空の主権が米軍により侵害される事態を招いています。

同じく、防空任務への従事や軍事演習に参加する米軍機に対して、日本の航空管制当局が航空管制承認上の優先的取り扱いを与える合意、「航空管制・米軍機優先密約」も結んでいます。

このように米軍の特権を認める合意を結んでいるのに、日本政府は「航空交通管制に関する合意」の正式な文書（英文）を公表しません。合意の要旨として公表したものには、正式な文書にはある、米軍への航空管制の「委任（デレゲート）」という言葉が抜け落ちています。さらに、航空管制承認上の「優先的取り扱い与える」という正式な文書の表現を、「便宜を図る」と異なる意味の日本語に訳しています。すべては米軍優位の秘密合意、すなわち「航空管制委任密約」や「航空管制・米軍機優先密約」を隠しておきたいからでしょう。

こうした日米合同委員会の秘密の合意（＝密約）のひとつに、「民事裁判権密約」があります。日本における米軍の事故や米兵犯罪の被害者が損害賠償を求める民事裁判に、米軍側はアメリカの利益を害するような情報は証拠として提供しなくてもよく、また、そうした情報が公になりそうな場合は米軍人・軍属を証人として出頭させなくてもよいという密約です。

最高裁判所：東京都千代田区（著者撮影）

その密約が記されているのは、「合同委員会第七回本会議に提出された一九五二年六月二一日附裁判権分科委員会勧告、裁判権分科委員会民事部会、日米行政協定の規定の実施上問題となる事項に関する件」（以下、「実施上問題となる事項」）という文書です。合同委員会とは日米合同委員会を指

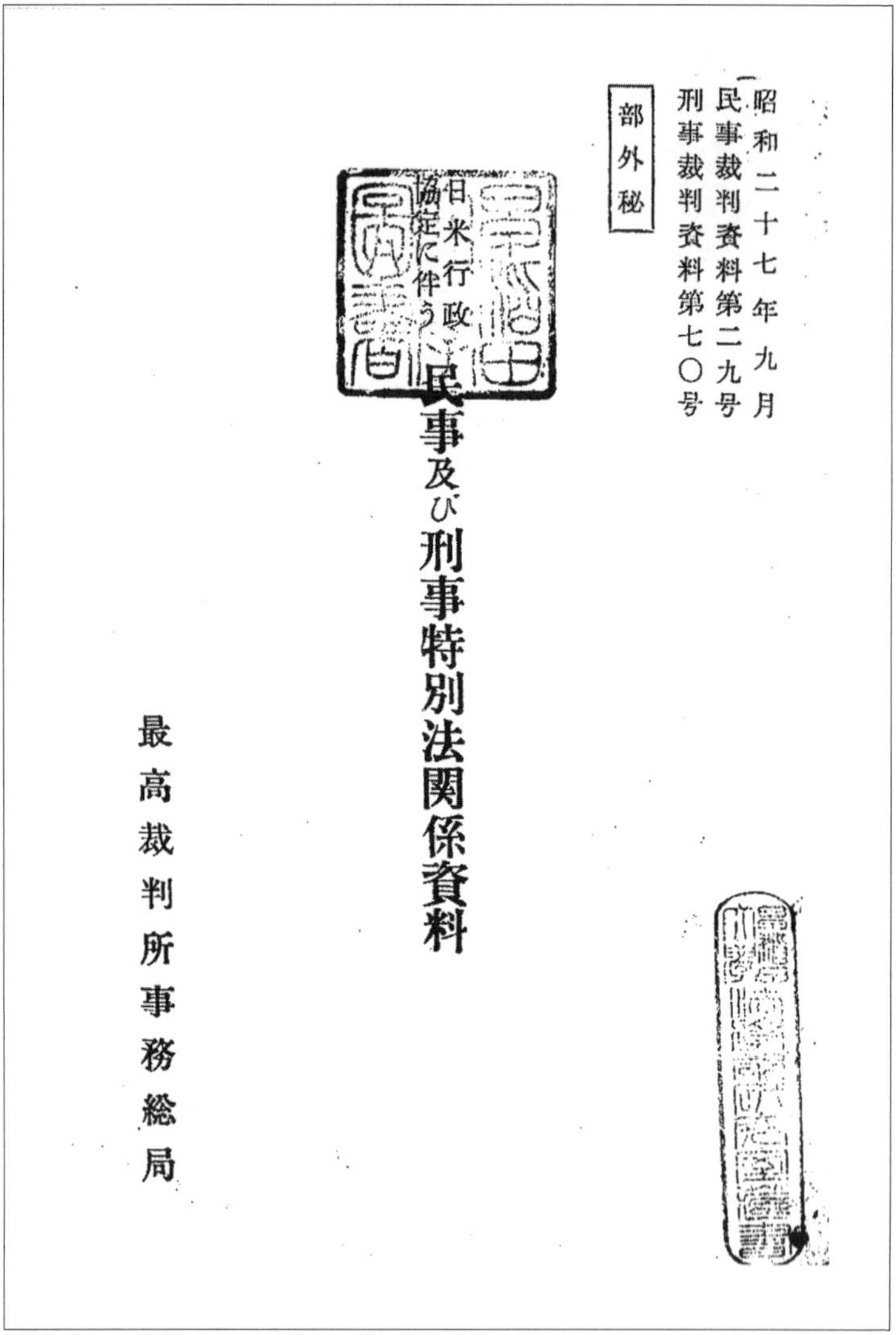
昭和二十七年九月
民事裁判資料第二九号
刑事裁判資料第七〇号

部外秘

日米行政協定に伴う
民事及び刑事特別法関係資料

最高裁判所事務総局

最高裁判所の部外秘資料、『日米行政協定に伴う民事及び刑事特別法関係資料』の表紙。

します。

それは、最高裁判所事務総局が一九五二年九月に編集・発行した、『部外秘　日米行政協定に伴う民事及び刑事特別法関係資料』（日本政府省庁と最高裁判所の秘密資料リストの①）に載っています。

同資料は、米軍関係者（米軍人・軍属・それらの家族）による事故や犯罪などに関係した民事や刑事の裁判を担当する際に、裁判官が参考にするもので、いわば裏マニュアルです。法務省に『法務省秘密実務資料』、外務省に『日米地位協定の考え方』があるように、なんと最高裁にも米軍関係の裏マニュアルがあったのです。最高裁事務総局もこの資料を編集・発行したことは認めています。以下、『最高裁部外秘資料』と呼ぶことにします。

その目次には、当時の日米安保条約（旧安保条約）、日米行政協定、民事特別法、刑事特別法の条文などが並び、そして問題の「実施上問題となる事項」も載っているのです。民事特別法と刑事特別法は前述したように安保特例法・特別法に含まれ、米軍関連の民事裁判権や刑事裁判権に関する行政協定の規定を円滑に実施するための国内法です。

『最高裁部外秘資料』はある大学図書館の書庫の法律部門の書棚にあり、「民事裁判権密約」が載っていたのを、私が発見したものです。同資料は、元裁判官の遺族が蔵書を処分したときに古書店に売り、大学が研究資料として古書市場で購入したものと考えられます。

■民事裁判権に関する秘密合意

「実施上問題となる事項」は、一九五二年四月二八日の対日講和条約発効にともない、予備作業班が日米合同委員会へ移行した直後に開かれた、日米合同委員会の裁判権分科委員会民事部会（後に民事裁判管轄権分科委員会）の文書です。

日米双方の委員が、日米行政協定第一八条（請求権・民事裁判権）の規定に関する解釈をめぐって、一一項目の疑問点を取り上げ、協議して見解を一致させたものです。その合意した事項を議事録としてまとめ、同年六月二一日付けの分科委員会勧告として日米合同委員会本会議に提出。同年七月三〇日の合同委員会本会議において一部修正のうえ承認され、正式な合意文書となりました。

分科委員会の日本側委員は法務府（現法務省）の官僚、アメリカ側委員は米陸軍法務局と幕僚部の将校です。それぞれの人数は不明ですが、双方の責任者名と肩書は文書の末尾にこう書かれています。

「裁判権分科委員会民事部会日本側委員長　平賀健太
裁判権分科委員会日本側委員長　鶴岡千仭
裁判権分科委員会民事部会合衆国側委員長
法務局陸軍中佐　アルドー・エイチ・ルース

裁判権分科委員会合衆国側委員長
幕僚部陸軍大佐　シー・エー・ラングフォード」

平賀健太氏は当時の法務府民事法務長官総務室主幹で、後に法務省民事局長になり、鶴岡千仭《せんじん》氏は法務府渉外課長で、後に法務省入国管理局次長や外務省国際連合局長を歴任しました。

開催場所は書かれていません。しかし、日米合同委員会とその分科委員会は、外務省や他の関係省庁、都内の在日米軍施設などで開かれます。したがって、法務府か外務省か米極東軍司令部か山王ホテルかだったと思われます。いずれにしろ関係者以外は入れない密室での協議だったことはまちがいありません。

密約にあたる部分の第八項は、日本側委員の質問に対するアメリカ側委員の見解として記されています。以下、引用文中の傍線は筆者が説明のために引きました。

「八　B質問

日本国の民事裁判所が合衆国の当局に対し証拠のための文書又は物件の送付を嘱託し、又は民事訴訟のために公式の情報の提供を嘱託した場合。

（一）合衆国の当局はかかる要請に応ずるか。

合衆国側の見解

合衆国軍隊がかかる書類及び物件を提供することを制限する法令及び規則に反しない限り、

之《これ》に応ずる。当軍隊の方針としては、正当な要請があったときは、公の情報を民事裁判の用に供するため提供することになっている。『公の情報』とは軍隊の記録又は書類綴《とじ》中にある一切の情報及び軍隊の要員が職務上の活動の結果として又はこれに関連して得た情報を含むものと一般に解されている。**しかしながら当該情報が機密に属する場合、その情報を公開することが、合衆国政府に対する訴《そ》の提起を助け、若《も》しくは法律上若しくは道徳上の義務に違反する場合、合衆国が当該訴訟の当事者である場合、又はその情報を公にすることが合衆国の利益を害すると認められる場合には、かかる情報を公表し、又は使用に供することができない。**合衆国の慣例では要求された情報が訴訟の争点につき必要であることを民事裁判所において認証することになっている。

(二) かかる嘱託は合衆国のいかなる機関に対してなすべきであるか。

合衆国側の見解

この要請は当該公文書又は物件を保管する区域又は施設の司令官にあててなされるべきである」

■米軍に都合の悪い情報は法廷に出さなくてもいい

これがなぜ密約なのかは、外務省ホームページに「日米合同委員会合意」のひとつとして公表されている「民事裁判管轄権に関する事項(一九五二年七月)」という文書と比べてみればわかります。その「2．訴訟手続上の協力の方法手続について（1）」には、こう書かれているのです。

「日本国の民事裁判所が合衆国当局に対し証拠のための文書又は物件の送付を嘱託し、又は、民事訴訟のために公式の情報の提供を嘱託した場合には、合衆国軍隊がかかる文書及び物件を提供することを制限する法令に反しない限り、これに応ずるものとし、その嘱託は、当該文書又は物件を保管する区域又は施設の司令官にあててなされるべきである」

これら二つの文書のなかの、傍線を引いた部分の内容は同じです。おそらく後者は前者から一部を抜き出してまとめたものなのでしょう。そして、「実施上問題となる事項」の文中の、「しかしながら当該情報が機密に……」以下の文章（右ページ太字部分）が、「民事裁判管轄権に関する事項」ではすべて消えているのです。

「民事裁判管轄権に関する事項」では、日本の民事裁判所が米軍に公式の情報を提供するよう嘱託した場合、米軍は「提供することを制限する法令に反しない限り」応じるとされています。

ところが、「実施上問題となる事項」では、「当該情報が機密に属する場合、その情報を公開することが、合衆国政府に対する訴の提起を助け、若しくは法律上若しくは道徳上の義務に違反する場合、合衆国が当該訴訟の当事者である場合、又はその情報を公にすることが合衆国の利益を害すると認められる場合」には、情報の公表や提供はできないとされているのです。

つまり、単に「法令に反しない限り」ではなく、**「機密に属する場合」「法律上若しくは道徳上の**

義務に違反する場合」「合衆国の利益を害すると認められる場合」などと、いくつもの条件を付け

て、結局、米軍が出したくない情報は出さなくてもいい仕組みになっているのです。

民事訴訟において原告が、事件や事故の真相解明と米軍人の責任を明らかにするための情報や証拠を求めて、裁判所に米軍への文書送付嘱託を申請し、裁判所がそのように嘱託をしても、米軍はあれこれと理由をつけて、情報、文書、物件などを提供せずにすむわけです。

「民事裁判管轄権に関する事項」の冒頭には、「行政協定第18条の適用に関し、日米合同委員会において、合意された事項は次のとおりである」と書かれ、外務省ホームページ掲載の文書名の後に「(一九五二年七月)」とあります。つまり、この文書は行政協定時代の一九五二年七月の日米合同委員会の合意事項なのです。「実施上問題となる事項」も一九五二年七月の日米合同委員会で承認された合意事項です。

したがって、内容のより詳細な「実施上問題となる事項」から意図的に一部の文章を抜き出して要約したのが、「民事裁判管轄権に関する事項」だと考えても、まずまちがいないでしょう。

しかも、米軍側にきわめて有利な合意部分がすべて削除されています。米軍優位の真の合意を国民・市民に知られたくないという日本政府の意図が感じられます。PART1で述べたように、外務省ホームページに「日米合同委員会合意」として公開されているものは、ごく一部をのぞいて合意事項の全文ではなく要旨です。

このように、正式な合意文書にはあって、要旨にはない、「しかしながら当該情報が機密に……」以下の部分、それが密約にほかなりません。

法務省：東京・霞が関（著者撮影）

■密約文書の存在を認めない法務省と外務省

この米軍側にきわめて有利な部分は、外務省ホームページのどこにも載っていません。外務省や法務省に「実施上問題となる事項」について問い合わせても、「それに該当する文書はない」という返答でした。情報公開法にもとづき文書開示請求もしてみましたが、「本件対象文書を保有していない」という理由の不開示決定通知書が届いただけです。

しかし、最高裁判所が編集・発行した資料に載っている公文書が、法務省と外務省に存在しないなどありえません。日米地位協定の裁判権に関する事項を管轄するのは法務省です。文書には、元法務省民事局長を務めた人物の氏名が責任者として明記されています。外務省も日米地位協定に関して全般的に統轄する官庁であり、元外務省国際連合局長だった人物の氏名がやはり責任者として明記されているのです。

しかも、日米合同委員会の日本側代表は外務省北米局長であり、五人いる日本側代表代理には法務省大臣官房長も含まれています。行政協定だった頃の裁判権分科委員会民事部会の日本側委員長は、歴代、法務省の官僚が務めていました。一九六〇年に地位協定になって民事裁判管轄権分科委員会と名称が変わってからも、法務省大臣官房審議官が日本側代表を務めています。

日本政府は長年、日米安保条約や地位協定に関する密約の存在を否定し、隠しつづけてきました。核持ち込み密約や沖縄返還時の密約などに見られるように、アメリカ政府解禁秘密文書で存在が明らかになっても、「ない」と言い張っていました。

ところが、二〇〇九年の民主党への政権交代後、「大臣命令」により、外務省で核持ち込み密約などの文書調査がおこなわれ、「存在しない」としてきた関連文書が現れました。かつては厚生省（現厚労省）でも、「保有していない」とされていた薬害エイズ関連の重要文書が、「大臣命令」による調査で出てきました。だから、政府省庁が「当該文書を発見できない、保有していない」と主張する不開示理由には説得力がありません。

なお、「実施上問題となる事項」について最高裁事務総局に問い合わせても、「その文書については、古いことなのでわからない」と口を濁してばかりでした。司法権の最高機関であるにもかかわらず、最高裁には日米合同委員会の文書について事実を解明しようという姿勢はまったく見られません。

■米軍機墜落事故の被害者の訴え

米軍機墜落事故を報じる1977年9月28日の『朝日新聞』。

米軍による事故や米軍関係者の犯罪の被害者が損害賠償を求める民事裁判において、事故や事件の真相解明・背景解明に必要な米軍側情報が法廷に提供されない背後には、この「民事裁判権密約」があると見られます。

たとえば、米軍ファントム機墜落事故をめぐる裁判がそうです。

一九七七年九月二七日に米海軍厚木基地を飛び立ったRF－4Bファントム戦術偵察機がエンジン火災を起こし、横浜市緑区（現青葉区）の住宅地に墜落した事故で、全身火傷の重傷を負った椎葉悦子さん、そして夫の椎葉寅生さんが、八〇年に米軍機の乗員二人と国（日本政府）を相手取り、計一億三九〇〇万円の損害賠償を求めて横浜地裁に提訴しました。

この事故では死者二人（三歳と一歳の男の子）、重傷者二人（うち一人は事故で亡くなった男の子二人の母親で、四年後に死亡)、軽傷者四人、家屋全焼一棟、損壊三棟という大きな被害が出ました。米軍機の乗員二人はパラシュートで脱出していました。米軍は現場に立ち入り、日本の捜査当局が日本人の立ち入りを禁じる警戒線を張るなか、墜落機の残骸・部品を回収しました。日本の捜査当局は米軍機の乗員に対する事情聴取もせず、レポートを出させただけでした。

納得がいかない椎葉夫妻は、米軍機の乗員二人と人数不明の同ファントム機の整備士らを業務上過失致死傷罪などの疑いで横浜地検に告訴します。しかし、日米地位協定の刑事裁判権に関する規定では、米軍人の公務中の事故の第一次裁判権は米軍側にあり、日本側にはないとされているうえに、証拠も不十分との理由で、不起訴になったのでした。

日米合同委員会の事故分科委員会による調査では、事故原因は整備不良とされましたが、米軍関係者の誰も責任を問われず、乗員二人はいつのまにか帰国してしまいました。

そこで、椎葉夫妻は事故の原因と責任の所在を明らかにしたいと考え、損害賠償を求める民事訴訟を起こしたのです。地位協定には、米軍そのものを相手取って損害賠償を請求できる規定がないため、米軍機の乗員二人を訴えました。また、国(日本政府)を相手取ったのは、米軍人が公務中に他人に損害を与えた場合と、米軍の基地や装備の管理に法的な欠陥があって他人に損害が生じた場合は、日本政府が米軍に代わって損害賠償をする責任があると、民事特別法で定めているからです。

裁判の過程で、原告側は事故の原因解明のため、米軍による事故調査報告書と、日米合同委員会事故分科委員会の事故調査報告書の公表を求め、横浜地裁に在日米海軍司令部への「文書送付嘱託」をするよう申請しました。

1977年12月2日、米軍機墜落事故の原因調査のため開かれた、日米合同委員会の事故分科委員会の日米双方の委員。会合の場所は東京都港区芝の駐健保会館。（共同通信社）

しかし、米軍側からの事故調査報告書などの提供はありませんでした。日米地位協定第一八条（請求権・民事裁判権）には、「日本国及び合衆国の当局は、この条の規定に基づく請求の公平な審理及び処理のための証拠の入手について協力する」と定めています。だから、米軍は「証拠の入手について協力」しなければならないはずです。

ところが実態は、「民事裁判権密約」があるため、米軍は出したくない情報は出さなくてもよく、事実上、「証拠の入手について協力」しなくてもいい仕組みになっているのです。

■被害者の真相を知る権利を侵害する密約

「妻に重傷を負わせ、私たちの生活を破壊した墜落事故はなぜ起きたのか、誰に責任があるのか、被害者には知る権利があるはずです。ところが、米軍にとって都合の悪い情報は出さなくてもいいという密約があったとは知りませんでした。被害者が裁判を起こして、事故や事件の真相に近づきたくても、最初から近づけないように、大きな黒い網をかぶせて事実を隠蔽する仕組みをつくっていたとは……」

私が取材で椎葉寅生さんに、密約文書の存在を知らせたとき、椎葉さんは驚くとともに、憤りの声をもらしました。

裁判では、原告側が日米合同委員会の事故分科委員会の事故調査報告書の公表を求めました。しかし、国側は「アメリカとの合意がないから」という理由で公表せず、その要旨だけを証拠として提出しました。ここでも、日米合同委員会の文書の全文は非公開、秘密にするという方針が徹底されていたのです、

「驚いたことに、それは日付も作成者の名前もない文書でした」（椎葉さん）

「横浜市内米軍航空機事故に関する報告について」というその文書は、米軍機のエンジン部品の取り付け不具合（不良）が、事故の原因だと指摘していました。しかし、

「地上整備員及び乗員は、軍規則により必要とされている飛行前の点検を行った。不具合は発見されなかった」とし、

「不具合が起こりそうな徴候はなかったし、また、現地部隊の通常の整備点検又は手続では、この不具合を予知し、又は防止することは期待できなかった」

と結論づけています。米軍関係者の責任にはまったくふれていません。

「日米合同委員会の正式な事故調査報告書には、より詳細な事実が載っているはずなんです。それは秘密にしておいて、さも米軍には落ち度も責任もなかったようにまとめています。被害者には事故の全容、真相を知る権利があるのに、それを知ることができないようにされているのです」

と椎葉さんは、日米合同委員会の秘密主義と日本政府の無責任さを批判します。

このように重大な情報が明らかにされないのは、米軍が事故調査報告書を裁判所に提供しないからであり、日米合同委員会が報告書や議事録や合意文書などの全文を公表しないからです。まさに日米両政府の情報隠蔽と密約が、米軍による事故や米兵犯罪の真相解明と責任追及を阻んでいるのです。

一九八七年三月四日、横浜地裁は公務中の米軍人にも日本の民事裁判権は及ぶという判断はしましたが、公務中の事故の賠償責任は認めず、国の賠償責任だけを認める判決を言い渡しました。損害賠償額は四五八〇万円（日本政府が支払う）でした。米軍機の乗員は最後まで出廷せず、米軍関係者の誰も責任を問われませんでした。

■妻を米兵に殺された夫の裁判による闘い

同じように日米地位協定と密約の厚い壁と闘ってきた米兵犯罪被害者もいます。横須賀市在住の山崎正則さんです。山崎さんの妻、佐藤好重《よしえ》さんは二〇〇六年一月三日に横須賀で起きた米海軍水兵による強盗殺人事件で命を奪われました。そのとき五六歳でした。山崎さんは妻の無念を晴らし、同様の事件を繰り返させないためにと、加害者の米兵と国（日本政府）を相手取って損害賠償を求める民事裁判を起こしたのでした。

事件当日、好重さんはまだ人通りの少ない早朝六時二七分頃、出勤のため駅に急ぐ途中、外国人

第3種郵便物認可

神奈川新

女性殴られ死亡

殺人と県警断定　現場で言い争う声

横須賀の雑居ビル

三日午前六時五十五分ごろ、横須賀市米が浜通一丁目の雑居ビル一階の階段踊り場で、女性が頭から血を流して倒れているのを近くに住む男性会社員(59)が見つけ、一一〇番通報した。女性は病院に運ばれたが、間もなく死亡した。県警捜査一課と横須賀署は、女性の顔や頭に殴られた跡があることなどから殺人事件と断定し、同署に特別捜査本部を設置して捜査を始めた。

調べでは、女性は同市日の出町の会社員佐藤好重さん(56)。左側頭部から出血しているほか、顔に殴られた跡があり、肋骨の一部が折れていたという。司法解剖の結果、死因は内臓破裂による出血で、県警は現場の階段から突き落とされたり、壁にぶつけられた可能性もあるとみている。

現場近くからは、佐藤さんのバッグや小物入れ、携帯電話などが発見された。バッグの中の財布には約千円分の硬貨だ

佐藤さんが倒れているのが発見された雑居ビル1階入り口（矢印先）付近を捜査する捜査員ら＝3日午前10時25分、横須賀市米が浜通

横須賀での米兵による強盗殺人事件を報じる、2006年1月4日の『神奈川新聞』。

の男から道を聞かれました。立ち止まったところ、男はバッグを奪おうとし、好重さんの顔を殴って転倒させました。そして近くの雑居ビル入口に引きずり込み、殴る蹴るの凄惨な暴行を加え、現金約一万五〇〇〇円を奪って逃げました。

好重さんは右腎臓と肝臓が破裂、約一時間半後、失血死しました。肋骨が六本折れて内臓に突き刺さり、顔面と頭部も裂けて血まみれでした。その後、犯行現場近くのビルの防犯カメラに、路上で好重さんに話しかける米兵らしき男が映っていたことがわかりました。やはり現場近くの駐車場の防犯カメラのビデオには、殴打の音、悲鳴、「マネー」という怒鳴り声が録音されていました。

神奈川県警の捜査で特定された犯人米兵は、横須賀基地で米軍当局に身柄を拘束されました。当時、横須賀基地を母港とする空母キティホークの乗組員でした。一月七日に県警に引き渡され、強

盗殺人容疑で逮捕。夜通し酒を飲み、有り金を使い果たして犯行に及んだのでした。その後、起訴された米兵に対し、六月二日に横浜地裁で無期懲役の判決が下されました。そして現在、服役中です。

「それまで私も妻も、政府が言うように米軍は日本を守るためにいると思っていました。だから、妻は道を聞かれて立ち止まったのです。それなのに血まみれになって殺されました。基地がなければ殺されはしなかったし、同様の事件も起きません。基地がなくなればいいと思いますが、それがすぐには無理なら、米軍も日本政府も米兵犯罪が起きないよう厳重に監督すべきで、その責任もあります」

事件現場だった雑居ビルの入り口に立つ山崎正則さん。（著者撮影）

山崎さんは定年までバスの運転士を務め、好重さんは派遣社員としてバスの清掃の仕事をしていました。

二〇〇六年一〇月に山崎さんが横浜地裁に提訴した民事裁判で、原告側は米兵個人の責任と在日米海軍上司の監督義務違反を問うとともに、「国は国民の命を守る義務がありながら、警察の現場パトロールなどを怠った作為義務違反がある」と訴えました。妻の命を奪った米兵犯罪の背後には、日米安保体制の構造があり、その責任を問わなければならないと考えたからです。

二〇〇九年五月に出た判決は、米兵個人の責任だけを認めて約六五〇〇万円の支払いを命じましたが、国の責任までは認めませんでした。山崎さんは東京高裁に控訴しました。控訴審で原告側は、「米兵犯罪が後を絶たないのは、在日米軍が犯罪防止の監督義務を怠っているからだ」と主張しました。飲酒がらみの深夜・早朝の事件が多いことから、米軍が米兵に対する飲酒規制・外出規制をどの程度実施してきたのかを問題にしたのです。

「米軍が米兵をきちんと監督し、日本政府が米軍に監督義務を果たさせていたら、妻は殺されずにすみました」

と、山崎さんはのべています。

原告側は、審理に必要な証拠として、在日米海軍の飲酒規制や外出規制や飲酒がらみの事件などの記録の提出を求める「調査嘱託」を裁判所に申し立てました。日米地位協定第一八条にもとづく手続きです。

「調査嘱託」の請求は二〇一〇年八月、東京高裁から最高裁事務総局を経て、外務省を通じて在日米海軍司令部になされ、二ヵ月後に回答が届きました。しかし、そのほとんどが「在日米海軍には請求された情報についての記録がありません」でした。

過去に在日米海軍が何度も飲酒規制や外出規制を発令した事実は、新聞などで報じられています。それらの記録がないはずがありません。こうした米軍側の対応の背後には、米軍に都合の悪い情報は法廷に提供しなくてもよいという「民事裁判権密約」があると考えられます。

「地位協定と日米合同委員会での密約の大きな壁を感じます。きっと在日米海軍には記録があるはずなんです。とにかく私は遺族として、事実を知りたいんですよ」

と山崎さんは訴えます。

控訴審は二〇一一年六月に結審し、一年後の一二年六月二二日に判決が言い渡されました。またもや国の責任を認めない判決でした。

判決後、山崎さんは、

「人命よりも日米同盟の方が大切だと言われたようで、納得できない」

と語り、七月に最高裁に上告しました。しかし、二〇一三年六月、上告は棄却されました。日米合同委員会の秘密合意（＝密約）を組み込んだ日米安保・地位協定の壁が、いかに厚いかがわかります。

とにかく、このように審理のために必要な米軍側の情報が法廷に提供されないのでは、公正な裁判とはいえません。

■どこまでも米軍に有利な秘密合意

「実施上問題となる事項」に含まれる「民事裁判権密約」には、続きがあり、『最高裁部外秘資料』に次のように書かれています。その主旨は、アメリカ政府の利益を害する情報などを明らかにしそうな米軍関係者は、証人として出廷しなくてもいいというものです。

「C質問　日本国の民事裁判所が合衆国軍隊の構成員、軍属又はこれらの者の家族を証人又は鑑定人として取り調べる必要がある場合には、

（一）日本側としては日本の裁判所からこれらの者に呼出状を送達し、かつ合衆国軍隊の当局に対しこれらの者を日本国の裁判所に出頭せしめるよう要請することとしたいが、合衆国側において異議があるか。若し異議がないとすれば合衆国軍隊のいかなる機関に対しかかる〔そのような〕要請をすべきか。

合衆国側の見解

かかる〔そのような〕証人の出頭に関する合衆国軍隊の法律及び規則に反しない限り異議はない。**当軍隊の方針としては、軍隊の構成員及び軍属の証言が前記B（一）に掲げた種類の情報を公表するものでなく、またこれらの者が証人として出頭することが重要な軍事上の活動に支障を与えるものでない限り、これらの者が証人として民事訴訟に参加することを許すことになっている。**宣誓口供〔供述の真実性を宣誓したうえで書面化された供述書〕による証言又は質問書による証言も右の制限及び条件に従う限りこれを求めることができる。日本国の呼出状送達官憲が証人たるべき者の所在する区域又は施設に入るため許可を求めるときは、当該区域又は施設の司令官はこれを許し、送達官憲のために護衛兵を附するものとする」

これを、外務省ホームページの「民事裁判管轄権に関する事項」の「2．訴訟手続上の協力の方法手続について（2）」の文章と比べてみましょう。

「日本国の民事裁判所が合衆国軍隊の構成員、軍属又はこれらの者の家族を証人又は鑑定人として取り調べることについては、原則として異議がない。これらの者に呼出状を送達するについては、当該官憲は、証人たるべき者の所在する区域又は施設の司令官の許可を受けてその区域又は施設内に立ち入ることができる。この場合、当該官憲のために護衛兵を附する」

これらはほぼ同じ内容です。しかし、後者の文章では、「原則として異議がない」とあるだけですが、前者の正式な合意文書では、米軍に有利な合意が明記されています。「当軍隊の方針としては（略）許すことになっている」の太字の部分です。

「前記B（一）に掲げた種類の情報」とは、前述の「八　B質問」に対する「合衆国側の見解」にある、「機密に属する場合、その情報を公開することが、合衆国政府に対する訴の提起を助け、若しくは法律上若しくは道徳上の義務に違反する場合、合衆国が当該訴訟の当事者である場合、又はその情報を公にすることが合衆国の利益を害すると認められる場合」に該当する情報を意味します。

つまり、そうした「種類の情報を公表するものではない」かぎり、さらに「重要な軍事上の活動に支障を与えるものではない」かぎり、米軍人・軍属・それらの家族が証人や鑑定人として出廷するのを許可するというのです。

しかし、そうした情報を証言で明らかにするおそれがある場合や、重要な軍事上の活動に支障を与えそうな場合は、出廷させなくてもいいのです。それは米軍にとって非常に有利な仕組みです。宣誓口供による証言または質問書による証言についても、同様です。

このように外務省ホームページで公開されている合意の要旨では、またしても米軍に有利な合意内容が意図的に消されるなど書き替えられているのです。

■アメリカ政府解禁秘密文書が明らかにした密約の存在

「実施上問題となる事項」には、「一九五二年六月二一日附裁判権分科委員会勧告」と、作成の日付があり、担当責任者の氏名も明記されています。一方、「民事裁判管轄権に関する事項」には日付も担当責任者の氏名もありません。どちらが信憑性の高い文書であるかは自ずから明らかです。『最高裁部外秘資料』には、「実施上問題となる事項」の英文も載っており、上記の日米双方の担当責任者の氏名と肩書が英語で記されています。そして、「実施上問題となる事項」の英文と同じ内容の英文が、アメリカ政府解禁秘密文書にも載っているのです。それは、新原昭治氏がアメリカ国立公文書館で入手したもので、「日米安保条約第三条に基づく行政協定実施のための取り決め集」(「ARRANGEMENTS IMPLEMENTING ADMINISTRATIVE AGREEMENT UNDER ARTICLEIII OF THE SECURITY TREATY BETWEEN THE UNITED STATES OF AMERICA AND JAPAN」)といいます。以下、「行政協定実施のための取り決め集」と呼ぶことにします。

紐で二ヵ所綴じ込んだ書類綴じの表紙には「Secretariat Joint Committee」(合同委員会事務局)と書かれており、日米合同委員会事務局が作成した日米合同委員会の合意文書集(取り決め集)だということがわかります。

　表紙の次の扉には、表題の下に「Ministry of Foreign Affairs (March 24,1955)」（外務省、一九五五年三月二四日）とあります。日米合同委員会の合意文書集を、日本の外務省が一九五五年三月二四日にまとめて綴じたのでしょう。アメリカ政府で外務省にあたる行政機関は国務省、the Department of State なので、ここに記されているのが日本の外務省を意味することはまずまちがいありません。

「行政協定実施のための取り決め集」には、さまざまな分野（裁判権、民間航空、通信、契約調停、出入国、施設、財務、気象、調達など）ごとに、日米合同委員会の各分科委員会で承認された合意の全文が収録されています。

　その裁判権分科委員会のところに、民事裁判権と刑事裁判権に関する合意事項がそれぞれ載っているのです。民事裁判権に関しては「一九五二年七月三〇日の第一三回日米合同委員会で承認された、裁判権分科委員会勧告」として、『最高裁部外秘資料』の「実施上問題となる事項」の英文と同じ英文が記されています。日米の担当責任者の氏名と肩書も同じように英語で明記されています。

　このようにアメリカ政府解禁秘密文書によって、「民事裁判権密約」の存在は裏づけられているのです。

「行政協定実施のための取り決め集」
（新原昭治氏提供）

■情報隠蔽に走る官僚機構

しかし法務省は、「事務室内の書棚や文書書庫等」を探してみたが、「実施上問題となる事項」の文書は発見されず、さらに「法務省として裁判権分科委員会・民事部会に関与したことを示す記録は存在しない」と言い張りつづけました。

それにしても、おかしな主張です。『最高裁部外秘資料』の「実施上問題となる事項」やアメリカ政府解禁秘密文書「行政協定実施のための取り決め集」に、担当責任者として氏名が明記されている、当時の日米合同委員会の裁判権分科委員会・民事部会の日本側委員長の平賀健太氏は、法務府の官僚で、後に法務省民事局長になり、国会でも政府委員として答弁に立ったことのある人物です。一九五八年には、日米合同委員会の代表代理にも任命されました。また裁判権分科委員会の日本側委員長だった鶴岡千仭《せんじん》氏は当時、法務府渉外課長で、後に法務省入国管理局次長になっています。

また外務省も、問題の文書が含まれている可能性のある文書ファイルを検索したが、確認できなかったという回答を繰り返してばかりでした。

法務省も外務省も、日米合同委員会が関与するこの密約を隠蔽をしようとしているのです。「実施上問題となる事項」はないと主張していますが、それでは、地位協定の民事裁判権に関して、どのような文書ならあるというのでしょう。

そこで私は、情報公開法にもとづく開示請求対象文書の範囲を広げてみました。法務・外務両省に対し、

「日米地位協定の民事裁判管轄権に関する日米両政府、日米合同委員会における合意について記した文書のすべて」

を開示請求したのです。

すると、法務省からはまたもや、「開示請求の対象たる文書を保有していない」という不開示決定通知書が届きました。しかし、法務省に地位協定の民事裁判管轄権に関する文書がまったくないはずがありません。

その通知書に担当課として記されていた、法務省民事局参事官室に問い合わせたところ、

「民事裁判権に関する文書は法務省にまったくない。事務室内の書棚や文書倉庫など探したが、発見されなかった。日米合同委員会・裁判権分科委員会民事部会と後の民事裁判管轄権分科委員会に、法務省が関与した記録もない」

と、担当者は主張します。

「実施上問題となる事項」に責任者として氏名が明記されている平賀健太氏についても、「元法務省職員だった事実」は認めましたが、「それ以上のことはわからない」と繰り返してばかりです。

さらに、

「民事裁判管轄権分科委員会の代表は法務省大臣官房審議官だが、これをもって法務省がこの分科委員会に関与していたとはいえない」

などと、まったく非論理的な説明をします。法務省大臣官房審議官が代表になっていること自体が、民事裁判管轄権分科委員会に法務省が関与している証拠にほかならないのにもかかわらずです。「外務省にも聞いたが、民事裁判管轄権分科委員会が開かれた事実があるかどうかも文書がなく、わからない」

とまで言い張るありさまです。

そして、外務省ホームページに掲載されている「民事裁判管轄権に関する事項」という、政府が公表している文書さえも、「法務省にはない」と言うのです。しかし、この「民事裁判管轄権に関する事項」はもともと、一九六〇年三月二五日に日本政府（当時の自民党・岸信介内閣）が、日米安保条約改定の国会審議に伴う行政協定（現地位協定）関連の審議のための資料として、衆議院・参議院の安保特別委員会に提出した「合同委員会合意書に関連し実施されている主要事項」に含まれていたものです。

その資料には、「施設及び区域の提供」「港湾施設使用」「航空交通管制」「米軍の調達に関する免税」「米軍の構成員、軍属、家族の出入国」「刑事裁判管轄権に関する事項」など、合同委員会合意のさまざまな主要事項が並んでいます。それらは日米合同委員会の合意文書全文から、日本政府が公表できると考えた部分だけを選んで、要旨をつくって提出したものです。

そのなかの「民事裁判管轄権に関する事項」のところには、「関係省庁、法務省」と明記されています。当時、日米合同委員会において民事裁判管轄権に関しては裁判権分科委員会民事部会が担当していました。したがって、「関係省庁、法務省」とあるように、法務省は日米合同委員会の裁判権分科委員会民事部会に関与し、「民事裁判管轄権に関する事項」という文書に関与していたことはまちがいありません。

このことからしても、

「法務省が、日米合同委員会の裁判権分科委員会・民事部会と、後の民事裁判管轄権分科委員会に関与したことを示す記録は存在しない」

という主張には説得力がありません。

このような法務省の徹底した情報隠蔽ぶりからは、日米合同委員会がいかに秘密性の高い、いわばアンタッチャブルな存在になっているかがうかがえます。

■問題の「合意に係る日米合同委員会議事録」

外務省からは、「民事裁判管轄権に関する日米合同委員会関連文書」という名称で、九枚の行政文書が開示されました。そのなかに、外務省ホームページに載っている「民事裁判管轄権に関する事項」がそのまま含まれていました。ほかは、地位協定第一八条の米軍による事故の補償申請手続書類の書式改定などについての合意事項で、ごく短いものです。密約に関わる「実施上問題となる事項」は含まれていませんでした。

一方、不開示とされた行政文書の名称も書かれていました。それは、「合意に係る日米合同委員会議事録」です。不開示の理由は例によって、「公にすることにより、米国との信頼関係を損なうおそれがあるため」でした。

以上のことから考えられるのは、外務省が不開示とした「合意に係る日米合同委員会議事録」という文書には、開示した「民事裁判管轄権に関する事項」など以外の、民事裁判権に関連する日米合同委員会の何らかの合意事項で、しかも公表できない内容が記載されているということです。記載されていないのなら、わざわざ開示請求対象文書として「合意に係る日米合同委員会議事録」の存在と名称を挙げる必要はありません。

ですから、「合意に係る日米合同委員会議事録」には、『最高裁部外秘資料』に載っている「実施上問題となる事項」と同じ内容の記述が含まれていると考えられます。それはまさに公表できない密約に当たる内容なのでしょう。

おそらく一九五二年七月三〇日の日米合同委員会で承認された、正式な合意事項として記されているはずです。そして、そのなかから、米軍に有利な密約の部分にふれずに、一部を抜粋して要約したのが、外務省ホームページにもある「民事裁判管轄権に関する事項」だと考えられます。

私は外務省北米局日米地位協定室に問い合わせてみました。

「『民事裁判管轄権に関する事項』は『合意に係る日米合同委員会議事録』のなかの民事裁判管轄権に関する合意事項全文の要旨ですね。つまり、開示された『民事裁判管轄権に関する事項』よりも詳しい内容が『合意に係る日米合同委員会議事録』には書かれてあるんですね」

と確認すると、電話に出た職員は言い渋りながらも、最後は、

「まあ常識的に考えれば、そういうことだと思います」

と認めました。

どう考えても、それ以外にはありえません。

このような法務省と外務省の対応から推察できるのは、両省が「民事裁判権密約」の情報隠蔽をしようとしていることです。しかし、アメリカ政府はすでに国立公文書館において、「実施上問題となる事項」と同じ内容の記述を含む「行政協定実施のための取り決め集」を解禁秘密文書として情報公開しているのです。だから、同じ内容の文書を日本で公開しても、「米国との信頼関係をそこなうおそれ」はないはずです。

私は、「合意に係る日米合同委員会議事録」とアメリカ政府解禁秘密文書「行政協定実施のための取り決め集」は同じ内容で、それぞれ日本語版、英語版として作成されたものではないかと考え、外務省に対して「行政協定実施のための取り決め集」の開示請求をしました。しかし、今度もまた「保有していない」という通知が来ただけでした。

■密約文書の不開示決定取り消しを求めて

このままで引き下がるわけにはいかないと考えた私は、「合意に係る日米合同委員会議事録」を開示すべきだとして、二〇〇九年一一月、情報公開法の手続きにのっとり、外務省に対し文書不開示決定の取り消しを求めて異議申し立てをしました。外務省は情報公開法の手続きにしたがって、この件を内閣府の情報公開・個人情報保護審査会（以下、審査会）に諮問しました。なお、審査会は二〇一六年四月に総務省に移管。

審査会は情報公開の問題に詳しい法学者、弁護士、元検事、元裁判官など総理大臣任命の委員一五人から成ります。文書不開示決定が妥当かどうかを調査審議するため、不開示になった文書を行政機関から提出させて、委員だけで中身を読み、内容を検分する権限を持っています。

審査会は外務省に「合意に係る日米合同委員会議事録」を提出させたうえで、二年がかりで調査審議し、二〇一二年六月一六日、外務大臣に対して「日米安保条約に基づく日米地位協定の民事裁判権に関する合意について記した文書等の一部開示決定」という答申書を交付しました。

その写しは私のもとにも届きました。それは、外務省が不開示にしていた文書を一部開示すべきだという画期的な答申でした。外務省や法務省がひた隠しにする日米合同委員会の「民事裁判権密約」の存在を明るみに出すことにつながるからです。

この画期的な答申を出した当時の審査会の担当委員（肩書も当時）は、小林克巳（元東京高裁判事部総括）、中村晶子（弁護士）、村上裕章（九州大学大学院法学研究院教授）の三氏です。

審査会の答申によると、「合意に係る日米合同委員会議事録」は全九二ページで、そのうち七七ページが日本語の文書一〇点、残りの一五ページが英語の文書六点です。それぞれ「合意、補足合意」といった表題がつけられ、その開催時期からして、いずれも日米行政協定下における同委員会の合意文書です。

そして、日本語の合意文書の一部には、

「質問に対する一致した見解というかたちで合意された内容が記載されていることが認められる」

といいます。これはまさに密約に関わる「実施上問題となる事項」の記述スタイルと一致するものです。

英語の文書には、「日米双方の合意がないかぎり公表されない」との記載はあったが、日本語の文書にはそのような記載はなかったといいます。

外務省の「日米合同委員会の議事録は、日米双方の合意がないかぎり公表されないことが、日米間で合意されている」という主張に対して、審査会の答申は次のように指摘しています。

審査会は外務省から、この公表問題に関する日米合同委員会の議事録の提示を受け、確認したところ、一九六〇年に日米地位協定が発効してから最初の、第一回日米合同委員会〔行政協定から地位協定への移行にともない、あらためて第一回から数え直した〕議事録には、「〔合同委員会の議事録は〕日米双方の合意がないかぎり公表されない」との合意が記されていた。一方、行政協定時代の日米合同委員会議事録に、同様の合意が記されていることを示す資料の提示はなかった。

この点を確認したうえで審査会は、日本語の各文書について、

「日米行政協定第一八条〔請求権・民事裁判権〕に関して両国間での合意された内容が記述されているにすぎず、それ自体が日米合同委員会の議事録の一部であると認めるには足りない」

と判断しました。そして、

「〔仮に〕議事録の一部であったとしても、米国側との間で合意がないかぎり公表しないこととされていることも確認できない」

と指摘しています。

■密約文書開示の答申に従わない外務省

そして、これまで秘密の闇におおわれてきた日米合同委員会の合意文書全文の、文書開示を求める画期的な判断を次のように下したのです。

「これら**各文書を公にしたとしても、我が国と米国との信頼関係を損ない、今後、米国との間で忌憚《きたん》のない協議を行えなくなるおそれがあるとは言えないから**、情報公開法第五条三号〔国の安全・外交に関する情報〕に該当するとは認められず、**開示すべきである**」

さらに、文書開示を拒んでいる外務省の対応について、答申はこう批判しています。

「行政機関の保有する情報の一層の公開を図り、もって政府の有するその諸活動を国民に説明する責務が全うされるようにする情報公開法の目的に照らし、不十分であると言わざるをえない」

つまり、**文書を開示しても、外務省が主張するようなアメリカとの信頼関係を損なうおそれはなく、それよりも行政機関として、主権者である国民・市民への説明責任を果たすために、情報公開**

を一層進めることが重要なのだから、文書を開示すべきだというわけです。

米軍による事故や米軍関係者の犯罪の被害者らが望む真相解明と責任追及が、民事裁判の法廷で公正におこなわれるためにも、問題の密約文書を開示することが必要です。密約があるために真相解明と責任追及に必要な米軍の情報が提供されないのでは、裁判所が憲法の保障する「公平な裁判所」ではなくなってしまいます。だから、米軍にとって都合の悪い情報は提供しなくてもよく、そうした情報を明かしそうな証人は出廷させなくてもよいという内容の密約を明らかにしたうえで、密約そのものを廃棄すべきなのです。

さらに、日米合同委員会の協議内容や合意事項の全容を秘密にしたままでいいのか、米軍優位の不平等な地位協定のままでいいのか、日米関係はどうあるべきか、政府は情報公開を進めて透明性を高めるべきではないのかなど、国民・市民が一人ひとり考え、そして意見交換をするための素材としても、文書開示はされるべきです。

しかし、外務省は答申を無視するかのように、今日にいたるまで開示決定の手続きをとろうとしません。私が何度も、早く開示するように求めても、外務省北米局日米地位協定室は、「アメリカ側と協議中なので、開示するかどうかまだ決定できない」

との言い訳を繰り返してばかりです。答申が出てから四年以上もたつのに、このありさまです。行政機関としての説明責任をいっこうにはたそうとしません。どうしても日米合同委員会の秘密の合意の公開は避けたいのでしょう。米軍優位の密約が広く知られ、批判を浴びては困るということでしょう。

残念ながら、情報公開審査会の答申には強制力がありません。しかし、情報公開制度の実施状況を把握する総務省の担当者は、

「**情報公開法にもとづく審査会制度の意義からして、答申は当然尊重すべきだ。これまで行政機関が答申に従わなかった例はきわめてまれである**」

と強く指摘しています。

外務省の対応は、情報公開を進めて説明責任を果たし、行政の透明性を高めるという時代の趨勢に逆行しています。密約が明らかになるのを恐れて、情報隠蔽をしているとしか言いようがありません。

二〇〇九年の政権交代当時、民主党政権は「対等な日米関係」と「地位協定の改定の提起」を唱えていましたが、結局、実現できませんでした。また、「情報公開の推進」も掲げていました。情報公開法に「知る権利」を明記し、総理大臣が行政機関の長に対して情報公開審査会の答申に沿った文書開示を勧告できるようにすることなどを盛り込んだ、情報公開制度を強化するための同法改正案も閣議決定しました。しかし、法案は国会でたなざらしのまま廃案となりました。

そして、地位協定の改定にも、情報公開の推進にも消極的な自民党政権が返り咲きました。官僚機構の秘密主義の体質はそのまま続いています。それどころか、安倍政権による特定秘密保護法の制定強行によって、その秘密主義は強まっているのです。外務省がいまだに審査会の答申に従わず、文書開示をしない背景には、こうした政治情勢があると考えられます。

PART 5

密室の協議はこうしておこなわれる

富士演習場をめぐる密約

米軍の要求が優先される日米合同委員会の密室協議。
このような不平等な関係を改め、
真の主権回復を目指すためにも、
日米合同委員会の全面的な情報公開と国会によるコントロールの確立、
米軍優位の密約や合意事項の廃棄、
日米合同委員会そのものの改廃が必要です。

1977年12月2日、米軍機墜落事故の原因調査のため顔を合わせた日米合同委員会事故分科委員会の両国委員。(共同通信社)

■米軍による富士演習場の優先使用権密約

これまで見てきたように、協議内容のほとんどが闇につつまれている日米合同委員会ですが、アメリカ政府解禁秘密文書の調査を続けてきた新原昭治氏の発見した重要資料によって、その闇に光が当てられました。米軍による「富士演習場」の優先使用権の密約をめぐる協議の実態が明らかになったのです。

その密約とは、一九六八年と七三年に米軍から返還され、米軍専用から自衛隊管理下の米軍・自衛隊の共同使用になった、東富士演習場（静岡県）と北富士演習場（山梨県）を合わせた「富士演習場」を、米軍が年間最大二七〇日優先使用できる権利を認めたものです（以下、「富士演習場・優先使用権密約」と呼ぶことにします）。

密約の存在が明らかになるきっかけは、新原氏が一九七〇年一月のアメリカ議会の聴聞会議事録（上院外交委員会対外公約小委員会、通称サイミントン委員会の「日本と沖縄」に関する聴聞会議事録）を精査していて、ある一節に気づいたことです。

以下、新原氏がアメリカ政府解禁秘密文書の調査を通じてまとめたメ

Iwakuni, favorable.
Fuji Maneuver Areas—Minor Demonstrations, mostly with respect to GOJ controlled areas.
I. *Movement toward return of facilities:* [Deleted].
J. *Capacity and utilization of housing, bombing ranges and maneuver areas housing:* 135 units at Iwakuni fully occupied except during renovation.
Maneuver area. The Fuji Maneuver area is suitable for regiment size units maneuvers with supporting artillery. USFJ has the right to use the area 270 days per year. During 1969, USFJ utilized the area (or some portion thereof) 184 days for a utilization percentage of 68 percent.
K. *Airfield data:* Runway length : 8,000 ft. concrete.

「聴聞会議事録」の「富士演習場」の米軍による優先使用権に関連する記述の部分。（新原昭治氏提供）

UNITED STATES SECURITY AGREEMENTS
AND COMMITMENTS ABROAD
JAPAN AND OKINAWA

HEARINGS
BEFORE THE
SUBCOMMITTEE ON UNITED STATES SECURITY
AGREEMENTS AND COMMITMENTS ABROAD
OF THE
COMMITTEE ON FOREIGN RELATIONS
UNITED STATES SENATE
NINETY-FIRST CONGRESS
SECOND SESSION

PART 5
JANUARY 26, 27, 28, AND 29, 1970

Printed for the use of the Committee on Foreign Relations

U.S. GOVERNMENT PRINTING OFFICE
35-205　WASHINGTON : 1970

アメリカ議会の「日本と沖縄」に関する聴問会議事録（1970年1月）の表紙。
（新原昭治氏提供）

モ、「米解禁文書に見る富士演習場返還交渉の背景と経過――1960年～68年」（私家版）にもとづいて、一連の経過を追ってみましょう。（以下、英文の訳はすべて新原氏によるものです）

■アメリカ議会の議事録から明らかになった密約の存在

アメリカ議会の「日本と沖縄」に関する聴聞会議事録には、当時の在日米軍基地・演習場のそれぞれの規模・状態・運営費・地元住民の反応など各種データが挙げられていました。そのなかに、「富士演習場」に関する項目もあり、米軍の優先使用権についてこう書かれていました。

「富士演習場は砲兵隊の支援をともなう連隊規模の部隊の演習に適している。在日米軍は毎年二七〇日使用する権利を有している。一九六九年には、そのうち六八パーセントにあたる一八四日使用した」

富士山は「霊峰《れいほう》富士」とも呼ばれ、言うまでもなく日本のシンボルであり、日本人の「心のふるさと」などといわれることもあります。しかしその富士山で、米軍が大規模な軍事訓練・演習を繰り返していることを、はたしてどれくらいの日本人が知っているでしょうか。

東富士演習場（共同通信社）

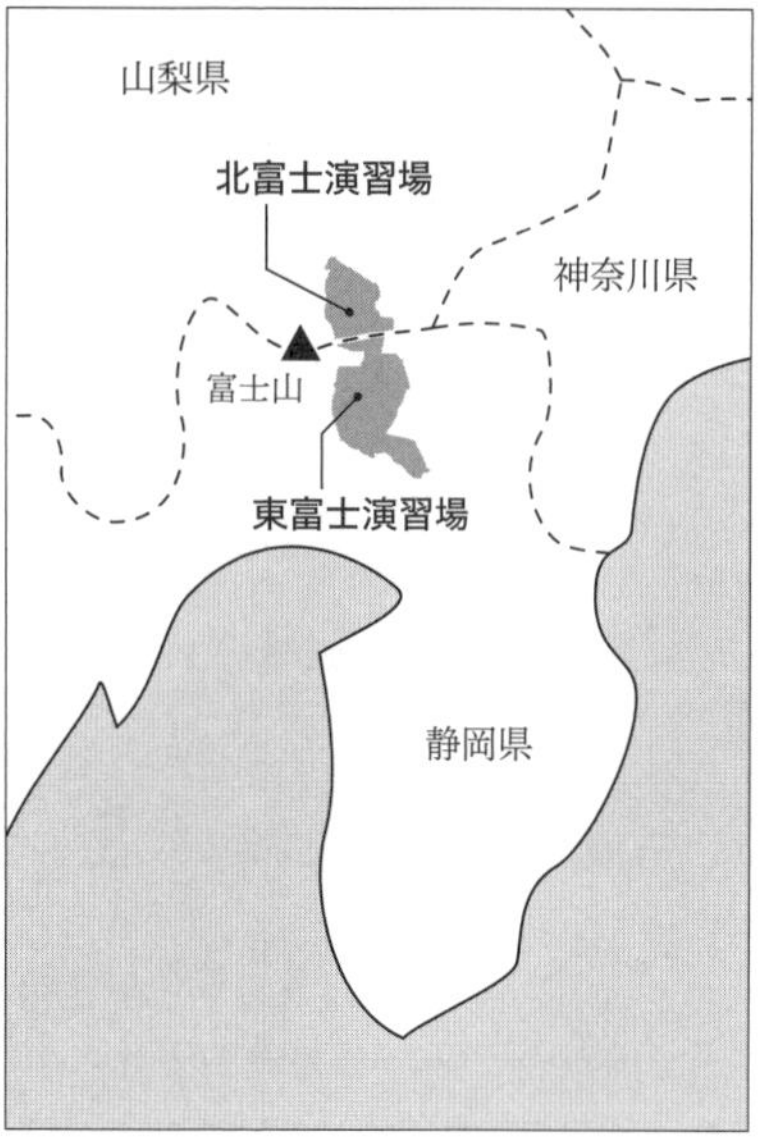

富士山の裾野に広がる東富士演習場と北富士演習場は、もともと旧日本陸軍の富士演習場でしたが、戦後、占領軍である米軍が接収して使っていました。一九五二年の占領終結後も、日米安保条約・行政協定にもとづいて米軍は使用を継続し、砲撃訓練やミサイル発射訓練などをおこなっていました。そして、自衛隊も訓練をするようになっていました。

それに対し、演習場内には民有地もあり、また長年にわたる入会権《いりあいけん》（住民が山野を共同で使用し、木や草などを採って利用する権利）を地元住民が有していたこともあって、地元の農民を中心に演習場反対運動が巻き起こりました。一九五七年三月には「東富士演習場地域・農民再建連盟」が発足し、演習場の全面返還を求める運動と世論が高まってゆきました。同様の運動は北富士演習場でも地元農民を中心に広がりました。

そこで、**日本政府は米軍基地反対運動の矛先《ほこさき》をかわすために、演習場を日本側の管理に移したうえで、自衛隊と米軍とが共同で使い続けようと考えた**のです。政府は日米安保改定直後の一九六〇年八月二三日の日米合同委員会の施設特別委員会（現施設分科委員会）で、富士演習場の「好意的返還」を正式に文書で要請しました。

そして、日米間の協議・交渉の結果、東富士演習場は一九六八年に、北富士演習場は七三年に日本側に返還され、自衛隊管理下の日米共同使用の「施設・区域」（基地・演習場）になりました。日米地位協定・第二条四項（b）[註]の規定（日本側の「施設・区域」を一定の条件で米軍が使用できる）にもとづき、米軍が一定期間を限って使用できる方式です。

なお、地位協定にもとづく米軍の「施設・区域」（基地・演習場）の種類としては、以下の三種類があります。

①米軍管理下における米軍専用
②米軍管理下における米軍と自衛隊の共同使用

③自衛隊管理下における米軍と自衛隊の共同使用

東富士演習場の場合はこの③にあたります。しかし、米軍が使用できるといっても、日本側に返還されたうえでの日米共同使用ですから、年間二七〇日と米軍の使用期間のほうが長いのでは返還された意味がありません。

地位協定・第二条四項（b）の規定については、日本政府の国会答弁においても、中曽根康弘防衛庁長官（当時）が、

「わが方が主であって、臨時に〔使用を〕認められる米軍の方は従」

「時間的にいえば、一年のうち半数以上米軍が使用するというのでは主客転倒になる」（一九七一年二月二七日、衆議院予算委員会）

との見解を示しています。

つまり、米軍の優先使用は本来あってはならないことなのです。ところが、それは表向きで、東富士演習場が一九六八年七月に返還された裏側で、米軍の優先使用権を認める密約が結ばれていたのです。その舞台となったのは、やはり日米合同委員会でした。

註　**日米地位協定・第二条四項（b）**「合衆国軍隊が一定の期間を限って使用すべき施設及び区域に関しては、合同委員会は、当該施設及び区域に関する協定中に、適用があるこの協定の規定の範囲を明記しなければならない」

この「合衆国軍隊が一定の期間を限って使用すべき施設及び区域」とは何かについて、日本政府による一九

七一年の「政府統一見解」では、その「施設及び区域」は「日本側のものではあるが、米軍の使用が認められ、その使用する期間が何らかのかたちで限定されるものをいう」と定義されている。

■日米合同委員会の返還調印式の裏側で

当時の新聞報道によると、一九六八年七月一八日午前一一時から、東京・赤坂にあった米軍の高級宿泊施設「山王ホテル」で日米合同委員会が開かれ、東富士演習場の返還協定調印式がおこなわれました。同ホテルはPART1でふれた南麻布のニューサンノー米軍センターができるまで、日米合同委員会の定期的な開催場所でした。

調印式には、日本側から外務省アメリカ局の大河原良雄参事官、防衛施設庁の山上信重長官らが、アメリカ側はウィルキンソン在日米軍参謀長〔米海軍少将〕らが出席しました。大河原参事官と山上長官は日米合同委員会の日本側代表代理、ウィルキンソン参謀長はアメリカ側代表でした。

左ページの写真では、ウィルキンソン参謀長（右）と大河原参事官（左）がかたく握手を交わしています。当時の日本側代表は東郷文彦外務省アメリカ局長ですが、何か他の業務があったのでしょうか、調印式には出席していないようです。なお、大河原参事官も一九七二年にアメリカ局長（現北米局長）となり、日米合同委員会の日本側代表になります。

この返還協定の概要は、調印式当日の『読売新聞』（一九六八年七月一八日夕刊）に載っています。

1968年7月18日、東京・山王ホテルで開かれた日米合同委員会の「東富士演習場」の返還協定調印式。（共同通信社）

主な項目は次のとおりです。

①米軍基地キャンプ富士を除いた演習場区域を防衛庁（自衛隊）の管轄とし、米軍には必要に応じて演習場を使用させる。

②使用目的は通常兵器を使用する部隊の訓練。核兵器、毒ガス、五〇〇キロを越える爆発物は使用しない。

③地元住民は演習に支障のないかぎり、採草、採木などのための演習場立ち入りが認められる。

④演習を実施するときは防衛庁に対し通報する。

⑤不発弾、その他の危険物を残さないよう注意する。

⑥県道や軍用道路については、演習および射撃に支障のないかぎり一般の通行を妨げない。

⑦米軍は森林区域をみだりに損傷しないよう注意を払う。

こうして東富士演習場は、一九四七年五月に当時の占領軍である米軍に接収されてから二一年ぶりに日本に返還されたのでした。しかし返還協定には、実は公表されなかった重要事項が含まれていました。それが米軍の優先使用権に関する秘密合意なのです。もともと東富士演習場の返還協定には、その秘密合意も含んだ原案があったのです。

それは日米合同委員会で協議された、一九六二年三月二日付け、「富士演習場返還協定案」と同協定に付属する「了解合意覚書」です。その「返還協定案」には、『読売新聞』記載の返還協定の概要と同様の項目が盛り込まれています。そして、「了解合意覚書」に米軍の優先使用権に関する合意が、こう記されているのです。

「(1)米軍は、七月一日に始まる米会計年度の毎年、最大二七〇日間に及ぶ富士演習場区域使用の優先権を有する。

(2)前項の優先使用期間のあいだ、米軍は富士演習場の最大六五%を使用することができる。なお、米軍は各年に合計で最大三〇日間、全区域を使用することができる」

まさしく前述のアメリカ上院外交委員会対外公約小委員会の聴聞会議事録の内容と一致しています。

このように返還協定案本文とは別に了解合意覚書を付属文書にする形式がとられたのは、日本側が細部にわたる日米合意が外に漏れるのを恐れたからだと、アメリカ政府解禁秘密文書では説明されています。

この「富士演習場返還協定案」と「了解合意覚書」は、一九六二年四月一〇日付け、米太平洋軍司令官発、アメリカ統合参謀本部あての書簡による覚書「富士マクネア演習場〔＝富士演習場〕交渉」に同封された文書です。覚書の冒頭には、同封文書に関する説明が次のように書かれています。

「同封文書（1）は日米合同委員会の特別グループによってつくりあげられたもので、関連文書（a）に記載されている富士マクネア演習場の解放〔返還〕の協定の基礎となるものである」

なお、「富士演習場返還協定案」と「了解合意覚書」など、富士演習場返還をめぐる一連の文書は、PART1の「アメリカ政府・軍の解禁秘密文書リスト」の⑱『アメリカ合衆国対日政策文書集成　アメリカ統合参謀本部資料　1953－1961』収録のものや、新原氏がアメリカ国立公文書館などで調査・入手したアメリカ政府・軍の解禁秘密文書などです。

■米軍の要求が優先される日米合同委員会

この覚書の冒頭にある「特別グループ」とは、日米合同委員会の施設特別委員会の下部組織として設置された、富士演習場問題に関する特別ワーキング・グループのことで、日本側では「富士特別作業班」と呼んでいました。日本側は防衛施設庁（現防衛省地方協力局）の担当官など、アメリカ側は在日米軍司令部第4部（兵站）の担当官などで構成され、富士演習場の返還に関する実務的な協議をおこなっていました。
「同封文書(1)」が「協定の基礎となるもの」と書かれていることから、「了解合意覚書」にある、米軍の「毎年、最大二七〇日間に及ぶ富士演習場区域使用の優先権」が、演習場返還の基本条件だったことがわかります。
「富士演習場返還協定案」と「了解合意覚書」と同じ日付（一九六二年三月二日）の、在日米軍司令部発、米太平洋軍司令部あて電報には、日米合同委員会の富士演習場問題に関する特別ワーキング・グループでの協議で、アメリカ側の提案がほとんど受け入れられて、返還協定案と了解合意覚書がつくられたという報告が記されています。

「会合の終わりに、すべての文言と意見相違点が、一点を除き解決した。**協定案の文言と内容はほとんど全部、アメリカ側代表の提案通りである。**譲歩または妥協はほとんどの場合、たいした内容ではなく、すべての場合において、使用条件の保全のもとに利用可能な施設を保持する状況づくりのために〔譲歩または妥協は〕なされた。**在日米軍は訓練スケジュール取り決めで、われわれが当初想定していた以上の大きな融通の余地と米軍の使用率を獲得できた**」

まさに、アメリカ側の「提案通り」に、米軍の望む演習場の「使用率を獲得」でき、「協定の基礎」となる優先使用権という返還の基本条件が満たされたことがうかがえる内容です。また、日米合同委員会が結局はアメリカ側の要求が優先される場であることもうかがえます。

実際、日米合同委員会の富士演習場問題に関する特別ワーキング・グループの会合で、アメリカ側代表が、

「**必要となる演習場の最小限面積は、米上級司令官らが決定したもので、日本政府が承認するかどうかの問題ではない**」


と発言するなど、軍事的必要性を前面に押し出す強硬な姿勢を示したりしていたのです。

この発言はつまり、在日米軍基地・演習場の規模を決めるのは米軍上層部であって、日本政府が口出しできる問題ではないということで、日本国の主権など眼中にない米軍の発想をよく表しています。

こうした米軍の発想と要求については、日本の歴代の政権もよく理解しているらしく、たとえば二〇一二年の米軍によるオスプレイ配備をめぐって、当時の野田佳彦首相が「配備はアメリカ政府の方針であり、〔日本から〕どうこうしろと言う話では基本的にない」と述べ、森本敏防衛相も「〔配備の是非について〕安保条約上、日本に権限はない」と発言するなど、米軍の基地運営や軍事活動に口出しすることはありません。

米太平洋軍司令部は在日米軍の上部組織で、在日米軍基地・演習場の使用をはじめ日米地位協定の運用に関する問題でも、在日米軍司令部を統制する立場にあり、日米合同委員会の協議内容の詳細な報告も受けています。

したがって、上記の「米上級司令官」とは米太平洋軍司令官を指すと思われます。米太平洋軍の

責任区域はアメリカ西海岸から太平洋、アジア、インド洋に及ぶ広大な地域です。司令部はハワイに置かれています。

米太平洋軍司令部は太平洋・アジア・インド洋地域における米軍の戦略に合致する視点から政策を立て、日米合同委員会での協議と合意がアメリカ側に有利になるように、必要な指令も出しています。そして、米太平洋軍司令部はこうした問題について、米軍の最高機関であるアメリカ統合参謀本部へ細かく報告を上げ、必要に応じて指示も仰いでいるのです。

PART1でも述べたように、日米合同委員会の会合にアメリカ側が議題として取り上げたい事項は、メモランダム（覚書）として提出されます。そのメモランダムは事前に在日米軍司令部の各部局、在日米陸軍・海軍・空軍・海兵隊の各司令部での検討のうえ起案されます。また、日米合同委員会（本会議、分科委員会、部会など）の協議内容は毎回、在日米軍司令部の各部局、在日米陸軍・海軍・空軍・海兵隊の各司令部に報告され、次のメモランダムの作成に活かされます。

そして、それら日米合同委員会の本会議、分科委員会、部会などの協議内容は、米太平洋軍司令部に報告され、さらにアメリカ統合参謀本部へも報告されています。米太平洋軍司令部とアメリカ統合参謀本部はこうした一連の報告を検討したうえで、必要な指令を出します。

したがって、アメリカ側のメモランダムには在日米軍、米太平洋軍、アメリカ統合参謀本部の戦略・政策にもとづいた軍事的観点からの要求が反映されているのです。つまり、日米合同委員会での協議と合意にはアメリカ軍部の影響力が確実に及ぶ仕組みになっているわけです。合同委員会のアメリカ側メンバーがほぼ軍人で占められているのもそのためです。

「富士演習場」問題に関しても、米太平洋軍司令部は一九六〇年八月一五日付けの統合参謀本部へのメッセージで、

「富士演習場の保持は、どうしても必要な海兵隊の訓練にとってきわめて重要であり、この問題に関する日本政府との議論はすべて日米合同委員会においてなされるべきである」

と伝えていました。問題を自らの影響力が発揮できる日米合同委員会において処理したいという米太平洋軍司令部の意向が強く表れています。

■米軍の「排他的管理権」も認める日米合作のからくり

その後、一九六二年三月二日の「富士演習場返還協定案」と「了解合意覚書」を元に、日米合同委員会の富士演習場問題に関する特別ワーキング・グループなどで協議を重ねた末に、六八年六月七日付け「富士演習場を日本防衛庁管理下に転換する協定案」が、合同委員会本会議で最終的に承認され、六八年七月一八日の返還協定調印に至りました。ただ、この文書はアメリカでもまだ非公開のようで、新原氏も入手できていません。

もちろん日本政府も一連の協定案、了解合意覚書、返還協定の全文を公開していません。防衛省はこの問題をめぐる静岡新聞社の取材に対し、

「他国の議会の内容についてコメントはできない。東富士演習場の使用条件に関し、公表されている以外の取り決めはない」

と、米軍の優先使用権の密約の存在を否定しています（『静岡新聞』二〇一〇年二月一八日）。

しかし、アメリカ上院外交委員会の聴聞会議事録（一九七〇年一月）に、在日米軍による富士演習場の年間最大二七〇日の使用権が明記されていることから、六二年三月二日の「富士演習場返還協定案」と「了解合意覚書」の内容が、六八年六月七日の「富士演習場を日本防衛庁管理下に転換する協定案」でも踏襲されたことがわかります。つまり、この聴聞会議事録の記述によって、米軍の優先使用権の密約の存在が裏づけられるのです。

そもそも一九六八年七月の日米合同委員会で調印された返還協定に、米軍の優先使用権を認める「了解合意覚書」が付属していなければ、七〇年一月のアメリカ上院の聴聞会議事録に在日米軍による年間最大二七〇日の使用権が明記されるはずがありませんから。

こうして、表向きは演習場を返還し、日本側の管理に委ねながら、実際は軍事的必要性を満たす優先使用権を裏で確保するという実利を、米軍は得たのです。

しかも返還協定では、米軍が演習場を使用中は「地位協定の必要な全条項が適用される」ことも認められました。それは、日米地位協定の第三条「合衆国は、施設及び区域内において、それらの設定、運営、警護及び管理のため必要なすべての措置を執ることができる」という、いわゆる米軍の「排他的管理権」すなわちフリーハンドの軍事的特権、事実上の治外法権が認められることを意味します。日本側に演習場の管理権が移ったとされながら、米軍使用中は従来どおり米軍の「排他的管理権」が及ぶ、米軍の専用基地・演習場と変わらないというのが実体なのです。

それを表す象徴的なエピソードがあります。東富士演習場の返還協定が調印された直後の一九六八年九月一二日、東京で開かれた「日米安全保障協議委員会〔ツー・プラス・ツー〕」の安全保障小委員会の議事録に記された、在日米軍参謀長、駐日アメリカ大使、外務事務次官、外務省アメリカ局長の、次のような発言です。

「ウィルキンソン在日米軍参謀長

『筋から言えば、**東富士はまだアメリカの施設だということ**が指摘されるべきだ。あそこはもちろん「2・4b」施設〔地位協定第二条四項（b）による日本側管理下の日米共同使用施設〕ではあるが、**的確に言えば日本の施設ではない**』

牛場信彦外務事務次官

『ともかく、われわれはあなた方の使用を保証することができるだろう』

ジョンソン駐日アメリカ大使

『**基地に日本の国旗が掲げられれば象徴的にたいへんいいということがポイントだね？**』

東郷文彦外務省アメリカ局長

『**それがアイデアだ**』」

要するに、日本側への「返還」という形式を整えてはいるが、それは表向きで象徴的なものにすぎず、とにかく日本の国旗さえあげておけばいいのだ。しかし、その背後で実際には米軍が年間二七〇日の優先使用権を握っており、米軍の専用基地・演習場と同じ「排他的管理権」も行使するということなのです。

「このような実体を指して、米軍首脳は依然としてそこが『日本の施設』ではなく、『米軍基地』だと主張したのです」

と、新原氏は日米合作の巧妙なからくりを指摘します。

■気脈を通じる日米のエリート官僚・高級軍人たち

さらにここで注目したいのは、ウィルキンソン参謀長と東郷局長が当時、日米合同委員会のアメリカ側代表と日本側代表だったという事実です。

ウィルキンソン参謀長は263ページの写真にあるように、山王ホテルでの返還調印式で日本側代表代理の大河原外務省アメリカ局参事官と握手を交わしています。ところが、その調印式でアメリカ政府を代表して返還協定に署名した本人が、二ヵ月たらず後に、

「東富士はまだアメリカの施設だ」

「日本の施設ではない」

と、日本政府高官に向かって居丈高に断言しているのです。しかし、これではいったい返還調印

式は何のためにあったのでしょうか。

さらに驚くべきことには、日本側は返還協定という政府間の正式な国際協定をないがしろにするような参謀長発言に対し、反論するどころか、牛場外務事務次官が「あなた方の使用を保証する」と追従の言葉を述べるだけです。

ウィルキンソン在日米軍参謀長
（共同通信社）

ジョンソン駐日アメリカ大使
（トルーマンライブラリー）

そして東郷局長の反応はどうかといえば、ジョンソン大使が「基地に日本の国旗が掲げられれば象徴的にたいへんいい」と、日米合作のからくりをあけすけに口にしたのに対し、「それがアイデアだ」、つまり〝グッド・アイデア〟だと、打てば響くように阿吽《あうん》の呼吸で応じています。すべては、外部からはうかがい知れない密室でのやりとりです。

東郷文彦外務省アメリカ局長
（共同通信社）

こうしたエピソードからは、日米合同委員会に集うエリート官僚・軍人たちが常日頃いかに気脈を通じているかがわかります。国民・市民の目をあざむく合同委員会の秘密合意システムが、どのような土壌に根を張っているのかを示す象徴的なエピソードです。

なお、日米安全保障協議委員会とは、一九六〇年に設置された安全保障に関する日米両政府のハイレベルの協議機関です。日本側からは外務大臣、防衛大臣、必要に応じて両省の次官・局長クラスの官僚などが出席します。アメリカ側からは一九九〇年一二月二六日以前は米太平洋軍司令官、駐日アメリカ大使、必要に応じて在日米軍高官などが出席していましたが、その後、国務長官、国防長官が出席するようになりました。

その後、この東富士演習場のように日米地位協定・第二条四項（b）の規定にもとづき、自衛隊管理下で米軍が一定期間を限って使用する日米共同使用の「施設・区域」（基地・演習場）が、一九八〇年代以降増えてゆきました。二〇一五年三月の時点で、全国に四九カ所あり、総面積は約七一八平方キロに及びます。一九八〇年頃の総面積に比べると二倍以上の増加です。

このような米軍基地や演習場の日米共同使用はアメリカ側にとって大きなメリットがあります。まず、日本側に返還したうえで自衛隊が管理するという形式をとることで、米軍基地への反発と反対運動の勢いを鈍らせる効果があります。また、基地・演習場の管理維持費、新しい施設の建設費、訓練移転での移動経費などを日本側に負担させることで、アメリカ側の財政的負担が軽くなります。そして、米軍と自衛隊の共同訓練・軍事演習もしやすくなり、米軍主導の日米軍事一体化を促進させる効果もあります。

そうしたメリットをアメリカ政府が認識し、実現を目指してきたことは、アメリカ政府解禁秘密文書からも裏づけられます。たとえば、沖縄の施政権返還をめぐる日米交渉中に作成された「国家

安全保障研究覚書 第五号」（ＮＳＳＭ5、一九六九年四月二八日版）には、米軍と自衛隊の基地の共同使用の利点として、次の三点が挙げられています。

「①日本側と安全保障上の共通理解を得る。
②日本側に（基地の維持などで）より大きな財政負担をさせることができる。
③（米軍基地への）政治的な圧力に抗することができる。」

（『従属の同盟』赤旗政治部「安保・外交」班著　新日本出版社　二〇一〇年）

自衛隊管理下の日米共同使用の基地・演習場に関して、「富士演習場」のほかにも米軍の優先使用権を認める密約が、人知れず日米合同委員会で結ばれているケースもあるのではないでしょうか。日本側に運営維持費を負担させながら、優先使用権によって実質的には米軍の基地・演習場として利用する。そのように米軍にとってメリットの大きい共同使用の「施設・区域」を増やし、**ゆくゆくはすべての自衛隊基地・演習場を米軍も使えるようにする。アメリカ側にはそうした狙いがあると考えられます。**それを実現させるのに、日米合同委員会の密室協議方式は実に好都合な仕組みなのです。

■国会を関与させない密室の合意の仕掛け

米軍基地や演習場の提供、返還、共同使用などに関する具体的な協議は、日米合同委員会の施設分科委員会でおこなわれています。同分科委員会の日本側代表は防衛省地方協力局長です。アメリカ側代表は在日米軍司令部第4部（兵站）部長です。

施設分科委員会の下に設置された部会や特別作業班で実務的な協議を重ね、施設分科委員会で合意した事項が日米合同委員会本会議に勧告され、そこで承認されます。

外務省機密文書『日米地位協定の考え方』によると、個々の米軍基地や演習場については個別の協定が締結され、それは「政府間合意」（行政取極《とりきめ》）にあたると解釈されています。協定には、日米合同委員会の日本側代表である外務省北米局長とアメリカ側代表の在日米軍司令部副司令官が署名します。その外務省北米局長の署名は、「合同委員会の日本側代表としての性格と、政府間協定の締結のための日本政府代表としての性格」があるとされています。しかし、それら個別の協定の全文は非公開で、簡単な概要が公表されるだけです。

そして、締結された協定はその後、閣議決定を経て、「施設・区域」に関する日米共通の「附表」の改正という手続きがとられます。「附表」とは、PART3で述べたように、一九五二年七月二六日に当時の日米合同委員会の日米両代表の署名による「日米施設協定」で決められた、米軍に提供される「施設・区域」の一覧表のことです。『日米地位協定の考え方』では、「行政協定時代から引き継がれている施設・区域の台帳の如きもの」と説明されています。

ここで注目すべきなのは、日本の領土・領海・領空の一部を「施設・区域」として外国軍隊に提供するという、国家主権に関わる重大な決定を、「国権の最高機関」（憲法第四一条）である国会が関与できない日米合同委員会の密室での協議にまかせていいのかという点です。それは憲法の国民主権の原理に反しています。

このような重大な決定をおこなう政府間協定は、国際協定であり、広い意味での条約の一種と考えられます。したがって、本来なら国会に詳細な情報提供がなされ、そこで主権者の代表である国会議員により審議されたうえで、承認される、あるいは承認されない、という民主主義にふさわしい手続きを踏むべきなのです。

ところが、それを日米合同委員会の秘密協議による合意で済ませています。「正当に選挙された国会における代表者」（憲法前文）として主権者の信託を得たとはいえない外務省北米局長という一官僚が、「日本政府代表」として署名するという仕組みそのものが不透明であり、憲法の基本原理からはずれています。

そして、この仕組みは最初から、領土・領海・領空の一部を外国軍隊に提供するという、国家主権に関わる重大な決定に、国会を関与させないためにつくられたものでした。

日米地位協定第二条には、

「個々の施設及び区域に関する協定は、第二五条に定める合同委員会を通じて両政府が締結しなければならない」

とあり、その第二五条で、

「合同委員会は、特に、合衆国が相互協力及び安全保障条約の目的の遂行に当たって使用するため必要とされる日本国内の施設及び区域を決定する協議機関として、任務を行う」

と定めています。

本来は、「合同委員会を通じて両政府が締結しなければならない」ではなく、「国会での審議・承認を通じて両政府が締結しなければならない」とすべきなのです。しかし、「合同委員会を通じて」密室協議に持ち込むことで、米軍が望む基地提供をスムーズにできるための仕掛けがつくられてしまったのです。

この仕掛けは、PART3で述べたように、すでに一九五二年二月調印の日米行政協定に盛り込まれていました。予備作業班と日米合同委員会で「施設及び区域」の決定・提供に関する秘密協議を重ね、同年七月、「日米施設協定」(「行政協定に基づく日本国政府とアメリカ合衆国政府との協定」)に、当時の日米合同委員会の双方の代表、伊関・外務省国際協力局長とウィリアムス准将が署名したときから続いているのです。

■軍事的性質により基地を公表しなくてもいい密約

日米合同委員会の密室協議に大きな決定権を持たせ、主権や人権に関わる重大な決定に国会を関与させないこうした仕組みはあまりにも異常です。そうした仕組みがあるために、米軍優先に歯止めがかけられません。

驚くべきことに、日米合同委員会では、「秘密基地密約」も結ばれています。これは軍事的性質によっては基地の存在を公表しなくてもいいという密約です。ＰＡＲＴ１でご説明した「刑事部会合意事項」（一九五三年一〇月二二日付け）の第八項（施設又は区域の標示）のなかに、「その軍事的性質により、特定の施設又は区域は公表する一覧表の中に含めない」と書かれているのがそれです。第八項の全文は次のとおりです。

「行政協定第二条に基づき合衆国軍隊が使用する施設又は区域で許可なき立入が禁止されている地域の境界は、日英両国語をもって左記の趣旨を記載した標識又は標示によって明確にされるべきものとする。

『合衆国区域（施設）

在日合衆国軍隊

許可なき立入は日本国の法令により処罰される。』

区域又は施設の一覧表及び法律上の記述は日本国の官報及び合衆国軍隊の公刊物に公表する。**但し、その軍事的性質により、特定の施設又は区域は公表する一覧表の中に含めない**」

「刑事部会合意事項」は、49〜55ページで述べたように、日本政府省庁と最高裁判所の秘密資料リストの②③④⑥⑦⑧に収録されています。その⑧『法務省秘密実務資料』に、在日米軍に提供した

「施設・区域」すなわち基地・演習場の公表に関して、次のような解説が書かれています。

「〔米軍の施設・区域とは〕地位協定第二条第一項によって日本国が合衆国軍隊に使用することを認めた施設又は区域（当該施設又は区域の運営に必要な設備、備品及び定着物を含む）をいう。具体的に何処がこれに該当するかは、日米合同委員会において決定される。また、この施設又は区域のリスト等は、**軍事的な考慮から適当でない場合を除き、日本国の官報及び合衆国軍隊の公刊物に公示されることになっている**」

基地・演習場の「軍事的性質」、つまり軍事機密や軍事作戦などの必要上、「軍事的な考慮から適当でない場合」は、その存在を公表しなくてもいいとして、例外を認めているのです。それは、軍事的な考慮から必要に応じて秘密基地の存在も容認することを意味します。その点を強調する意味で、本書では「秘密基地密約」と呼ぶことにしました。

外務省ホームページでも公表されていた、「刑事裁判管轄権に関する〔日米合同委員会の合意〕事項[註]」では、この第八項は「施設又は区域の標示等に関する事項」として記載されていました。

しかし、上記の太字部分はすっぽりと抜け落ちていました。つまり削除されていたのです。そのかわりに、

「区域又は施設の一覧表及び法律上の記述は出来る限り日本国の官報及び合衆国軍隊の公刊物に公表する」

と書かれていました。

これは正式な日米間の「合意事項」全文から重要な部分を欠落させたうえで、意図的に書き替えたものです。本当は「一覧表の中に含めない」と断言されているのに、「出来る限り公表する」と表現をぼかして、米軍優位の事実をあいまいにしていたのです。まさに情報隠蔽です。

註　日本政府が日米合同委員会の合意の要旨として、一九六〇年三月二五日に衆議院・参議院の安保特別委員会に提出した「合同委員会合意書に関連した実施されている主要事項」に含まれていた。

■公表されていなかった在日米軍の施設・区域

二〇一六年三月の時点で、日本政府が公表している在日米軍専用の施設・区域（基地・演習場）は七九ヵ所（沖縄県に三一ヵ所、それ以外の都道府県に四八ヵ所）です。総面積は約三〇三平方キロで、そのうち約七四パーセントが沖縄にあります。防衛省によると、すべて公表しており、現在公表していないものはないとのことです。

しかし、過去には『官報』で公表されていなかった施設・区域もあります。たとえば、神奈川県横浜市にあった上瀬谷《かみせや》通信施設（二〇一五年六月に日本側に返還）です。上瀬谷通信施設は旧ソ連や中国や北朝鮮などの軍事用電波の傍受と暗号解読、太平洋からインド洋にまで展開する米軍の艦船や航空機との通信などを担っていました。

上瀬谷通信施設は旧日本海軍用地だった場所を、一九四五年九月二日に米軍が接収し、その二年後に接収解除となったが、朝鮮戦争中の五一年三月一五日に再接収して通信基地を設けました（『神奈川県の米軍基地』神奈川県企画部基地対策課編・発行　二〇〇五年）。

しかし、上瀬谷通信施設は、一九六一年四月一九日発行の『官報』での、調達庁（後の防衛施設庁／現防衛省地方協力局）告示第四号の「在日合衆国軍隊が使用する施設及び区域表」という一覧表に初めて含まれるまで、『官報』で公表されていなかったのです。

それ以前に『官報』に掲載された、在日米軍施設・区域の一覧表（一九五二年七月二六日の『官報』にある外務省告示第三四号が最初）には、上瀬谷通信施設は出てきません。つまり、「刑事部会合意事項」第八項の「但し、その軍事的性質により、特定の施設又は区域は公表する一覧表の中に含めない」との規定に当てはまる基地として扱われていたと考えられます。公表されていなかった理由は定かではありませんが、対共産圏の軍用電波傍受・暗号解読や米海軍艦隊の指揮命令系統の通信を担うなど軍事機密性が高かったからではないでしょうか。

一九六一年になってから公表された理由もわかりませんが、その前年に日米安保条約が改定されて現行の日米安保条約になり、日米行政協定から日米地位協定へと変わったことと関係があるのかもしれません。

また、ＰＡＲＴ３で述べたように、一九五二年七月に米軍に提供する基地・演習場を日米合同委員会で取り決めた「日米施設協定」において、軍事機密を理由に公表されなかったレーダーなどを含む通信施設とＣＩＣ（米軍特別情報部）関係施設が、一〇〇ヵ所前後あったといわれています。

この問題に関して、外務省機密文書『日米地位協定の考え方』には、基地・演習場の「軍事的性格によっては公表しない」こともあり得るとの説明と、行政協定時代には公表されない通信基地もあったということが書かれています。

「(日米) 合同委員会の中には『施設・区域の一覧表及び法律上の記述はできるかぎり日本国の官報及び合衆国軍隊の公刊物に公表する』との趣旨の規定があり、施設・区域の軍事的性格によっては公表しない施設・区域のあり得ることも予想しているが、現在はかかる不公表の施設・区域は存在しない (行政協定時代には若干の通信施設につき公表されないものが存在した)」

この「(行政協定時代には若干の通信施設につき公表されないものが存在した)」という記述は、「その軍事的性質により、特定の施設又は区域は公表する一覧表の中に含めない」という、秘密の「合意事項」が実行されていた証しにほかなりません。

そして、その密約はいまも生きています。現在はすべての在日米軍施設・区域は公表されていても、仮に「軍事的性質」による必要が生じれば、いつでも公表しない事態が起きうるのです。

最近、外務省ホームページの「日米地位協定各条及び環境補足協定に関する日米合同委員会合意」では、長年掲載していた従来の「刑事裁判管轄権に関する事項」を、「刑事裁判管轄権に関する合意事項」という名称に変え、その内容も改めました。

この名称と内容を改めて掲載された「刑事裁判管轄権に関する合意事項」は、『法務省秘密実務資料』など日本政府省庁と最高裁判所の秘密資料だけに掲載されていた、「刑事部会合意事項」と同じものです。

つまり「刑事部会合意事項」の要旨だけを掲載していたのを、新たに全文に差し替えたわけです。外務省はなぜ差し替えたのか。その理由を北米局日米地位協定室に電話で問い合わせましたが、回答はありませんでした。

この新しく掲載された「刑事裁判管轄権に関する合意事項」では、「第八項（施設又は区域の標示）」として、「刑事部会合意事項」の「第八項（施設又は区域の標示）」がそのまま掲載されています。「但し、その軍事的性質により、特定の施設又は区域は公表する一覧表の中に含めない」という部分も削除されずにあります。

しかし、長年にわたってこの部分は隠蔽されていたわけですから、密約にほかなりません。そして、最近その部分を公表したからといって、その内容が認められていいわけがありません。日本の領土・領海・領空を外国軍隊に提供するという国家主権に関わり、周辺住民にも大きな影響を与える問題で、提供する「施設・区域」を「軍事的性質」によっては公表しなくてもいい、つまり秘密基地を認めるということ自体が、そもそも不当なことなのですから。

■主権侵害をもたらす密約体系と日米合同委員会

これまで明らかにしてきた「裁判権放棄密約」、「身柄引き渡し密約」、「日本人武装警備員密約」、「航空管制委任密約」、「嘉手納ラプコン移管密約」、「航空管制・米軍機優先密約」、「民事裁判権密約」、「富士演習場・優先使用権密約」、「秘密基地密約」。これら日米地位協定の運用に関する密約群は、「安保法体系」の裏側から一体となって米軍優位を絶対化する「密約体系」だといえます。

そして、日米合同委員会の議事録や合意文書などが原則として非公開であるため、いったい密約がいくつあるのかもよくわかっていません。ほかにもまだいくつもの密約があり、「密約体系」はきっと大規模なものになっているはずです。

ともかく、「占領管理法体系」の延長線上にある「安保法体系」と、それを裏側で支える日米合同委員会の「密約体系」により、「憲法体系」を無視して米軍の事実上の治外法権を保障する構造がつくられてきました。日米合同委員会はその構造をつくりだし、維持するための中心的な役割を果たしているのです。

国家の中枢である外務省、法務省、最高裁でつくられた三つの裏マニュアル、『日米地位協定の考え方』、『法務省秘密実務資料』、『最高裁部外秘資料』が証明しているように、日米合同委員会を拠点にした外務官僚や法務官僚などが、米軍の特権を守るために地位協定の解釈を独占するかたちで、地位協定や関係法令の拡大解釈あるいは歪曲解釈をし、密約も交わしています。

「富士演習場優先使用権密約」のケースでも明らかなように、日米合同委員会のアメリカ側委員である軍人たちは、

「アメリカ統合参謀本部」→「米太平洋軍司令部」→「在日米軍司令部と在日米陸・海・空・海兵隊司令部」

という、軍部の指揮系統を通じた軍事的観点からの要求を突きつけてきます。

そして日米合同委員会では、その要求が優先されているのが実態です。その結果、米軍優位の合意が結ばれます。米軍上層部から見れば、日米合同委員会は日本における米軍の占領時代からの特権を維持するとともに、変化する時代状況に応じて軍事的観点から新たな特権を確保してゆくためのリモコン装置のようなものだともいえます。

また、そのような政治的装置が日本政府の中枢に埋め込まれていると言ってもいいでしょう。その埋め込みは、占領軍から駐留軍へと、安保条約・行政協定を結んで衣替えするに際し、「予備作業班＝日米合同委員会」を設置することで実行されていたのです。

つまり、**米軍が日米合同委員会の密室協議の仕組みを利用して、事実上の治外法権・特権を日本政府に認めさせるという一種の「権力構造」がつくられ、今日まで続いている**のです。

こうした問題を通じて明らかになるのは、日米合同委員会が憲法の国民主権の原理からはずれ、「憲法体系」の枠外にある組織になってしまっているということです。

しかし、そもそも日米合同委員会の日本側メンバーである官僚たちは、代表の外務省北米局長をはじめ全員が、憲法第九九条により「憲法を尊重し擁護する義務を負う」とされている国家公務員

なのです。当然、「憲法体系」に従って職務を遂行しなければなりません。ところが、実態はそのあるべき姿とは正反対です。

たとえば、PART2で詳述した「横田空域」や「岩国空域」での米軍による航空管制の問題を見てみましょう。航空法上も、航空法特例法上も何ら根拠となる条文がないにもかかわらず、日米合同委員会の「いわば実施細則」に過ぎない「航空交通管制に関する合意（＝「航空交通管制密約」）によって、米軍による航空管制を認めています。その結果、日本領空の航空交通管制権すなわち独立国としての空の主権が、米軍によって侵害されているのです。

また、「裁判権放棄密約」の存在も、刑事裁判権の行使という独立国としての主権の行使が制限を受けていることを意味します。

国民主権が通用しない領域が日本国内にあり、米軍の基地使用と軍事活動による人権侵害がまかり通っている現実があります。米軍の事実上の治外法権を政府が容認しているからです。これでは真の主権国家とはいえません。

■憲法の原理に反する密室での合意

日本国憲法は前文で、「主権が国民に存することを宣言し、この憲法を確定する」と定めています。そして、「自国の主権を維持し、他国と対等関係に立とうとする各国の責務」を普遍的な法則だと強調しています。それなのに、日米合同委員会の日本側メンバーである官僚たちは、主権侵害をもたらし、国家間の対等関係を損なう米軍の特権を認める合意を、主権者である国民の目の届かない密室で結んでいるのです。

憲法前文には、「そもそも国政は、国民の厳粛な信託によるものであって、その権威は国民に由来し、その権力は国民の代表者がこれを行使し、その福利は国民が享受する」とあります。「国民の代表者」とは、「正当に選挙された国会における代表者」すなわち国会議員のことです。

その主権者の代表である国会議員から成り、憲法第四一条で「国権の最高機関」と定められた国会に対して、日米合同委員会の議事録も合意の全容も公開せず、秘密にしているのは、「国政は国民の厳粛な信託によるもの」という憲法の原理に反しています。

議事録や合意の全容が秘密にされているため、それらの合意が国民に存する主権や憲法で保障された基本的人権を侵害していないのかどうか、日本国の法令や日米地位協定に抵触する合意はないのかどうか、国会議員や国民・市民がチェックできないのです。それでは「厳粛な信託」のしようがありません。

■日米合同委員会の合意の全容は公開されなければならない

国民の信託による国政であるためには、合意の全容の情報公開が必要です。国民に存する主権や憲法で保障された基本的人権を侵害していないのかどうかを、国会議員や国民・市民がチェックできてはじめて、それが「国民の厳粛な信託」による国政なのかどうかを判断できるのです。もちろん、主権や基本的人権を侵害する内容では、「国民の厳粛な信託」による国政にはなりえません。

憲法第九八条では、

「憲法は、国の最高法規であって、その条規に反する法律、命令、詔勅及び国務に関するその他の行為の全部又は一部は、その効力を有しない」

と定められています。

日米合同委員会の「いわば実施細則」に過ぎない「航空交通管制に関する合意」に、航空法や航空法特例法を超える効力を持たせ、「日米両政府を拘束する」と拡大解釈して、米軍の特権を認める行為ひとつとってみても、それはまさに国の最高法規である憲法に反する「国務に関するその他の行為」にあたり、本来なら「その効力を有しない」はずです。

ところが、外務省機密文書『日米地位協定の考え方』では、

「地位協定の通常の運用に関連する事項に関する合同委員会の決定（いわゆる『合同委員会の合意事項』）は、いわば実施細則として、日米両政府を拘束するものと解される」

という解釈が示されています。そうした解釈は日米合同委員会でも日米双方で共有されているにちがいありません。そうでなければ、外務省機密文書にこのような解説が書かれるはずがないからです。

つまり、**日米合同委員会の日米双方の代表が署名した合意事項、「いわば実施細則」にすぎない合意・決定が、国際協定並みに「日米両政府を拘束する」ほどの国際法上の法的効力を有すると「解される」**仕組みが、**国会や国民・市民の目の届かない日米合同委員会の密室で機能していると**

いう異常な事態が続いているのです。

しかし、そう「解される」と解釈しているのは、あくまでも日米合同委員会の外務官僚を中心とする官僚グループにすぎません。そのような解釈は国会でオープンに審議されたうえで認められたものではないのです。

このように、日米合同委員会の日本側メンバーである官僚たちが、「憲法を尊重し擁護する義務」を果たしているとはいえず、「国民の厳粛な信託」による国政の条件も満たしているとはいえません。

また、憲法第一五条の規定「すべて公務員は、全体の奉仕者であって、一部の奉仕者ではない」にも反して、米軍という外国軍隊への「奉仕」を優先させているのが実態といえます。これではどこの国の公務員かわかりません。「憲法体系」よりも「安保法体系」と「密約体系」に忠誠を誓っているとしか見えません。

その結果、この国で何が起きているでしょう。日米合同委員会の日本側メンバーである官僚たちは、「安保法体系」と「密約体系」と一体化するかのように、憲法による「法の支配」に服さず、「法の支配」の枠外に出てしまっています。つまり法治の外側に、法治国家の枠外に出て、国政に関する行為を不当にも続けているのです。それは立憲主義を空洞化させるものです。

そもそもＰＡＲＴ３で詳述したように、米軍の特権＝事実上の治外法権を認め、「憲法体系」を侵食し空洞化させる「安保法体系」をつくりだすことに大きな役割を果たした、その出発点から、日米合同委員会は憲法による「法の支配」に服さない存在、立憲主義に反する「憲法外機関」だったといえます。

こんなことが長年にわたって放置されてきたのは大問題です。日米合同委員会は憲法の力が及ばない、アンタッチャブルな領域を国家の中枢につくり出してしまったのです。それは立憲主義を侵食する闇の核心部ともいえます。

■かつては官僚機構のなかから、行政協定改定の声があがったこともあった

このように米軍の特権を保つ「政治的装置」となっている日米合同委員会ですが、その設置の根拠となっている行政協定（現地位協定）そのものを抜本的に見直し、米軍優位の不平等な関係を改めるべきだという声が、以前、日本の官僚機構の一部から上がったことも、実はありました。

一九六〇年の安保改定に向けた日米交渉に伴い、行政協定の不平等性の指摘と改定要望が、関係各省庁から、改定交渉にあたる外務省に寄せられていたのです。

その事実を私は、情報公開法にもとづき外務省に開示請求して得た当時の内部文書と、民主党政権時代の二〇一〇年に外務省外交史料館で秘密指定解除のうえ公開された内部文書から知りました。それらは、安保改定に伴い行政協定から地位協定に変わる際の、日米交渉に関連した文書です。

具体的な文書名は、

「極秘　行政協定調整に関し関係各省より提示された問題点」（一九五九年二月一九日付け）

「極秘　行政協定調整に関する実質的問題点」（同年二月二四日付け）

「極秘　行政協定改訂問題点」（同年三月二〇日付け）などです。

それらは、外務省アメリカ局安全保障課が、行政協定についての関係各省庁（大蔵、防衛、調達、法務、労働、郵政、運輸、警察、建設、農林、水産、通産、海上保安、地方自治、経済企画、内閣審議室）からの指摘や要望を取りまとめたものです。そのなかには、米軍優位の行政協定条文を抜本的に変えるべきだという要望事項も見られます。まず代表的な一例を挙げてみましょう。

①「第三条一項　施設・区域管理権は、『両政府の合意により定める条件で使用する権利』と改めるべし」

これは、米軍による基地・演習場の「排他的管理権」を改めようというものです。「両政府の合意により定める条件で使用」という枠をはめられれば、米軍の好き勝手な基地使用に一定の歯止めをかけられます。米軍の特権を条件付きで制限できるわけです。つまり一定の条件のもとで日本政府による規制が及ぶようになるのです。

行政協定第三条一項は次のような条文で、米軍の基地使用に関し「権利、権力、権能」という最大級の表現を用いて、基地・演習場を望みどおりに使用し、管理し、さらにそこへの出入りも自由にできるという、軍事活動のフリーハンドを保障していました。

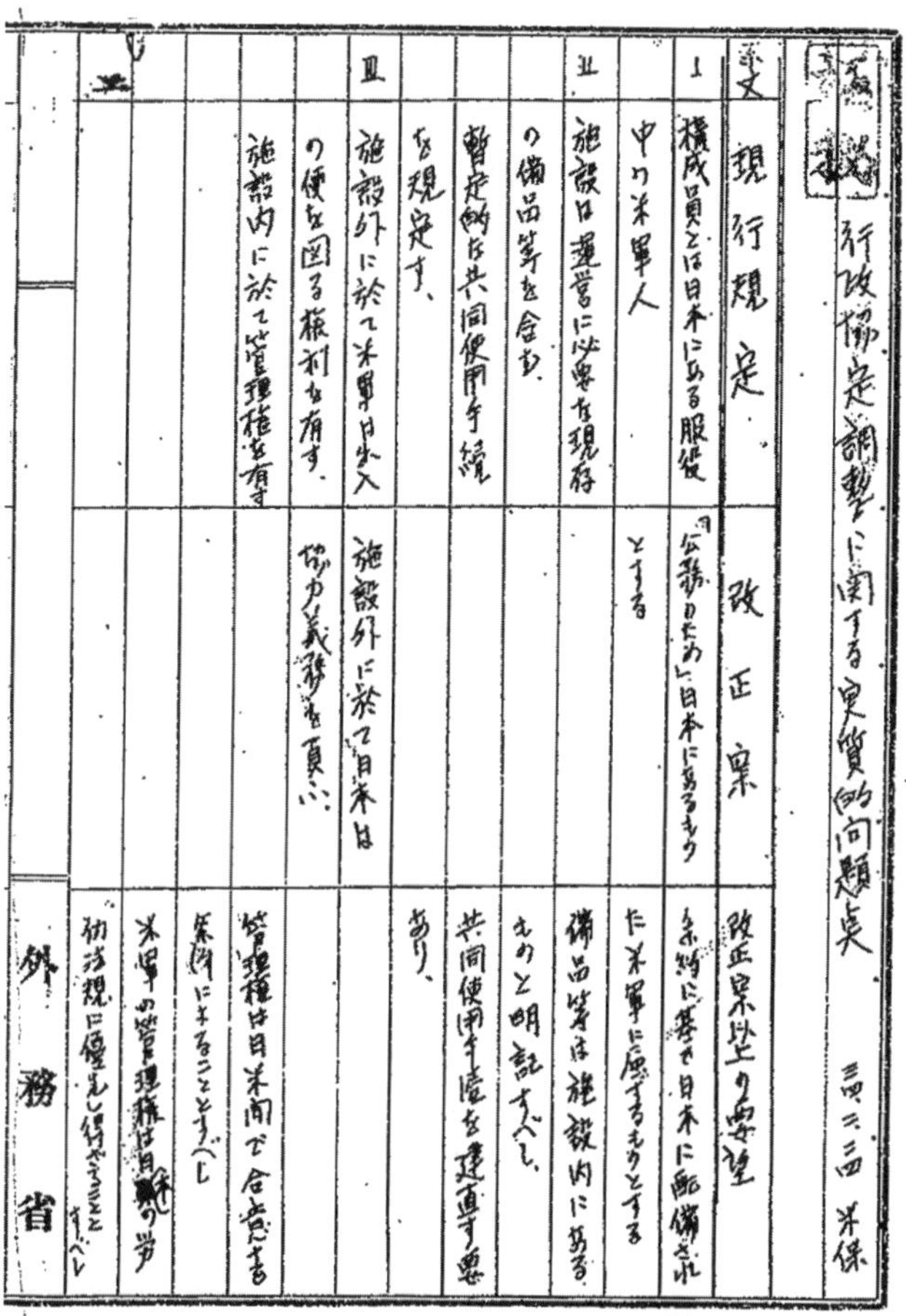

行政協定調整に関する実質的問題点　三四・二・二四　米保

条文	現行規定	改正案	改正案以上の要望
I	構成員とは日本にある服役中の米軍人	「公務のため」日本にあるもの	条約に基き日本に配備された米軍に属するものとする
II	施設は運営に必要な現存の備品等を含む。暫定的な共同使用手続を規定す。		備品等は施設内にあるものと明記すべし。共同使用手続を建直す要あり。
III	施設外に於て米軍は出入の便を図る権利を有す。施設内に於て管理権を有す	施設外に於て日本は協力義務を負ふ。	管理権は日米間で合意する条件によることとすべし。米軍の管理権は[illegible]の労務規に優先し得ざることとすべし

外務省

日本の官僚機構のなかから上がった、日米行政協定の不平等性の指摘と改定の要望などをまとめた外務省の極秘文書、「行政協定調整に関する実質的問題点」（1959年2月24日付け）。

「合衆国は、施設及び区域内において、それらの設定、使用、運営、防衛又は管理のため必要な又は適当な**権利、権力及び権能を有する**。合衆国は、また、前記の施設及び区域に隣接する土地、領水及び空間又は前記の施設及び区域の近傍において、それらの支持、防衛及び管理のため前記の施設及び区域への出入の便を図るのに必要な**権利、権力及び権能を有する**」

関係各省庁の指摘・要望をまとめた一連の文書のなかには、この行政協定第三条の「権利、権力、権能」という米軍の絶対的な特権を表す文言を、「権利」とだけ表記するよう改めるべきだという意見も書かれています。

「権力、権能」を削除し、①のような条件付きの「権利」だけを米軍に認めるよう改めるべきだという画期的な要望には、米軍に事実上の治外法権を許している現状をなんとかして変え、真の主権回復に一歩でも近づきたいという、当時の日本政府官僚のなかにあった思いが反映されているのです。

■米軍優位の不平等性は改めるべきである

そうした行政協定の不平等性を改めるべきだという関係各省庁の指摘・要望のなかから、代表的なものをさらにいくつか挙げて、解説を加えることにします。

②「第一条　〔米軍の〕構成員は、『条約に基き配備された米軍に属する人員で服役中のもので、公務に関連して日本国にあるもの』と定義する」

これは米軍の構成員すなわち米軍人の定義に関する要望です。「服役中」とは、現役の軍人として軍務に従事しているという意味です。行政協定第一条では、米軍の構成員は「日本国の領域」において米軍に「現に服役中」の者、という大まかな定義でした。

それに対して②のような要望が出たのは、日米安保条約とまったく関係のない任務で日本にいる米軍人に対しては、行政協定で規定された米軍人としての権利を認める必要はない、という考えが法務省・警察方面に強かったからだといいます。

つまり、米軍の構成員の定義を厳密化することで、米軍人に対する捜査権、裁判権、出入国管理、課税の問題などで、行政協定による特権が認められる米軍人の範囲をなるべく限定すべきだという意見です。

実際、その後もベトナム戦争やイラク戦争など、安保条約とまったく関係のない任務に就く部隊の米軍人が、在日米軍基地を訓練などのために使用するケースは数多く、そのような米軍人にまで地位協定はさまざまな特権を保障しています。

③「第四条　あらかじめ合意された現状変更以外は、米側は回復又は補償義務を負うべし」

行政協定第四条は米軍基地や演習場（「施設・区域」）の返還時の原状回復・補償に関する規定です。米軍は基地や演習場の返還にあたって、たとえば環境汚染などを起こしていても、原状回復の義務やそれに代わる補償の義務を負わないという、米軍に有利な内容です。

それを③では、基地や演習場の提供の際に日米間で合意していた現状の変更以外は、米軍に原状回復の義務やそれに代わる補償の義務を負わせるように改めるべきだとしたのです。

④「第五条『施設』に非ざる開港については入港料、着陸料を課すべし」

行政協定第五条で、米軍は日本の港を利用する際の入港料、飛行場を利用する際の着陸料を免除されていました。しかし④では、米軍基地ではない一般の港や飛行場を利用する場合は、その特権を認めず、民間の船や飛行機と同じように入港料や着陸料を払うよう改めるべきだとしたのです。

⑤「第六条一項　すべての民間・軍用航空交通管理及び通信の体系は、航空交通の安全及び安全保障の利益のため調整される」

行政協定第六条一項では、民間用と軍用の航空交通管理及び通信の体系は、「集団安全保障の利益を達成するため必要な程度に整合するものとする」と規定されていました。「集団安全保障の利益」すなわち日米安保の軍事的な利益が、民間用と軍用の航空交通管理（管制）と通信の体系を調整・整合させる目的だったのです。

つまり、航空交通の安全という民間航空にとって最も重要な目的は二の次で、明らかに軍事優先でした。だから、「横田空域」のような米軍専用の進入管制空域が設置されたわけです。また、米軍機に航空管制承認上の最優先権を与えるという日米合同委員会の合意も結ばれたのです。

それに対して⑤では、「航空交通の安全」という目的を条文に盛り込むことで、軍事優先、米軍優先の航空交通管制と通信体系の現状を改めるべきだとしたのです。

⑥「第七条　『優先権』を削除し、米軍の公共役務《えきむ》利用を日本側官庁と同等とすべし」

行政協定第七条は、電気や水道など日本での「公益事業及び公共の役務」を米軍が利用するときの「優先権」を認めたものです。その「優先権」を⑥では「削除」し、日本政府官庁と「同等」の扱いにすべきだとしています。つまり米軍の特権を否定しているわけです。

■米軍関係者の犯罪を確実に処罰できるように

⑦「第一七条　3（a）iiに関し、公務執行の内外は日本の裁判所で決めるべし」

行政協定第一七条は米軍関係者（軍人・軍属・それらの家族）の犯罪の刑事裁判権に関する規定です。その3項（a）iiでは、米軍人・軍属の「公務執行中の作為又は不作為から生ずる罪」すなわち公務中に犯した犯罪事件の場合は、アメリカ側に裁判権（第一次裁判権）があると定めています。

そして、公務執行中だったことを証明する「公務証明書」を、被疑者の米軍人・軍属が所属する部隊の指揮官が発行し、日本の検察当局に提出することになっています。この証明書によって、裁判権は日本側ではなく、アメリカ側にあると認定するように運用されています。

しかし、行政協定に付属する「公式議事録」（現地位協定下では「合意議事録」）では、そのような運用をすることは規定されていません。本来、「公務証明書」は米軍人・軍属が日本の検察当局から「起訴された場合」において、「充分な証拠資料となる」と規定されているのです。つまり、起訴後の公判（公開の法廷でおこなう刑事裁判）の段階で、「公務証明書」が証拠資料として法廷に提出されたうえで、最終的に公務執行中だったのかどうか日本の裁判所が判定するようになっているのです。

ところが、日米合同委員会の「刑事部会合意事項」の第四三項（公務に関する証明書の取扱）は、「公式議事録」の「起訴された場合において」という規定にはまったく言及せず、それを無視するかのように、「公務証明書」は「反証のない限り、公務中に属するものであるという事実の充分な証拠資料となる」としています。

そのため、この合意事項を根拠にして、「公務証明書」が起訴前の捜査段階で証拠資料として扱われ、検察当局が公務執行中だったと判断し、起訴せず、アメリカ側に裁判権があると認定されるといった運用がなされているのです。

『法務省秘密実務資料』でも「公務証明書」に関して、

「構成員〔米軍人〕等が起訴された場合についてのものであるが、起訴前の捜査段階においても、同様に取り扱うのが相当であり、現にそのような運用がなされている」
と解説しています。

そして、本当に公務中だったのかどうかは「公務証明書」を元に、「最終的には、裁判所によって認定される」のが本来の規定なのだが、「日米両当局の見解が一致しないまま裁判が行なわれることは、好ましいことではない」ので、「起訴前に問題の解決を図る」ために、「起訴前の捜査段階」でも「公務証明書」の効力を認める運用をする、という趣旨の解説をしています。

つまり、「公式議事録」よりもさらに日米合同委員会の合意を優先させて、「公務証明書」の効力を起訴前の捜査段階にまで拡大する解釈をして、運用しているのです。その結果、米軍部隊の指揮官が発行した「公務証明書」により、日本で犯罪をおかした米軍人・軍属が公務中だったと認定され、起訴されずに済んでしまうという、米軍に有利な仕組みになっているわけです。

そのような実態に対して⑦は、「公務証明書」に関する本来の規定を徹底して運用するために、公務執行中だったのかどうかは裁判所の段階で決定できるようにすると、行政協定の条文に明記すべきだと求めているのです。

⑧「第一七条　5(c)を削り、日本側に裁判権ある場合は日本側が被疑者を拘禁出来る様にすべし」

行政協定第一七条第5項(c)は、
「日本国が裁判権を行使すべき合衆国軍隊の構成員又は軍属たる被疑者の拘束は、その者の身柄が合衆国の手中にあるときは、日本国により公訴が提起されるまでの間、合衆国が引き続き行なうものとする」

と規定しています。

つまり、日本側に裁判権（第一次裁判権）のある「公務外での犯罪」を犯した米軍人・軍属でも、もしその犯人が基地に逃げ込んだ場合、日本側が起訴するまで被疑者の身柄は引き続き米軍当局のもとに置かれるのです。そのため、日本側は被疑者を逮捕できません。十分な取り調べができず、起訴するための証拠固めも難しくなります。

それに対し⑧は、このような米軍に有利な条項は削除し、日本側に裁判権のある場合はすべて、被疑者の身柄を日本側が拘束し、取り調べをしやすくするなど、米軍関係者の犯罪を確実に処罰できるよう改めるべきだというのです。

■「基地権密約」の成立

これら一九五九年の、各省庁の官僚たちによる日米行政協定の改定要望リストからは、米軍優位の不平等な協定を改め、真の主権回復を目指したいという強い願いが伝わってきます。その改定要望リストの具体的な項目は、沖縄県や神奈川県など米軍基地をかかえる自治体で構成する「渉外関係主要都道県知事連絡協議会」や日本弁護士連合会などによる、地位協定の抜本的改定の要望項目とも相当重なっています。

しかし、各省庁の官僚たちの改定要望は結局、実りませんでした。一九五九年から六〇年にかけての安保改定交渉にともなう、行政協定から地位協定への切り替えの交渉で、当時のマッカーサー駐日大使を中心とするアメリカ側は、米軍の基地使用・軍事活動のフリーハンドの特権を維持するため、協定条文の抜本的改定には応じなかったからです。もちろん、その背後には米軍上層部の強い意向がありました。

交渉にあたった日本側の外務官僚グループも、当時の岸信介首相や藤山愛一郎外務大臣も、そうしたアメリカ側の意に沿うように、米軍の特権を改めるための主張を前面に出すことはありませんでした。

ただ、アメリカ側は当時の自民党・岸政権の顔を立てるために、協定の条文から「権利、権力及び権能」という米軍の絶対的な特権を表すあからさまな表現をなくす微調整には応じました。岸政権もそうしたうわべのイメージアップで手を打とうとしました。

しかし、その背後で、新しい地位協定の条文に、いくら変更がほどこされても、米軍の基地使用の特権は行政協定時代と実質的に変わらないとする密約が結ばれたのでした。

それが数多い密約のなかでもとくに有名な「基地権密約」です。新原昭治氏が二〇〇八年にアメリカ国立公文書館で発見したアメリカ政府解禁秘密文書から、その存在が明らかになりました。この「基地権密約」の成立によって、日本の官僚たちの行政協定の改定要望と真の主権回復への願いは、あっけなく葬り去られる結果となったのでした。

新原氏が発見した「基地権密約」関連文書は、一九五九年一二月四日付け、駐日アメリカ大使館

藤山愛一郎外務大臣（共同通信社）

マッカーサー駐日大使（共同通信社）

からアメリカの国務長官あて「秘」公電です。文中に「基地権密約」に関する次のような記述が見られます。なお、「イニシャル署名」とあるのは、文書の最後に責任者の名前のイニシャルだけを署名することです。

「日本政府は〔日米地位協定〕第三条一項の新しい文言のもとで、施設及び区域内の米国の権利を変更しないままにすることを文書で確認する用意ができているが、この趣旨の公表覚書への同意をしぶっている。

日本政府は、秘密了解にして新しい日米安保条約と行政協定〔現地位協定〕の調印以前に藤山と私がイニシャル署名をおこない、その後新しい日米安保条約と行政協定が発効する際、合同委員会の記録に入れることに同意している。

日本政府が合同委員会文書に対して指示している『部外秘』扱いは、彼らの目的にとって十分な秘密区分である。したがって藤山と私は昨日、在日米軍が事前に同意した以下のテキストに合意した。藤山と私がこれにイニ

シャル署名をして、その後新しい合同委員会の第一回会議の記録に入れることになる」（新原氏訳）

この報告を書いたのは、電文中に「私」とあるマッカーサー大使です。「藤山」とは岸政権の藤山外務大臣のことです。「第三条一項の新しい文言[註]」とは、それまで在日米軍の特権など法的地位を定めていた日米行政協定を、新安保条約にともなって一部改定し、名称も変えた日米地位協定の第三条一項の規定を指します。

註　米軍による基地の「排他的管理権」を認めるもので、条文は以下のとおり。
「合衆国は、施設及び区域内において、それらの設定、運営、警護及び管理のため必要なすべての措置を執ることができる。日本国政府は、施設及び区域の支持、警護及び管理のための合衆国軍隊の施設及び区域への出入の便を図るため、合衆国軍隊の要請があったときは、合同委員会を通ずる両政府間の協議の上で、それらの施設及び区域に隣接し又はそれらの近傍の土地、領水及び空間において、関係法令の範囲内で必要な措置を執るものとする。合衆国も、また、合同委員会を通ずる両政府間の協議の上で前記の目的のため必要な措置を執ることができる」

■米軍の特権的地位は変わることなく続く

そして、前出の公電中の「新しい文言のもとで、施設及び区域内の米国の権利を変更しないままにすること」とは、「日米行政協定の第三条一項[註]」で定めていたアメリカ側の権利を変更せずに、新しい「日米地位協定の第三条一項」において引き継ぐことを意味します。

たとえば地位協定の第三条一項では、行政協定の第三条一項に三度も出てくる、合衆国は「権利、権力及び権能を有する」というアメリカ側の絶大な特権を表す言葉が削られ、代わりに「必要なすべての措置を執ることができる」という穏やかな言葉に改められていますが、実際は従来と同じ特権を引き継ぐということが了解されていたわけです。

公電にある「在日米軍が事前に同意した」うえで、マッカーサー大使と藤山外相が一九五九年一二月三日に合意した、「以下のテキスト」には次のような記述が書かれていました。

「日本国における合衆国軍隊の使用のため、日本国政府によって許与された施設及び区域内での合衆国の権利は、一九六〇年一月一九日にワシントンで調印された協定第三条一項の改定された文言のもとで、一九五二年二月二八日に東京で調印された協定のもとでと変わることなく続く。

『関係法令の範囲内で』という文言に関して、現に効力のある法令が不適当であることが分か

[redacted]

CONFIDENTIAL
(Official Use Only after Treaty Signed)

The following was mutually understood concerning Article III and Article XVIII, paragraph 4, in the course of the negotiations on the revision of the Administrative Agreement signed at Tokyo on February 28, 1952, and is hereby recorded for the guidance of the Joint Committee:

Article III:

The phrasing of Article III of the Agreement under Article VI of the Treaty of Mutual Cooperation and Security between the United States of America and Japan, Regarding Facilities and Areas and the Status of United States Armed Forces in Japan, signed at Washington on January 19, 1960, has been revised to bring the wording into closer consonance with established practices under Article III of the Administrative Agreement signed at Tokyo on February 28, 1952, including the understandings in the official minutes of the 10th Joint Meeting for the negotiation of the Administrative Agreement held on February 26, 1952. United States rights within facilities and areas granted by the Government of Japan for the use of United States armed forces in Japan remain the same under the revised wording of Article III, paragraph 1, of the Agreement signed at Washington on January 19, 1960, as they were under the Agreement signed at Tokyo on February 28, 1952.

With regard to the phrase "within the scope of applicable laws and regulations", the Joint Committee will discuss the desirability or necessity of seeking amendments to Japanese laws and regulations currently in effect should such laws and regulations prove insufficient to ensure that the defense responsibilities of the United States armed forces in Japan can be satisfactorily fulfilled.

Article XVIII, Paragraph 4:

The Agreed View contained in paragraph 5 of the Jurisdiction Subcommittee recommendation approved by the Joint Committee at its 13th meeting on July 30, 1952 shall continue to be applicable to any claims arising under Article XVIII, paragraphs 1 and 2 of the Administrative Agreement under Article III of the Security Treaty between the United States of America and Japan, but shall not be applicable to Article XVIII, paragraph 4, of the new agreement signed on January 19, 1960. The inapplicability of the Agreed View to Article XVIII, paragraph 4 shall in no way prejudice the position of either Government regarding private claims advanced by or on behalf of individuals described in paragraph 4.

CONFIDENTIAL
(Official Use Only after Treaty Signed)

1959年12月3日にマッカーサー大使と藤山外務大臣が「基地権密約」として合意した「テキスト」の秘密文書。(新原昭治氏提供)

った場合、日本における米国軍隊の防衛責任が満足できるかたちで果たせるようにするため、日本の法令の改正を求めることの望ましさ、または必要性について合同委員会で論議する」（新原氏訳）

これがすなわち「基地権密約」です。そして、一九六〇年一月六日に藤山外相とマッカーサー大使がその「テキスト」にイニシャル署名（頭文字署名）をすることになったのです。

こうした密約交渉の過程で、「施設・区域管理権は、『両政府の合意により定める条件で使用する権利』と改めるべし」などの改定要望を挙げ、米軍優位の不平等性を少しでも是正しようと考えていた各省庁の官僚たちの思いは、まったく無視されたと言っていいでしょう。

註　日米行政協定の第三条一項は以下のとおり。
「合衆国は、施設及び区域内において、それらの設定、使用、運営、防衛又は管理のため必要な又は適当な権利、権力及び権能を有する。合衆国は、また、前記の施設及び区域に隣接する土地、領水及び空間又は前記の施設及び区域の近傍において、それらの支持、防衛及び管理のため前記の施設及び区域への出入の便を図るのに必要な権利、権力及び権能を有する。本条で許与される権利、権力及び権能を施設及び区域外で行使するに当たっては、必要に応じ、合同委員会を通じて両政府間で協議しなければならない」

■日米合同委員会の「記録に入れること」で「部外秘」扱いに

アメリカ政府解禁秘密文書に書かれているように、日本政府はこうした取り決めを文書で確認することに同意はしていました。しかし、国民・市民の目にふれる「公表覚書」とすることには同意しませんでした。

その結果、密約が生まれることになったのです。日米合同委員会の記録に入れて合意事項とすることで、「部外秘」扱いにする。つまり、日米合同委員会の秘密主義の仕組みを利用した情報隠蔽を日本政府は望んだわけです。事実を知られ、国民・市民の間から批判の声が上がるのを恐れていたからでしょう。

なぜなら、安保改定に際し、当時の岸政権は、

「日本が独立国にふさわしい自主性を持ち、日米安保条約を対等なものにするための改定だ」

と主張していたからです。

その「対等なものにするための改定」のひとつが、日米行政協定第三条一項の「権利、権力及び権能を有する」という文言を削り、日米地位協定第三条一項の「必要なすべての措置を執ることができる」と改めることでした。しかし実際は、「権利、権力及び権能」という特権を裏で認めつづける密約が交わされていたのです。

この条項が裏付けとなる「排他的管理権」に関して、日本政府は国会答弁などで、

「〔基地は〕治外法権的な、日本の領土外的な性質を持っているのではない。米軍の権限は決して無制限かつ無条件的なものではない」

と説明してきました。

しかし、「無制限かつ無条件的な」特権を認めているのが実態です。たとえば現に、普天間基地や嘉手納基地、厚木基地、横田基地などの米軍機の違法な騒音や、全国各地での米軍機の危険な低空飛行訓練を、日本政府は規制できずにいます。そうした米軍の特権を裏で保障しているのが「基地権密約」なのです。

安保改定に際し、岸政権は基地問題についてたとえば次のような国会答弁を繰り返していました。

> 「前の〔行政〕協定では、第三条におきまして、施設について『設定、使用、運営、防衛又は管理のため必要な又は適当な権利、権力及び権能を有する』という規定がありましたが、**この規定は、あたかも米国側が非常な特権的な地位を持っているという誤解を与えるものだったので、**今度の新〔地位〕協定ではこれを改めて、『設定、運営、警護及び管理のため必要なすべての措置を執ることができる』と表現を改めた次第です」（高橋通敏外務省条約局長、一九六〇年三月二五日、衆院日米安保条約等特別委員会）

しかし実際には、**条文の表現を変えただけで、従来の「権利、権力及び権能」という「米国側の**

郵便はがき

料金受取人払郵便

河内郵便局
承　認

149

差出有効期間
平成30年9月
30日まで

（期間後は切手をお貼り下さい）

578-8790

東大阪市川田3丁目1番27号

株式会社 創元社 通信販売 係

創元社愛読者アンケート

今回お買いあげいただいた本

[ご感想]

本書を何でお知りになりましたか(新聞・雑誌名もお書きください)

1. 書店　2. 広告(　　　　　)　3. 書評(　　　　　)　4. Web

5. その他(　　　　　)

◉この注文書にて最寄の書店へお申し込み下さい。

書籍注文書

書名	冊数

◉書店ご不便の場合は直接御送本も致します。

代金は書籍到着後、郵便局もしくはコンビニエンスストアにてお支払い下さい。(振込用紙同封) 購入金額が3,000円未満の場合は、送料一律360円をご負担下さい。3,000円以上の場合は送料は無料です。

※購入金額が1万円以上になりますと代金引換宅急便となります。ご了承下さい。(下記に記入)

希望配達日時

【　　月　　日 午前・午後　14-16 ・ 16-18 ・ 18-20 ・ 19-21】

(投函からお手元に届くまで7日程かかります)

※購入金額が1万円未満の方で代金引換もしくは宅急便を希望される方はご連絡下さい。

通信販売係　Tel 050-3539-2345　Fax 072-960-2392

Eメール tsuhan@sogensha.com

※ホームページでのご注文も承ります。

〈太枠内は必ずご記入下さい。(電話番号も必ずご記入下さい。)〉

お名前	フリガナ	歳
		男・女
ご住所	フリガナ □□□-□□□□ E-mail: TEL　　－　　－	

※ご記入いただいた個人情報につきましては、弊社からお客様へのご案内以外の用途には使用致しません。

非常な特権的地位」に何の変わりもありませんでした。米軍優位の不平等な構造が「基地権密約」によって引き継がれたのです。

■外務省解禁秘密文書と密約の隠蔽

この「基地権密約」の存在を日本政府は認めていません。しかし、民主党の鳩山由紀夫政権のもと、外務省が「核持ち込み密約」など四つの日米密約を調査して、二〇一〇年三月に秘密指定解除のうえ公表した安保改定や沖縄返還交渉に関する内部文書三三一点のなかに、「基地権密約」の存在を示すものが含まれていました。

それは「日米相互協力及び安全保障条約交渉経緯」という文書で、一九六〇年六月に作成されたものです。執筆者は外務省アメリカ局安全保障課長。当時その職に在ったのは、安保改定の秘密交渉で藤山外務大臣の通訳も務めた東郷文彦課長でした。文書の表紙には「極秘」の印が押されています。

交渉の過程をまとめたその全七四ページの文書中、マッカーサー大使らアメリカ大使館側と藤山外務大臣ら外務省側による交渉の「三四年五月中旬より六月下旬に至る経緯」とある章に、次のような記述が見られます。「三四年」とは「昭和三四年（一九五九年）」のことです。

「〔日米行政協定〕第三条に関する問題は、（1）『権利、権力、権能』を『権利』とすること、

（2）施設区域外は米軍の権利とせず日本側の協力義務とすること（略）などの諸点であるが、たとえば**『権利、権力、権能』を『権利』と代えるについても、右は同義語なりとの了解を残す要ありと主張**するなど、本条に関する米側の主張は極めて頑強」（同文書）

「『権利、権力、権能』を『権利』と代えるについても、右は同義語なりとの了解を残す要ありと主張」したとあるように、アメリカ側が米軍の絶対的特権の維持に強くこだわっていたのがわかります。そして、次の「三四年七月より新条約署名に至る経緯」の章で、この問題の決着がついたことが記されています。

「従来、行政協定に関して極めて頑なであった米側も、右わが方申し入れにはできるだけ歩み寄りに努むべき態度を示し、前記（1）については十月二十一日の回訓において、**『権利、権力、権能』は米軍の権利の実質に変更なき了解のもとに、『必要な措置を執ることができる』**と改めるとともに『必要に応じ』を削ることを応諾してきた。その後さらに折衝を重ねて、施設区域外に関しては原則としてわが方が所要の措置をとる趣旨にするなど改善を図り、また右了解事項は新合同委員会の議事録で処理することとして、文案は三十五年一月六日、大臣大使においてイニシアル〔署名〕した」（同前）

この「三十五年」すなわち昭和三五年（一九六〇年）一月六日に藤山外務大臣とマッカーサー大

使がイニシアル署名した「文案」こそ、アメリカ政府解禁秘密文書の「秘」公電（⇩302ページ）に出てくる「テキスト」のことなのです。その公電にはこう書かれていました。

「藤山と私は昨日、在日米軍が事前に同意した以下のテキストに合意した。藤山と私がこれにイニシャル署名をして、その後新しい合同委員会の第一回会議の記録に入れることになる」

その結果、一九六〇年一月六日に藤山外務大臣とマッカーサー大使がイニシャル署名した「テキスト」が、「基地権密約」文書（⇩305ページ）だったのです。

まさに東郷課長が述べているように、

『権利、権力、権能』は米軍の権利の実質に変更なき了解の下に、『必要な措置を執ることができる』と改める」

と、うわべの文言だけを変えたにすぎなかったわけです。

ただ、外務省が二〇一〇年三月に秘密指定解除のうえ公開した内部文書三三一点の中には、この「基地権密約」文書は含まれていません。

おそらくその存在を隠したい外務省が公開しなかったのでしょう。日米合同委員会の「会議の記録」に入れた、つまり議事録としたことで、それは日米合同委員会の原則非公開という方針のもと、「部外秘」の扱いにできるわけです。

「基地権密約」について日本政府はその存在をいまだに認めていません。しかし、この密約を廃棄

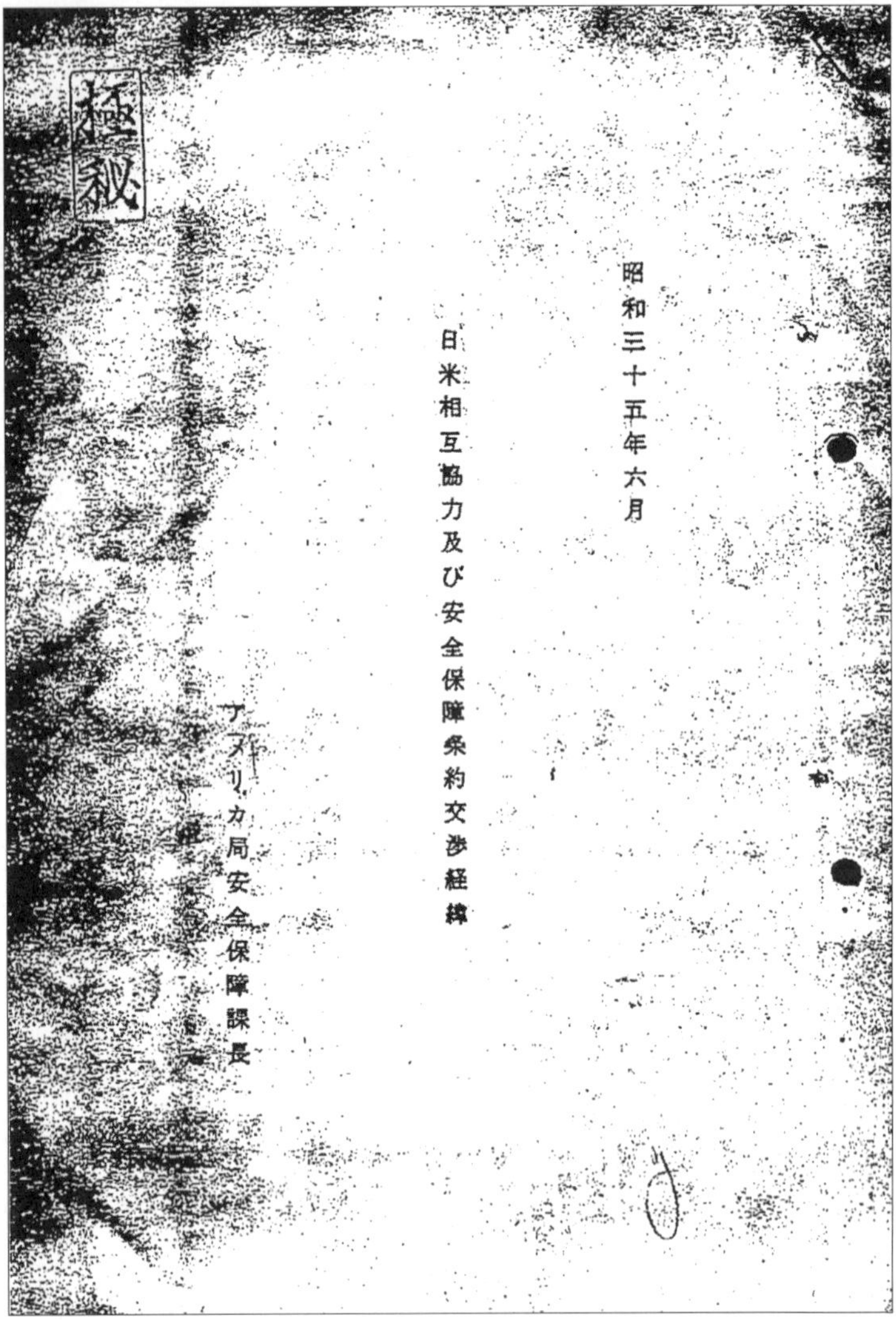
極秘

昭和三十五年六月

日米相互協力及び安全保障条約交渉経緯

アメリカ局安全保障課長

「基地権密約」に関連する記述のある外務省「極秘」文書、「日米相互協力及び安全保障条約交渉経緯」の表紙。

入れは出来る丈歩み寄りに努むべき態度を示し、前記(1)に就ては十月二十一日の回訓において「権利権力権能」は米軍の権利の実質に変更なき了解の下に「必要な措置を執ることが出来る」と改めると共に「必要に応じ」を削ることを応諾して来た。その後更に折衝を重ねて施設区域外に関しては原則としてわが方が所要の措置を執る趣旨にする等改善を図り、又右了解事項は新合同委員会の議事録で処理することとして文案は三十五年一月六日大臣米大使においてイニシアルした。

(ハ)　通関関係に関する十月二十一日の米側案は、人に就てはナト協定並みの譲歩を示していたが、物に関しては、現行第十一条

「日米相互協力及び安全保障条約交渉経緯」の中の、「基地権密約」に関連する記述のあるページ。

にしないかぎり、仮に地位協定を改定できても、米軍の「権利・権力・権能」は実質的に変更されないままということになります。

山本太郎参院議員（当時、「生活の党と山本太郎となかまたち」所属）が二〇一五年九月一四日に参議院で、安倍首相に「基地権密約」について、アメリカ政府解禁秘密文書をもとに質問しました。（「我が国及び国際社会の平和安全法制に関する特別委員会」）

しかし安倍首相は、

「政府として、米国において公開されたとされる文書の中身について一つ一つコメントすることは適当でないと考えます」

と答弁して、追及をかわしました。

しかし、**外務省解禁秘密文書「日米相互協力及び安全保障条約交渉経緯」**には、**アメリカ政府解禁秘密文書の「基地権密約」に関連する部分に対応し、その存在を裏づける記述がある**わけです。

だから、**アメリカで公開された文書だけの問題ではなく、まさに日本政府の公文書の中身の問題でもある**ので、ノーコメントによる言い逃れはできるはずがないのです。

山本議員にはぜひ、この事実にもとづいて、安倍首相が言い逃れできない角度から、「基地権密約」について再び追及してほしいと思います。

■新しい日米合同委員会の第一回会合の記録

「基地権密約」文書が、「新しい合同委員会の第一回会議の記録に入れ」られたことを間接的に示す、アメリカ政府解禁秘密文書[註]があります。（一九六〇年七月七日付け、駐日アメリカ大使館発、国務省あて「秘」公電、「新日米合同委員会の第一回会合、一九六〇年六月二三日」）。

当時、駐日アメリカ大使館一等書記官で、日米合同委員会のアメリカ側政治顧問だったロバート・フィアリー氏が、自身も出席したこの会議の概要を、マッカーサー大使に報告したものです。それがワシントンの国務省にも秘密電報によって送られたのでした。

同文書によると、その第一回会合はまさに新安保条約・地位協定の発効日、一九六〇年六月二三日に、外務省の一室で日米合同委員会の日本側代表が議長役をつとめ、正午から二時間弱にわたって開かれました。

アメリカ側の出席者は、代表として在日米軍副参謀長F・C・ステルター海軍少将、随員として在日米軍からJ・B・ウィリアムズ大尉、W・T・ブラックロック大佐、R・W・フィン大佐、L・P・エンサイン大佐、C・A・フェイズナー氏、大使館からロバート・A・フィアリー一等書記官の計七名。

日本側の出席者は、代表として森治樹外務省アメリカ局長、随員として外務省から田中弘人氏、東郷文彦アメリカ局安全保障課長、ハタノヨシオ氏、ウチダソノ氏、防衛庁からハットリヒサジ参事官、調達庁から丸山佶《ただし》長官、タケダフミオ氏、大蔵省からイソダヨシスケ氏の計九名。

このうち東郷課長は、「基地権密約」の存在を裏付ける外務省解禁秘密文書「日米相互協力及び安全保障条約交渉経緯」を執筆した当人です。一九六八年の東富士演習場返還のときはアメリカ局長として、日米合同委員会の日本側代表に就いていました。

この第一回会合の概要を記した文中に、「基地権密約」文書に関係すると思われる一節がありま す。

「合同委員会の記録への以下の文書の編入。

A．日米地位協定第一二条六項（d）に関するアメリカ国務長官と日本国総理大臣の交換公文。

B．日米地位協定についての合意議事録。

C．日米地位協定第二五条にもとづいて設置された合同委員会の第一回会合の記録に含める議事録。

注解：上記Aの交換公文とBの合意議事録は、一九六〇年一月一九日にワシントンにおいてハーター国務長官と岸総理大臣が署名したものである。上記Cの議事録は、日米地位協定第三条と第一八条四項に関連したもので、一九六〇年一月六日に東京においてマッカーサー大使と藤山外務大臣が署名したものである」（吉田訳）

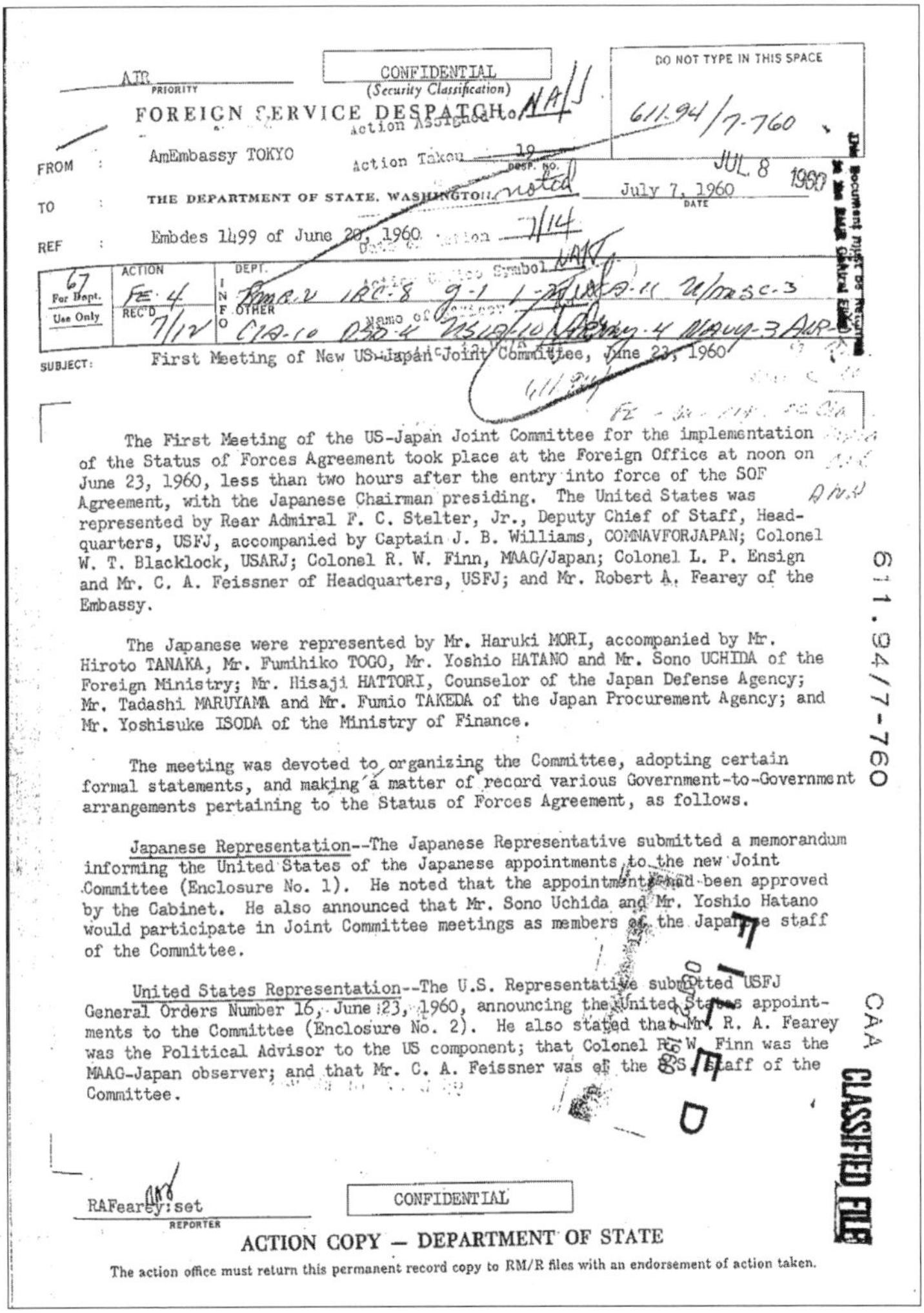

AIR
PRIORITY

CONFIDENTIAL
(Security Classification)

DO NOT TYPE IN THIS SPACE

611.94/7-760

FOREIGN SERVICE DESPATCH

FROM : AmEmbassy TOKYO

19
DESP. NO.

TO : THE DEPARTMENT OF STATE, WASHINGTON

July 7, 1960
DATE

REF : Embdes 1499 of June 20, 1960

For Dept. Use Only	ACTION	DEPT.	
67	FE 4	INFO	
	REC'D 7/12	OTHER	

SUBJECT: First Meeting of New US-Japan Joint Committee, June 23, 1960

The First Meeting of the US-Japan Joint Committee for the implementation of the Status of Forces Agreement took place at the Foreign Office at noon on June 23, 1960, less than two hours after the entry into force of the SOF Agreement, with the Japanese Chairman presiding. The United States was represented by Rear Admiral F. C. Stelter, Jr., Deputy Chief of Staff, Headquarters, USFJ, accompanied by Captain J. B. Williams, COMNAVFORJAPAN; Colonel W. T. Blacklock, USARJ; Colonel R. W. Finn, MAAG/Japan; Colonel L. P. Ensign and Mr. C. A. Feissner of Headquarters, USFJ; and Mr. Robert A. Fearey of the Embassy.

The Japanese were represented by Mr. Haruki MORI, accompanied by Mr. Hiroto TANAKA, Mr. Fumihiko TOGO, Mr. Yoshio HATANO and Mr. Sono UCHIDA of the Foreign Ministry; Mr. Hisaji HATTORI, Counselor of the Japan Defense Agency; Mr. Tadashi MARUYAMA and Mr. Fumio TAKEDA of the Japan Procurement Agency; and Mr. Yoshisuke ISODA of the Ministry of Finance.

The meeting was devoted to organizing the Committee, adopting certain formal statements, and making a matter of record various Government-to-Government arrangements pertaining to the Status of Forces Agreement, as follows.

Japanese Representation--The Japanese Representative submitted a memorandum informing the United States of the Japanese appointments to the new Joint Committee (Enclosure No. 1). He noted that the appointments had been approved by the Cabinet. He also announced that Mr. Sono Uchida and Mr. Yoshio Hatano would participate in Joint Committee meetings as members of the Japanese staff of the Committee.

United States Representation--The U.S. Representative submitted USFJ General Orders Number 16, June 23, 1960, announcing the United States appointments to the Committee (Enclosure No. 2). He also stated that Mr. R. A. Fearey was the Political Advisor to the US component; that Colonel R. W. Finn was the MAAG-Japan observer; and that Mr. C. A. Feissner was of the US staff of the Committee.

611.94/7-760

FILED

CLASSIFIED FILE

RAFearey:set
REPORTER

CONFIDENTIAL

ACTION COPY — DEPARTMENT OF STATE

The action office must return this permanent record copy to RM/R files with an endorsement of action taken.

日米地位協定のもとでの日米合同委員会の第１回会合（1960年6月23日）の概要を報告した秘密文書。（『アメリカ合衆国対日政策文書集成Ⅰ　1959-1960年』第５巻　石井修監修　柏書房より）

この「上記Cの議事録」が「基地権密約」文書だと考えられます。

○米軍基地の「排他的管理権」を認めた日米地位協定第三条に関連している。
○一九六〇年一月六日に東京においてマッカーサー大使と藤山外務大臣が署名した。
○日米合同委員会の第一回会合〔地位協定下での〕の記録に含める。

こうした点がまさに、「基地権密約」に関するアメリカ政府解禁秘密文書の、「藤山と私〔マッカーサー〕がこれにイニシャル署名をして、その後新しい合同委員会の第一回会議の記録に入れる」、外務省解禁秘密文書の「右了解事項は新合同委員会の議事録で処理することとして、文案は三十五年〔一九六〇年〕一月六日、大臣大使においてイニシアルした」と内容が一致しているのです。

行政協定や地位協定に関し、表に出ては都合の悪い日米間の取り決めは、日米合同委員会の非公開の議事録として処理する。PART1で述べた「裁判権放棄密約」と同じようなパターンで、「基地権密約」が合同委員会の闇の奥におさまったというわけです。

日米合同委員会の「議事録として処理」すれば、どんな文書でも秘密扱いにできる。国会などでも公開を拒否できる。日米合同委員会はまさに情報隠蔽のブラックボックスといえます。

註　同文書は、PART1で述べたアメリカ政府・軍の秘密指定解除された解禁秘密文書リストの⑭『アメリカ合衆国対日政策文書集成Ⅰ　1959－1960年』第五巻に収録されている。文書名に「新日米合同委員会」とあるのは、一九六〇年六月一九日に調印され、同月二三日に発効した、新安保条約・地位協定のもとで日米合同委員会が新たに会合の数を数えなおすことにしたことによる。

■米軍優位の合意・密約は引き続きその効力を有する

この第一回会合の概要には、ほかにも重要なことが書かれています。それは、行政協定時代の日米合同委員会のすべての合意などが、新しい地位協定のもとでも引き続き効力を有すると、この日の会合で確認、採択されたことです。

「一九五二年二月二八日に調印された日米行政協定第二六条にもとづいて設置された合同委員会とその分科委員会などにおいて、議事録に記録された諸々の決定、手続き、解釈、合意事項、取り決めは、一九六〇年一月一九日に調印された新日米安保条約第六条にもとづく日米地位協定の規定に従って変更されないかぎり、引き続きその効力を有する」（吉田訳）

これで、行政協定時代に日米合同委員会の密室で結ばれた、「裁判権放棄密約」、「身柄引き渡し密約」、「日本人武装警備員密約」、「民事裁判権密約」、「秘密基地密約」、「米軍人・軍属の事件で公務証明書の効力の範囲を捜査段階まで拡大解釈することを可能とする合意」を含む「刑事部会合意事項」など、**米軍優位のさまざまな取り決めが維持され、今日もなお効力を持ちつづけることになったのです。**

さらにこの概要には、日米合同委員会の正式な手続きと協議方式についてあらためて合意したことも記されています。それはＰＡＲＴ１で述べた在日米軍司令部の内部文書「合同委員会と分科委員会」に載っているものと同じです。

日米合同委員会の本会議の会合は隔週の木曜日午前一一時から、日本側代表が議長役の回は外務省で、アメリカ側代表が議長役の回は在日米軍施設の会議室で開催される。協議に際してはメモランダム方式をとり、議事録や合意文書などはすべて英語で書かれ保管されるといった内容です。

そして、「**合同委員会の公式議事録は日米両政府に属する公式文書として見なされ、日米双方の合意がないかぎり公表されない。合同委員会の会合や活動に関するプレスリリースも、日米双方の合意がない限り発表されない**」（吉田訳）という点についても合意されています。日米合同委員会の今日まで続く秘密体制も、このときあらためて確認されたわけです。

こうして、米軍優位の不平等性を少しでも改め、真の主権回復に一歩でも近づきたいという、当時の日本政府官僚のなかにあった思いは、「基地権密約」文書が日米合同委員会の議事録に入り、隠蔽されたことで、葬り去られました。

その結果、まだ独立の気概を内に秘めていた当時の官僚たちの伝統も、時とともに消え去っていくことになったのではないでしょうか。以来、不平等な地位協定を抜本的に改定しようという声が、官僚機構のなかから上がったことは、私の知るかぎりでは一度もありません。

■日米合同委員会の密室協議から国会の開かれた審議へ

日米合同委員会の秘密体制は絶対に改めなければなりません。まずは合意文書の全容を公開すべきです。地位協定の運用に関する国会のチェック機能も大幅に高めなければなりません。

たとえば国会に「日米地位協定委員会」を設け、憲法第六二条の「国政調査権」を用いるなどして、日米合同委員会の議事録や合意文書の全容を公開させるべきです。日米合同委員会での協議内容もすべて報告させ、国会が常にチェックできるような態勢にすべきです。地位協定の条文をどう解釈して運用するのかを、日米合同委員会の官僚グループに独占させないようにしなければなりません。地位協定の解釈と運用を国権の最高機関たる国会の管理下に置く必要があるのです。

「航空交通管制に関する合意」など「いわば実施細則」に、国内法令つまり「憲法体系」を超える効力を持たせるような、米軍の特権を認める拡大解釈による合意ができないようにすべきなのです。もちろん、「裁判権放棄密約」や「基地権密約」など、これまで米軍に事実上の治外法権を認めてきたさまざまな合意、密約も廃棄すべきです。

日米合同委員会のさまざまな合意をあらためて検証し、米軍優位の合意内容を改めたり、廃棄したりしないと、仮に日米地位協定の条文の改定ができたとしても、不平等性は是正されません。

そもそも、日米地位協定第二五条（旧行政協定第二六条）では、日米合同委員会は、

「この協定の実施に関して相互間の協議を必要とするすべての事項に関する日本国政府と合衆国政府との間の**協議機関として**（略）**設置する**」

と規定されています。日米合同委員会はあくまでも協議機関なのです。

そして、この第二五条には続きがあり、日米合同委員会は

「特に、合衆国が相互協力及び安全保障条約の目的の遂行に当たって使用するため必要とされる日本国内の施設及び区域を決定する協議機関として、任務を行なう」

と規定されています。つまり、「特に」とあるように、日米合同委員会が協議機関として決定に関われるのは「施設・区域」、つまり米軍基地の提供に関することだけなのです。

したがって、米軍基地の提供に関すること以外は、日米合同委員会は協議をおこなえるだけで、「いわば実施細則」などを決定する権利はあたえられていません。だから日米合同委員会は、協議内容を国会に逐一報告し、何かを決定する合意については、「日米地位協定委員会」のような国会審議の場にゆだねるのが本来の姿なのです。

そして、日米合同委員会が米軍基地の提供についての決定権を持っている現行の仕組みも変えるべきです。領土・領海・領空の一部を基地や演習場として外国の軍隊に提供するという、国家主権に関わる重大な決定を、日米合同委員会の密室での協議にまかせていいはずがありません。これも衆参両院の「日米地位協定委員会」で審議したうえで、国会承認を得る方式に改めるべきです。

つまり、現在の日米地位協定第二条の、

「個々の施設及び区域に関する協定は、第二五条に定める合同委員会を通じて両政府が締結しなけ

ればならない」ではなく、
「個々の施設及び区域に関する協定は、**国会の審議・承認を通じて**両政府が締結しなければならない」と改めるべきなのです。

■日米合同委員会に代わる国会の「日米地位協定委員会」

さらにいえば、本当は日米地位協定・第二五条を廃止して、米軍上層部によるリモコン装置のような、軍事的要求を優先する密室協議の場、日米合同委員会そのものをなくすべきです。基地や演習場の提供をはじめ、地位協定の運用に関する問題は個別に、その問題に関係する日本政府の関係各省庁がアメリカ側の主張を聞き取り、その全容を正確に衆参両院の「日米地位協定委員会」に逐次報告し、同委員会で審議し、そのうえで日本側の主張をアメリカ側に伝えるようにすれば、日米合同委員会は不要になります。

日米地位協定の運用は国家主権や人権に関わる大問題なので、主権者を代表する国会での開かれた審議がふさわしいのです。アメリカ側の主張を聞き取る場や日本側の主張を伝える場に、「日米地位協定委員会」の委員である国会議員が同席できるようにすることも必要です。

また、米軍人が日本の官僚と対面して直接協議する方式も改め、通常の国際協議にふさわしく文官対文官の方式に変えなければなりません。アメリカ側の窓口は文官である駐日大使館員、国務省職員とし、かれらが米軍の要望などを取りまとめるようにすべきなのです。そうするためにはアメリカ政府への働きかけも必要です。PART1で述べたように、以前アメリカの外交官たちの間で、日米合同委員会の軍人と文官の組み合わせは「きわめて異常」であり、文官対文官の方式に改めるべきだとの意見が出され、改革に向けた試みも見られたくらいですから、可能性はあります。

「日米地位協定委員会」の運営にあたっては、米軍基地・米軍の軍事活動の影響・被害（米軍機の騒音公害、墜落事故、低空飛行の危険性、基地の環境汚染、米兵犯罪など）を受けている沖縄など各地域の自治体から、定期的に情報提供や要望を受けて協議する場を設けることも必要です。

そして、米軍機に対し航空法の最低安全高度や騒音基準などの規定を適用除外にしている航空法特例法を改定して適用除外をなくすなど、米軍の事実上の治外法権を認めた「安保特例法・特別法」も必要な改定をしたり、廃止したりするために、「日米地位協定委員会」で審議すべきです。

■今こそ国会議員がチェック機能を果たすべき

国会に「日米地位協定委員会」を設置し、日米合同委員会の全面的な情報公開を進め、合同委員会のあり方を根本的に変える。「憲法外機関」になってしまった日米合同委員会を、憲法による「法の支配」のもとに置く。そのためには、日本側の大幅な政策転換が必要ですが、地位協定の改定までしなくてもできることです。

ただ、日米地位協定第二条を変えて、米軍基地や演習場の提供は「国会の審議・承認を通じて両政府が締結しなければならない」としたり、第二五条を廃止して日米合同委員会そのものをなくしたりするには、地位協定を改定しなければなりません。

しかし現状では、日本政府が大幅な政策転換や地位協定の改定に向けて動きだす様子は見られません。凶悪な米兵犯罪や米軍機墜落事故などが繰り返されても、改定ではなく「運用の改善」でお茶を濁し、アメリカ側に「好意的配慮」を求めるその場しのぎですませています。

これまで沖縄県や神奈川県など米軍基地をかかえる自治体や、日本弁護士連合会などが、米軍優位の不平等な地位協定の抜本的改定を提唱し、政府に対して要望するなどしてきましたが、日本政府の後ろ向きな姿勢は変わりません。そうした政府の姿勢の背後には、日米合同委員会を通じて米軍と密接な関係を持つ外務官僚中心の官僚グループの意向もあるのではないでしょうか。

だから、大幅な政策転換や地位協定の改定に向けて、事態を打開するためには、与野党を問わず国会議員のなかから、「日米地位協定委員会」設置への動きが起きるべきです。

これまで、国会では野党議員から、日米合同委員会の議事録や合意文書の公開を求め、米軍優位の不平等な合意・密約を追及する質問や質問主意書の提出が繰り返されてきました。

しかし、歴代の自民党政権は日米合同委員会のあり方を容認し、地位協定の解釈・運用を外務官僚を中心とする官僚機構の手に委ねてきました。だから、時の大臣たちも官僚の指南に従い、『日米地位協定の考え方』や『法務省秘密実務資料』などの裏マニュアルに沿った政府答弁をしてきたわけです。日米合同委員会の関連文書の情報公開にも背を向け、官僚機構の秘密主義を認めてきました。そのため、自民党が多数派を占める国会では、日米合同委員会の情報公開、合意・密約などの実態解明が進みません。

しかし、与野党を問わず国会議員は本来、憲法にもとづき主権者・国民に選出された代表として、「憲法外機関」となって立憲主義を侵食する日米合同委員会のあり方を許してはならないはずです。

地位協定の解釈・運用を日米合同委員会に拠る外務官僚らに独占させていいはずがありません。米軍人との密室協議で、「憲法体系」を無視・超越するような合意・密約を結ばせてはいけないのです。領土・領海・領空の一部を外国軍隊に提供するという国家主権に関わる重大な決定を、日米合同委員会の手に委ねるのではなく、国会で審議し判断すべきです。それが憲法に規定された本来の主権在民のあり方です。

与党・野党に関係なく、主権者を代表して、国会議員が国権の最高機関の一員として、今こそチェック機能を果たすべきなのです。そのために、日米合同委員会の実態解明、議事録や合意文書の情報公開要求、そして「日米地位協定委員会」設置に向けて、超党派の勉強会づくりから始めてはどうでしょうか。そこでは、過去に野党議員が国会質問などを通じて得てきた、日米合同委員会に関する情報の共有もなされるでしょう。

■真の主権回復と主権在民の実現が課題

もちろん、そうした動きをバックアップする日本社会の問題意識と世論の高まり、国民・市民の支持も欠かせません。そのためにはまず、本書でその一端を明らかにしたような、米軍優位の不平等な合意・密約をつくりだす、日米合同委員会の実態が広く知られることが必要です。

日米安保の問題など日米関係はどうあるべきか。人によってさまざまな考え・意見があって当然です。ただ、それを考え、意見を交わし、判断するためには、公文書など関連情報が十分公開されていることが大前提になります。その意味からも、日米合同委員会の議事録や合意文書などの全面公開が必要です。全面的な情報公開がされてこそ、国民・市民が主権者として日米合同委員会をチェックし、国政をチェックする力をより発揮できるのです。政府には国民・市民の「知る権利」に応えて、説明責任を果たす義務があります。

また、過去に日本の官僚機構のなかから、米軍優位の不平等な行政協定（現地位協定）の抜本的な改定要望が発せられたという歴史もあります。現在の官僚機構のなかからも、その思いを受け継ぐ新たな声がぜひ上がってほしいものです。このような不平等な状態のままでいいとは思わない官僚たちもきっといるはずです。

結局、日米合同委員会をめぐる問題を通して浮き彫りになる日本という国の課題は、真の主権回復と主権在民のより確かな実現です。本当に「日本を取りもどす」というのなら、日米合同委員会の改廃は避けて通れない問題であることにちがいありません。

そして問題は、日米合同委員会のことだけにとどまりません。すでに七〇年以上も外国軍隊の基地が国内に置かれ、外国軍隊が事実上の治外法権を保障されてフリーハンドの軍事活動を続けている状態を、ずっと放置したままでいいのかどうか、という根本的な問いの前にいま私たちは立たされているのです。

主要参考文献（各PART関連順）

PART1

「日米行政協定にもとずく合同委員会の交渉経過の概要」伊関佑二郎著（『財政経済弘報』一九五二年八月一一日　財政経済弘報社）
「日米合同委員会の実態」（『経済往来』一九五三年一月号　経済往来社）
『軍事基地の実態と分析』基地問題調査委員会編　三一書房　一九五四年
『日米安保条約全書』渡辺洋三・吉岡吉典編　一九六八年
『安保条約その批判的検討』（『法律時報臨時増刊』日本評論社　一九六九年）
『安保・沖縄問題用語事典』田沼肇編　労働旬報社　一九六九年
『基地対策』No.5　沖縄市役所企画部平和振興課編・発行　一九九二年
「日米合同委員会の考察」安座間喜松著（『脱冷戦後の軍事基地の態様に関する研究』研究代表者・島袋邦　琉球大学法文学部　一九九三年）
「日本を操る『影の政府』」SAPIO編集部著（『SAPIO』二〇一五年四月号　小学館）
『在日米軍地位協定』本間浩著　日本評論社　一九九六年
『日米地位協定逐条批判』地位協定研究会著　新日本出版社　一九九七年
『日米軍事同盟史研究』小泉親司著　新日本出版社　二〇〇二年
『岩波小辞典　現代の戦争』前田哲男編　岩波書店　二〇〇二年
『検証［地位協定］日米不平等の源流』琉球新報社・地位協定取材班著　高文研　二〇〇四年
『在日米軍司令部』春原剛著　新潮社　二〇〇八年
『日米「密約」外交と人民のたたかい』新原昭治著　新日本出版社　二〇一一年
『対米従属の正体』末浪靖司著　高文研　二〇一二年
『機密解禁文書にみる日米同盟』末浪靖司著　高文研　二〇一五年
『本当は憲法より大切な「日米地位協定入門」』前泊博盛編著　創元社　二〇一三年
『日本はなぜ、「基地」と「原発」を止められないのか』矢部宏治著　集英社インターナショナル　二〇一四年

『日本はなぜ、「戦争ができる国」になったのか』矢部宏治著　集英社インターナショナル　二〇一六年
『部外秘　日米行政協定に伴う民事及び刑事特別法関係資料』最高裁判所事務総局編・発行　一九五二年
『部外秘　日米行政協定第十七条の改正および国連軍に対する刑事裁判権の行使に関する協定関係資料』最高裁判所事務総局編集・発行　一九五四年
『部外秘　改訂・日米行政協定と刑事特別法』国家地方警察本部刑事部捜査課編・発行　一九五四年
『部外秘　外国軍隊に対する刑事裁判権の解説及び資料』法務省刑事局編・発行　一九五四年
『行政協定・国連軍協定第１８条ニ基ク　補償関係法規・通達集（第３集）』調達庁総務部補償課編・発行　一九五六年
『部外秘　外国軍隊に対する刑事裁判権関係　通達・質疑回答・資料集』法務省刑事局編・発行　一九六五年
『部外秘　地位協定と刑事特別法』警察庁刑事局編・発行　一九六八年
『秘　合衆国軍隊構成員等に対する刑事裁判権関係実務資料』法務省刑事局編・発行　一九七二年
『秘　無期限　改訂　合衆国軍隊構成員等に対する刑事裁判権関係実務資料』法務省刑事局編・発行　二〇〇二年
『外務省機密文書　日米地位協定の考え方・増補版』琉球新報社編　高文研　二〇〇四年
『Confidential U.S.State Department Special Files,JAPAN, 1947-1956』Gregory Murphy 編　UNIVERSITY PUBLICATIONS OF AMERICA 編・発行　一九九〇年
『アメリカ合衆国対日政策文書集成　Ⅰ　１９５９－１９６０年』全九巻　石井修監修・解題　柏書房　一九九六
『アメリカ合衆国対日政策文書集成　Ⅵ　１９５５年』全九巻　石井修・小野直樹監修　柏書房　一九九九年
『アメリカ合衆国対日政策文書集成　Ⅶ　１９５６年』全一〇巻　石井修・小野直樹監修　柏書房　一九九九年
『アメリカ合衆国対日政策文書集成　アメリカ統合参謀本部資料　１９４８－１９５３年』全一六巻　石井修・植村秀樹監修　柏書房　二〇〇〇年
『アメリカ合衆国対日政策文書集成　アメリカ統合参謀本部資料　１９５３－１９６１年』全一五巻　石井修・小野直樹監修　柏書房　二〇〇〇年
「なぜ日本政府は米兵犯罪でアメリカいいなりか」新原昭治著（『前衛』二〇〇八年一二月号　日本共産党中央委員会）
「横須賀・米兵による女性強盗殺人事件と米軍犯罪の実態」中村晋輔著（『前衛』二〇〇八年年一二月号　日本共産

党中央委員会）
『「共犯」の同盟史』豊田祐基子著　岩波書店　二〇〇九年
『日米密約　裁かれない米兵犯罪』布施祐仁著　岩波書店　二〇一〇年
『密約　日米地位協定と米兵犯罪』吉田敏浩著　毎日新聞社　二〇一〇年
『沖縄　日本でもっとも戦場に近い場所』吉田敏浩著　毎日新聞社　二〇一二年

PART2

『カラー図解でわかる航空管制「超」入門』藤石金彌著　航空交通管制協会監修　SBクリエイティブ　二〇一四年
『新しい航空管制の科学』園山耕司著　講談社　二〇一五年
『飛行機はどこを飛ぶ？　航空路・空港の不思議と謎』造事務所編著　秋本俊二監修　実業之日本社　二〇一五年
『航空管制五十年史』航空管制五十年史編纂委員会編　航空交通管制協会　二〇〇三年
「戦後日本人の手に戻った日本の空」妻鹿栄二著（『航空と文化』二〇〇六年新春号　日本航空協会）
「航空交通管理センターの概要」木村章著（『航空無線』二〇〇五年冬期号　財団法人航空無線システム協会）
「航空交通管理の空域管理」藤本博茂著（『航空無線』二〇〇五年冬期号　財団法人航空無線システム協会）
『日本の国家機密』藤井治夫著　現代評論社　一九七二年
『空いっぱいの危険』全運輸省労働組合著　朝日新聞社　一九八三年
『点滅する空の赤信号』全運輸省労働組合航空部門委員会編　合同出版　一九八三年
『安全な翼を求めて』山口宏弥著　新日本出版社　二〇一六年
『明解　航空法解説』土屋正興著　航空データセンター　一九八六年
『日米共同作戦の徹底研究』藤井治夫著　光人社　一九九二年
『沖縄の米軍基地』沖縄県知事公室基地対策課編・発行　二〇〇八年
『沖縄の米軍基地被害』日本共産党国会議員団編　新日本出版社　一九九六年
『在日米軍基地の収支決算』前田哲男著　ちくま新書　二〇〇〇年
『日本防衛秘録』守屋武昌著　新潮社　二〇一三年
「当然の『横田空域』一部返還」山本眞直著（『前衛』二〇〇七年一月号　日本共産党中央委員会）
「米軍『横田空域』」（『選択』二〇一〇年一一月号　選択出版）

「奪われた首都の空『横田空域』3D大図解」（『週刊ポスト』二〇一四年一〇月一〇日号　小学館）
「嘉手納ラプコン移管～日米両政府間交渉と施設整備の経過～」鈴木暢夫氏著（『航空無線』二〇一〇年秋期号　財団法人航空無線システム協会）
「日米地位協定に関する意見書」日本弁護士連合会　二〇一四年
「二〇一六年の要請書」航空安全推進連絡会議　二〇一六年

PART3

『日本管理法令研究』（全三五号）日本管理法令研究会編著　有斐閣　一九四六年～五三年
『連合国の日本管理』横田喜三郎編著　大雅堂　一九四七年
『日本占領及び管理重要文書集』全六巻　外務省特別資料課編　一九四九年～五一年　東洋経済新報社
『日本管理の機構と政策』芳賀四郎編著　有斐閣　一九五一年
『資料・戦後二十年史3』末川博編　日本評論社　一九六六年
『共同研究　日本占領』思想の科学研究会編　徳間書店　一九七二年
『占領軍調達史』占領軍調達史編さん委員会編著　調達庁　一九五六年
『防衛施設庁史』第一巻　防衛施設庁史編さん委員会編　防衛施設庁　一九七三年
『戦後変革』大江志乃夫著　小学館　一九七六年
『戦後日本外交史Ⅰ』石丸和人著　三省堂　一九八三年
『講和から高度成長へ』柴垣和夫著　小学館　一九八九年
『世界の中の日本』藤原彰著　小学館　一九八九年
『占領戦後史』竹前栄治著　岩波現代文庫　二〇〇二年
『日本占領史』福永文夫著　中公新書　二〇一四年
『日本外交史第二七巻　サンフランシスコ平和条約』西村熊雄著　鹿島研究所出版会　一九七一年
『サンフランシスコ平和条約・日米安保条約』西村熊雄著　中公文庫　一九九九年
『安保条約の成立』豊下楢彦著　岩波新書　一九九六年
『日米行政協定の政治史』明田川融著　法政大学出版局　一九九九年
『戦後史の正体』孫崎享著　創元社　二〇一二年
『憲法と条約と駐留軍』鈴木安蔵著　至誠堂　一九五九年
『昭和憲法史』長谷川正安著　岩波書店　一九六一年
『安保体制と法』長谷川正安・宮内裕・渡辺洋三編　三一書房　一九六二年
『現代法入門』長谷川正安著　勁草書房　一九七五年

『憲法現代史』上下　長谷川正安著　日本評論社　一九八一年
『現代日本法史』渡辺洋三・長谷川正安・片岡曻・清水誠編　岩波新書　一九七六年
『日米安保体制と日本国憲法』渡辺洋三著　青木書店　一九九一年
『基地と人権』横浜弁護士会編　日本評論社　一九八九年
『軍隊と住民』榎本信行著　日本評論社　一九九三年
「基地と住民の権利」青年法律家協会弁護士・学者合同部会基地法令研究会著（『法と民主主義』一九七五年七月号　日本民主法律家協会）
『安保改定50年　軍事同盟のない世界へ』民主主義科学者協会法律部会編　法律時報増刊　日本評論社　二〇一〇年
『米軍基地の歴史』林博史著　吉川弘文館　二〇一二年

PART4

『米軍機墜落事故損害賠償請求事件裁判記録』米軍機墜落事故支援共闘会議　一九八八年
『米軍機墜落事故』河口栄二　朝日新聞社　一九八一年

PART5

「米解禁文書に見る富士演習場返還交渉の背景と経過――1960年～68年」新原昭治編著　私家版　二〇一〇年
『米政府安保外交秘密文書　資料・解説』新原昭治編訳　新日本出版社　一九九〇年
「憲法の立場から安保条約・地位協定を根源から問う」新原昭治著（『前衛』二〇〇八年　八月号　日本共産党中央委員会）
「主権侵害・対米従属の基礎構造」新原昭治著（『平和運動』二〇一〇年六月号　日本平和委員会）
『従属の同盟』赤旗政治部「安保・外交」班著　新日本出版社　二〇一〇年
『防衛白書　平成二七年版』防衛省編・発行　二〇一五年
『防衛ハンドブック　平成二八年版』朝雲新聞社出版業務部編著　朝雲新聞社　二〇一六年
『神奈川県の米軍基地』神奈川県企画部基地対策課編・発行　二〇〇五年
『日米外交三十年』東郷文彦著　世界の動き社　一九八二年
『検証・法治国家崩壊』吉田敏浩・新原昭治・末浪靖司著　創元社　二〇一四年
『みんなが聞きたい安倍総理への質問』山本太郎著　集英社インターナショナル　二〇一六年

吉田敏浩（よしだ・としひろ）
1957年、大分県臼杵市生まれ。明治大学文学部卒。ジャーナリスト。『森の回廊』（NHK出版）で、1996年、大宅壮一ノンフィクション賞を受賞。著書に、『北ビルマ、いのちの根をたずねて』（めこん）、『ルポ　戦争協力拒否』（岩波新書）、『反空爆の思想』（NHKブックス）、『密約　日米地位協定と米兵犯罪』（毎日新聞社）、『人を“資源”と呼んでいいのか』（現代書館）、『赤紙と徴兵』（彩流社）、『沖縄　日本で最も戦場に近い場所』（毎日新聞社）『検証・法治国家崩壊』（共著・創元社）など多数。

「戦後再発見」双書❺

「日米合同委員会《にちべいごうどういいんかい》」の研究《けんきゅう》
謎《なぞ》の権力構造《けんりょくこうぞう》の正体《しょうたい》に迫《せま》る

2016年12月20日　第1版第1刷発行
2017年10月20日　第1版第4刷発行

著　者……吉　田　敏　浩
発行者……矢　部　敬　一
発行所……株式会社 創　元　社
http://www.sogensha.co.jp/
本社　〒541-0047 大阪市中央区淡路町4-3-6
Tel.06-6231-9010 Fax.06-6233-3111
東京支店　〒162-0825 東京都新宿区神楽坂4-3 煉瓦塔ビル
Tel.03-3269-1051
企画・編集……書　籍　情　報　社
印刷所……三松堂株式会社

ISBN978-4-422-30055-9

「戦後再発見」双書　好評既刊

戦後史の正体 1945-2012

孫崎《まごさき》 享《うける》 著

日本の戦後史はアメリカからの圧力を前提に考察しなければその本質が見えてこない。日本のインテリジェンス部門のトップにいた著者がタブーを破り、戦後史の真実について語る。

本当は憲法より大切な「日米地位協定入門」

前泊《まえどまり》博盛《ひろもり》 編著

なぜ米軍は危険なオスプレイの訓練を日本で行うことができるのか？　ベストセラー『戦後史の正体』に続くシリーズ第２弾は戦後日本最大のタブーである日米地位協定に迫る！

検証・法治国家崩壊――砂川裁判と日米密約交渉

吉田《よしだ》敏浩《としひろ》、新原《にいはら》昭治《しょうじ》、末浪《すえなみ》靖司《やすし》 著

大宅賞作家の吉田敏浩が、機密文書を発掘した新原昭治、末浪靖司の全面協力を得て、1959年に最高裁大法廷で起きた「戦後最大の事件」を徹底検証。

核の戦後史――Q＆Aで学ぶ原爆・原発・被ばくの真実

木村《きむら》朗《あきら》、高橋《たかはし》博子《ひろこ》 著

なぜ核兵器のない世界は実現されないのか、なぜ日本は脱原発に踏み切れないのか。Q＆A形式で原爆と原発に関する必須知識を提供する。

「戦後再発見」双書　資料編

占領期年表 1945-1952年――沖縄・憲法・日米安保

明田川《あけたがわ》 融《とおる》 監修

占領期80ヶ月に特化して「政治・経済」「世相・風俗」「米国・世界」「特記」の４項目で見るスーパー年表。写真図版を盛り込んだ２枚組のカラー年表に、占領の始まりから終わりまでを詳細に解説した40頁の冊子付き。